Analía Argento
Paula, du bist Laura!

Analía Argento

Paula, du bist Laura!

Geraubte Kinder in Argentinien

Übersetzung aus dem argentinischen Spanisch
durch Studierende der Johannes-Gutenberg-Universität Mainz unter
Leitung von Verónica Abrego und Eva Katrin Müller

Ch. Links Verlag, Berlin

Die Übersetzung wurde unterstützt durch das Übersetzungsförderprogramm SUR des Ministeriums für Auswärtige Angelegenheiten, internationalen Handel und Religionsfragen der Republik Argentinien.

Der Verlag dankt den auf den Fotos zu diesem Buch abgebildeten Personen und den *Großmüttern der Plaza de Mayo* für die Erlaubnis, ihre Bilder abzudrucken.

Editorischer Hinweis
Um eine Unterscheidung zwischen den leiblichen Eltern und jenen »Eltern« zu ermöglichen, die sich die Kinder unrechtmäßig angeeignet haben, sind letztere stets in Anführungszeichen gesetzt worden.

Die Deutsche Nationalbibliothek verzeichnet diese Publikation
in der Deutschen Nationalbibliografie; detaillierte bibliografische Daten
sind im Internet über http://dnb.d-nb.de abrufbar.

marea@editorialmarea.com.ar
Originaltitel: De vuelta a casa. Historias de hijos y nietos restituidos

Schönhauser Allee 36, 10435 Berlin, Tel.: (030) 44 02 32-0
www.christoph-links-verlag.de; mail@christoph-links-verlag.de
Umschlaggestaltung: KahaneDesign, Berlin,
unter Verwendung eines Fotos von Evelin (Kapitel 6)
Agentur & Lektorat: rauchzeichen-ag
Satz: Margret Kowalke-Paz, Berlin
Druck und Bindung: Druckerei F. Pustet, Regensburg

ISBN 978-3-86153-593-5

Inhalt

Argentiniens Diktatur 1976 – 1983 und der schwierige Weg der Aufarbeitung

Vorwort zur deutschen Ausgabe von Wolfgang Kaleck

Wer die Homepage der *Großmütter der Plaza de Mayo* (www.abuelas.org) besucht, dem springt dort eine Leiste mit alten Schwarz-Weiß-Fotografien aus den siebziger Jahren ins Auge. Neben jedem der ständig wechselnden Fotos von jungen Menschen, zumeist Paaren, befindet sich der Hinweis auf »einen Jungen oder ein Mädchen, der/das zwischen Datum ... und Datum ... geboren worden sein muss«. Gleich daneben fordern die *Großmütter* auf: »Wenn Du zwischen 1975 und 1980 geboren bist und Zweifel an Deiner Herkunft hast, informiere Dich über die Fälle der Enkel, die wir suchen.« Die Bilder zeigen Menschen, die von den argentinischen Militärs während der Jahre der Diktatur zwischen 1976 und 1983 verschleppt worden sind. Mit ihnen verschwanden etwa fünfhundert Kinder, von denen zum Zeitpunkt der Entführung der Mütter einige noch gar nicht geboren waren. Auf deren Suche machten sich die *Großmütter der Plaza de Mayo* noch während der Diktatur.

Die Zusammenhänge, die für uneingeweihte europäische Leser zunächst aufklärungsbedürftig erscheinen, sind in der argentinischen Öffentlichkeit weithin bekannt. Die Verbrechen der Militärs halten die argentinische Gesellschaft bis heute in Atem. Immer wieder werden die Geschichten von den über dreißigtausend Verschwundenen, Hunderttausenden illegal Verhafteten, Gefolterten und ins Exil Getriebenen vor Gerichten, in Kino- und Theatersälen und bei Buchlesungen erzählt.

In dem vorliegenden Buch berichtet die argentinische Print- und TV-Journalistin Analía Argento von den am wenigsten bekannten Opfern der Militärdiktatur, von den Schicksalen der geraubten Kinder. »De vuelta a casa« (»Zurück zu Hause«), wie das 2008 zuerst veröffentlichte Buch im Original heißt, ist kein faktengespicktes

Sachbuch; die Autorin urteilt oder bewertet nicht, vielmehr macht sie uns mit einigen ausgewählten Opfern bekannt, deren wahre Identität mitunter nach einer sehr langen Suche aufgedeckt werden konnte, und gibt deren höchst unterschiedliche Sicht der Dinge wieder. Über Jahre hinweg führte sie dazu Gespräche mit den Betroffenen. Die Berichte zeugen von den persönlich äußerst differenten Umgangsweisen der Kinder und ihrer Verwandten und Bekannten mit den dramatischen Ereignissen. Sie sprechen für sich selbst und sind gleichzeitig Teil eines umfassenden Geschehens, das nicht nur Argentinien, sondern das gesamte südliche Lateinamerika seit Mitte der sechziger Jahre erfasst hatte.

Der Putsch der Militärs um General Jorge Rafael Videla am 24. März 1976 stellte weder für die argentinische noch für die lateinamerikanische Geschichte des letzten Jahrhunderts eine Besonderheit dar. Unvergessen bleibt der gewaltsame Sturz der demokratisch gewählten chilenischen Regierung von Salvador Allende am 11. September 1973 durch General Augusto Pinochet. Zur gleichen Zeit regierten die Militärs auch in Brasilien, Paraguay, Uruguay und Bolivien. Unter Führung der USA, mit Außenminister Henry Kissinger als zentraler Figur, verabredeten sich die Regierungen in der Hochzeit des Kalten Krieges zur grenzüberschreitenden Verfolgung von Oppositionellen unter Einsatz von Folter und Mord. Über diese Verabredung, »Operation Condor« genannt, sind mittlerweile zahlreiche Originaldokumente veröffentlicht worden. Aus denen geht hervor, dass die Militärs nicht allein die Sozialisten und Parteikommunisten als ihre Gegner ansahen, sondern die gesamte Linke, insbesondere die organisierte Arbeiterbewegung, Gewerkschaften und Betriebsräte. Es ging ihnen nicht nur um die Installation autoritärer Regimes unter Ausschaltung von Verfassung und politischen wie bürgerlichen Grundrechten, sondern auch um die Durchsetzung von neuen politisch-ökonomischen Konzeptionen. Wie die kanadische Autorin und Globalisierungskritikerin Naomi Klein in ihrem Buch »Die Schock-Strategie« (2007) darlegte, bewirkte die massive Unterdrückung vor allem der Anführer der Arbeiterbewegung, dass sich die lateinamerikanischen Gesellschaften gegen den Abbau lokaler, exportsubstituierender Industrien, den Ausverkauf von Rohstoffen, gegen Sozial- und Lohnkürzungen und die massive Schuldenaufnahme nicht mehr zur Wehr setzen konnten.

Die argentinische Bevölkerung hatte seit der Revolte gegen den populistischen Präsidenten Juan Domingo Perón im Jahre 1955 eine Reihe von Militärputschen durchlebt. In den späten sechziger und frühen siebziger Jahren rebellierte nicht nur die Jugend Argentiniens, auch in vielen Fabriken wurden harte Arbeitskämpfe geführt. Aus der linksperonistischen Bewegung ging die Massenorganisation der *Montoneros* hervor, die sich an Universitäten und in Elendsvierteln politisch betätigte und zahlreiche Anschläge auf Militärs, Rechtsperonisten und korrupte Gewerkschafter verübte. Ihre Kasse füllten die *Montoneros* mit einträglichen Entführungen von Industriellen. Aus der trotzkistischen Arbeiterpartei (PRT) heraus entwickelte sich die Guerilla-Bewegung der Revolutionären Volksarmee (ERP), die vor allem in der Zuckerrohrprovinz Tucumán im Norden Argentiniens ihren bewaffneten Kampf führte. Obwohl die revolutionären Linken die Massen mobilisieren konnten und unter der intellektuellen Elite und in den Fabriken eine große Basis für grundsätzliche gesellschaftliche Veränderungen herrschte, stellten die bewaffneten Land- und Stadtguerilleros zu keinem Zeitpunkt ein militärisches Problem für die argentinischen Streitkräfte dar – dennoch sollten die Militärs sich später als Rechtfertigungsstrategie immer wieder auf dieses Argument berufen. Schon unter der Regierung von Peróns Witwe Isabel Perón (1974–1976) wurden den Militärs zahlreiche Sonderermächtigungen erteilt, mittels derer die trotzkistische ERP in Tucumán bereits vor 1976 besiegt wurde. Auch die *Montoneros* stellten 1976 lediglich ein politisches und polizeiliches Problem, aber keine militärische Bedrohung dar. Bereits lange vor dem Putsch von 1976 ermordeten Todesschwadrone wie die *Alianza Anticomunista Argentina* (*Triple A*) zahlreiche Linke.

Das hielt die Militärs nicht davon ab, ein das ganze Land überziehendes Repressionssystem aufzubauen – im Namen der Bekämpfung des Terrorismus und Kommunismus. Das politische Projekt der Diktatur zielte auf einen weit größeren Teil der Gesellschaft als nur auf die bewaffnete Linke. Die gesamte politische Kultur der Linken und der Arbeiterbewegung sollte ausgelöscht werden. Dazu bediente man sich des perfiden Systems des Verschwindenlassens von Menschen. Kommandos der Polizei, der Nachrichtendienste und Militärs entführten Menschen an ihren Arbeitsplätzen und Wohnorten. Oft wurden ganze Stadtteile abgesperrt, um derartige

Operationen durchzuführen. Die Opfer wurden zumeist in eines der 356 geheimen Haftlager verbracht, wo sie auf jede erdenkliche Weise gefoltert wurden. Die Entführungen wurden oftmals ganz offen, vor den Augen von Familien, Nachbarn und Belegschaften, durchgeführt, um diese zu terrorisieren. Man verzichtete aber auf Massenhaftlager an öffentlichen Orten, weil man am Beispiel des Nachbarlandes, wo die Militärs das Nationalstadion von Santiago de Chile nutzten, gesehen hatte, wie die Weltöffentlichkeit sich darüber empörte. Die geheimen Haftlager Argentiniens waren für Anwälte und Familienangehörige unzugänglich. Niemand erfuhr den Aufenthaltsort der Verschwundenen, die Gerichte gingen Anzeigen nicht nach. Auf diese Weise waren die Gefangenen den Militärs vollkommen ausgeliefert.

Analía Argento rekonstruiert einen Teil des Geschehens in diesen Lagern mit Hilfe von Aussagen überlebender Gefangener. Die Zustände in den geheimen Haftlagern waren unbeschreiblich grausam. Die Militärs exerzierten mittels der Folter und der gesamten Haftumstände ihre totale Macht über die Inhaftierten. Besonders deutlich wurde dies an der Behandlung der schwangeren Frauen. Die Militärs entführten sie und folterten sie, ohne Rücksicht auf ihren Zustand, sogar unter Anwendung von Elektroschocks. Und sie ließen die Frauen unter entwürdigenden Bedingungen gebären. Dafür waren in den größten Haftlagern wie dem Komplex *Campo de Mayo* in der Provinz Buenos Aires und in der Marineschule ESMA in der Stadt Buenos Aires eigens Entbindungsstationen geschaffen worden. Über das Krankenhaus *Campo de Mayo* wird berichtet, dass die Frauen an Händen und Füßen gefesselt unter ständiger Bewachung festgehalten wurden. Die Kinder holte man per Kaiserschnitt auf die Welt. Die Frauen wurden nach der Geburt ermordet, indem man sie betäubte und über dem Rio de la Plata aus dem Flugzeug abwarf. Es wird von ungefähr fünfhundert Fällen des Kindesraubes ausgegangen. Die Babys führte man Familien von Militärs, Polizisten oder dem Regime nahestehenden Personen zu. Beteiligt waren neben Ärzten, Hebammen und Klinikpersonal auch Standesbeamte und Juristen. Die in den Kliniken und Ämtern über die wahre Identität der Kinder vorhandenen Daten wurden vernichtet, die Kinder als NN ausgegeben, Identität unbekannt, und anschließend ihren neuen Familien übereignet. Mittels dieser gefälschten

Papiere schuf man Legenden, die teilweise bis lange nach dem Sturz der Diktatur hielten oder heute noch halten.

Der Plan der Militärs, Oppositionelle und deren politische und soziale Struktur komplett zu zerstören, ging jedoch nicht auf. In Argentinien und im Ausland regte sich Widerstand gegen die brutalen Herrschaftsmethoden. Juristen und Menschenrechtsorganisationen legten gerichtliche Beschwerden gegen das Verschwinden Tausender von Menschen ein. Bis heute ist es jedoch vor allem eine Gruppe, die in Argentinien und der ganzen Welt als das Symbol des Widerstands gilt, die Mütter der Verschwundenen, die *Madres de Plaza de Mayo.* Seit 1977 versammeln sie sich jeden Donnerstag auf dem Platz vor dem Präsidentenpalast *Casa Rosada* in Buenos Aires, der *Plaza de Mayo.* Trotz massiver Einschüchterung und Ermordung ihrer Führerinnen in den ersten Diktaturjahren demonstrierten sie mit weißen Kopftüchern zunächst für die Freiheit ihrer Kinder und später für die Aufklärung der Menschenrechtsverletzungen und deren Strafverfolgung.

Die Militärs versuchten dagegen, das Ausmaß der Menschenrechtsverletzungen und insbesondere das Schicksal der Verschwundenen zu vertuschen. Sie behaupteten, diese seien im Untergrund tätig oder ins Ausland gegangen. Sie täuschten wie im Fall der ermordeten Deutschen Elisabeth Käsemann Gefechte vor und legten die Leichen an anderen Orten ab. Nach dem verlorenen Krieg gegen Großbritannien um die Falklandinseln (Malwinen) 1982 bereiteten die Militärs die Machtübergabe nach geplanten Wahlen vor. Dazu amnestierten sie sich selber und ordneten die Vernichtung zahlreicher Dokumente an. Die Verschwundenen wurden offiziell für tot erklärt.

Bei den Wahlen im Oktober 1983 siegte dann Raul Alfonsín. Nach seinem Amtsantritt betrieb der neue Präsident eine Mischung aus Strafverfolgung der führenden Militärs und gleichzeitiger Schonung der Mehrheit derjenigen, die an den Verbrechen beteiligt gewesen waren. Das Militär als Institution sollte aus taktischen Erwägungen nicht grundsätzlich angegriffen werden. Immerhin führte diese Politik zu dem historischen Prozess gegen neun Junta-Mitglieder, unter ihnen Expräsident Jorge Rafael Videla. Am 5. Dezember 1985 verhängte das oberste argentinische Gericht gegen Videla und den Exdiktator Emilio Massera lebenslange Freiheitsstrafen. Hunderte von Ermittlungsverfahren wurden gegen weitere Armeeangehörige geführt. Doch bald schon beschränkte die Regierung Alfonsín, unter dem Druck der Militärs, die weitere Strafverfolgung mit Hilfe von mehreren Gesetzen. Zunächst kam im Dezember 1986 das Schlusspunktgesetz. Mit ihm wurde den Strafverfolgern eine Frist von sechzig Tagen gesetzt, innerhalb derer die gerichtlichen Voruntersuchungen abgeschlossen sein sollten. Als danach immer noch wesentlich mehr Strafverfahren anhängig waren als politisch gewollt und möglicherweise gegen die immer noch mächtigen Militärs durchsetzbar, wurde im Juni 1987 das »Gesetz über den pflichtgemäßen Gehorsam« erlassen. Dieses gestand Militärangehörigen bis hinauf zum Brigadegeneral zu, dass sie sich nicht strafbar gemacht hätten, wenn sie aufgrund pflichtgemäßen Gehorsams gehandelt hätten. Mit diesen Gesetzen und mit mehreren nachfolgend ausgesprochenen Amnestien gegen bereits verurteilte Militärs wie Videla kam die Strafverfolgung de facto zum Erliegen. Die langen Jahre der Straflosigkeit der Diktaturverbrechen begannen.

Zu diesem Zeitpunkt war die Praxis des Raubes und der Zwangsadoption von Kindern von Verschwundenen bereits bekannt. Die von Präsident Alfonsín eingesetzte Nationale Kommission über das Verschwindenlassen von Personen, kurz CONADEP genannt, hatte bereits im September 1984 ihren umfangreichen Abschlussbericht vorgelegt. Mit drastischen Worten wird im Kapitel über verschwundene Kinder und Gefangene geschrieben:

»Die Unterdrücker, die die verschwundenen Kinder aus ihren Häusern wegschleppten oder sie ihren Müttern im Augenblick der Geburt entrissen, entschieden über das Leben dieser kleinen Geschöpfe mit derselben Kaltblütigkeit, mit der man über eine Kriegsbeute verfügt. Ihrer Identität beraubt und den Angehörigen entrissen, stellen die verschwundenen Kinder jetzt und noch für lange Zeit eine tiefe und offene Wunde in unserer Gesellschaft dar. Mit den Kindern hat man das Schutzlose, Verletzbare und Unschuldige getroffen und damit eine neue Form der Folter geschaffen. Auf diese Situation reagierten die *Großmütter der Plaza de Mayo* unmittelbar mit ihrer großartigen Arbeit. Mit ihrer unermüdlichen Beharrlichkeit und Klugheit brachten sie es fertig, dass bis heute 172 verschwundene Kinder registriert werden konnten, von denen die Mehrzahl zum Zeitpunkt der Festnahme ihrer Mütter verschleppt oder in der Gefangenschaft geboren wurde. Von ihnen wurden bisher 25 gefunden, nicht aber die 147 übrigen. Es gibt jedoch viele Anzeichen und Bemühungen, die die Hoffnung nähren, künftig noch weitere verschwundene Kinder ausfindig machen zu können.«

Diese Einschätzung der CONADEP von 1984 war bemerkenswert weitsichtig. Wie die *Mütter der Plaza de Mayo* hatten sich die *Großmütter der Plaza de Mayo* bereits während der Diktatur auf der Suche nach ihren vermissten Kindern und Enkeln kennengelernt und politisch organisiert. Aufgrund ihres Einsatzes wurden die *Großmütter* über die Jahrzehnte zu einer der wichtigsten Gruppen der Menschenrechtsbewegung. Ihre langjährige Vorsitzende Estela de Carlotto, die dem heutigen Präsidentenehepaar Kirchner politisch nahesteht, ist eine moralische Instanz in Argentinien und wurde im Frühjahr 2010 zum wiederholten Mal für den Friedensnobelpreis vorgeschlagen. Im Zentrum ihrer Bemühungen stand allerdings nicht in erster Linie die Bestrafung der am Kindesraub Beteiligten. Die *Großmütter* wollten vor allem ihre Enkel lokalisieren und, wie sie es ausdrückten, ihren wahren oder legitimen Familien zurückgeben. Zu diesem Zwecke sammelten und dokumentierten sie zunächst die Fälle der verschwundenen und vermissten Kinder. Zeugenaussagen von Familienangehörigen über Kindesentführungen und über Schwangerschaften der Verschwundenen bildeten zumeist den Ausgangspunkt der Ermittlungen. Überlebende der Folterhaft berichteten über die ihnen bekannten Geschehnisse innerhalb der Haftlager, beispielsweise vom Schicksal schwangerer Gefangener und über Geburten. Alle den *Großmüttern* zugänglichen Informationen, vor allem Fotos und oft auch genetisches Material der Familienangehörigen, wurden von ihnen archiviert. Auf der Grundlage eines Gesetzes bauten sie ab 1989 eine umfassende Gendatenbank auf. Zuvor hatten die *Großmütter* mitunter direkt mit US-amerikanischen Universitäten zusammengearbeitet, um Genvergleiche vorzunehmen. Ermittlungen von Familienangehörigen und Menschenrechtsorganisationen sowie Berichte über Auffälligkeiten bei Adoptionen machten die *Großmütter* auf Verdachtsfälle aufmerksam, denen sie dann beharrlich, manchmal über Jahre hinweg, nachgingen. Waren genügend Indizien und Beweise zusammengetragen, wurde die Justiz eingeschaltet. Dabei ging es im ersten Schritt oft um die Feststellung der biologischen und familiären Identität der mutmaßlich entführten Kinder. Oft gelang der endgültige Beweis über den gerichtlich angeordneten Vergleich der DNA-Proben der Kinder mit ihren mutmaßlich wahren Familienangehörigen. Auf diese Weise konnte über die Jahrzehnte bei mittlerweile über hundert geraubten Kindern die wahre Identität festgestellt werden.

In einem weiteren Schritt schafften es die *Großmütter*, dass das Delikt des Kindesraubes und die damit zusammenhängenden Delikte aus den Straflosigkeitsgesetzen ausgenommen wurden. Während also Mord und Folter unter der Diktatur in den achtziger und neunziger Jahren in Argentinien weitestgehend unverfolgt blieben, fanden immer wieder einzelne Prozesse gegen Beteiligte an Kindesraub statt. Wenn die Identität der entführten und zwangsadoptierten Kinder aufgedeckt werden konnte, wurden gegen die vermeintlichen Eltern Strafverfahren eingeleitet und Haftstrafen angeordnet. Es sollte allerdings bis Mitte der neunziger Jahre dauern, bis engagierte Strafverfolger aus den gewonnenen Erkenntnissen weitergehende Konsequenzen zogen und das Vorgehen der Militärs als einen systematischen Plan zum Raub der Kinder qualifizierten. Nunmehr gingen die Strafverfolger auch gegen die ehemals führenden Militärs vor. Selbst der bereits wegen anderer Delikte verurteilte und amnestierte Exdiktator Videla wurde erneut festgenommen, steht allerdings wegen seines fortgeschrittenen Alters nur unter Hausarrest.

Nicht zuletzt aufgrund der Bemühungen der *Mütter* und *Großmütter der Plaza de Mayo* innerhalb und auch außerhalb Argentiniens konnte die langjährige Straflosigkeit der Militärs mittlerweile beendet werden. In Argentinien erreichte die Menschenrechtsbewegung in den neunziger Jahren zunächst, dass die Prozesse wegen Kindesraubes und die sogenannten Wahrheitsprozesse stattfinden konnten. Für weiteren Druck sorgten Strafprozesse in Europa: In Italien, Frankreich, Spanien, Schweden und Deutschland strengten argentinische Menschenrechtsgruppen, Folteropfer und Familienangehörige von Verschwundenen in Zusammenarbeit mit lokalen Organisationen und Juristen Strafverfahren gegen argentinische Militärs an. Diese führten zu jahrelangen umfangreichen Ermittlungen, Verurteilungen der Militärs in Abwesenheit und zu Dutzenden von Haftbefehlen. Einer größeren Öffentlichkeit bekannt wurden diese Verfahren durch die Verhaftung des chilenischen Exdiktators Augusto Pinochet im November 1998 in London, die auf der Grundlage eines spanischen Haftbefehls wegen Pinochets Mitwirkung bei der »Operation Condor« erfolgte. Mit wachsendem innen- wie außenpolitischen Druck fand die Forderung nach einer Wiederaufnahme der Strafverfahren in Argentinien immer mehr Widerhall in der Gesellschaft. Néstor Kirchner und später seine Frau Cristina Kirchner nutzten diese politische Konjunktur und beförderten als Präsident bzw. Präsidentin seit 2003 die Aufarbeitung der diktatorischen Vergangenheit. Das Folterzentrum ESMA, ein riesiger militärischer Komplex in Buenos Aires, kam in die Hände der Menschenrechtsorganisationen, die dort eine Gedenkstätte einrichteten. Die Amnestiegesetze wurden sowohl vom Gesetzgeber als auch von der Justiz aufgehoben bzw. als verfassungs- und völkerrechtswidrig erklärt. Im ersten Fall, über den Analía Argento im vorliegenden Buch berichtet, im Fall von Claudia Poblete, wurden erstmals von einem argentinischen Gericht die Amnestiegesetze für rechtswidrig erklärt; es war das erste Verfahren, das nach Aufhebung der Gesetze zur Verurteilung eines der Täter führte. Bis heute wurden bereits Dutzende von Militärs und Polizisten wegen zahlreicher während der Diktatur begangener Straftaten verurteilt, auf Hunderte wartet der Prozess. Auch das große Strafverfahren wegen systematischen Kindesraubes gegen Videla und andere soll noch Ende dieses Jahres oder im Jahr 2011 stattfinden.

Die zahlreichen persönlichen Konflikte und die verschiedenen Weisen des Umgangs mit den emotionalen Problemen, die das Feststellen der wahren Identitäten, die Strafverfolgung der Adoptiveltern und deren Inhaftierung nach sich ziehen, macht Analía Argento in den nachfolgenden Kapiteln in den von ihr recherchierten Fällen anschaulich. Stellvertretend für diese und alle weiteren Fälle steht ein Verfahren, das derzeit in aller Öffentlichkeit ausgetragen und diskutiert wird, das der Geschwister Noble. Der Eigentümerin des mächtigsten argentinischen Medienkonzerns, der Clarín-Gruppe, Ernestina Herrera de Noble, wird vorgeworfen, sich ihre beiden adoptierten Kinder während der Diktatur illegal zugeeignet zu haben. Es soll sich um Kinder von Verschwundenen handeln. Fest steht, dass Herrera de Noble und die Clarín-Gruppe der Diktatur nahestanden. Sie profitierten von der Verfolgung der Eigentümerfamilie Graiver des Papierkonzerns Papel Prensa, der das Monopol für Zeitungspapier gehalten hatte. Die Graivers wurden enteignet und

Teile von Papel Prensa dem Clarín-Konzern überschrieben. Mit seiner geballten Medienmacht hatte der Konzern den seit vielen Jahren bekannten Verdacht des Kindesraubes unterdrückt, bis schließlich im Jahr 2003 vom zuständigen Gericht in San Martín angeordnet wurde, dass den Kindern eine Blut- und DNA-Probe abzunehmen sei, um diese auf der Datenbank der *Großmütter* mit den Proben der Familienangehörigen von Verschwundenen abzugleichen. Der anordnende Richter wurde daraufhin abgelöst und der Fall bis vor kurzem verschleppt. Die inzwischen volljährigen Kinder haben sich Ende 2009 mit einem Video an die Öffentlichkeit gewandt und sich gegen die zwangsweise Entnahme der Proben ausgesprochen, die sie immerhin auch um ein Milliardenerbe bringen könnte. Dabei machten sie sich eine Argumentation zu eigen, die auch in Argentos Buch immer wieder auftaucht: Wie könne man im Namen der Menschenrechte das Recht auf freien Willen und das Recht auf Datenschutz der Kinder brechen, die nicht wissen wollten, ob sie die Kinder von Verschwundenen sind?

Im Clarín-Fall wird das Gericht demnächst erneut über den Einwand der Kinder und den Konflikt zwischen ihren Rechten und dem Recht der Familienangehörigen auf Wahrheit und Identität zu entscheiden haben. Das ist kein einfacher Konflikt, auch wenn manche Menschenrechtsorganisationen sich in ihrer moralischen Rigorosität gerne über rechtliche Einwände hinwegsetzen, die gleichfalls Ausprägungen der Menschenrechte darstellen. Es wird aber zu erwarten sein, dass der DNA-Abgleich im Fall Noble demnächst angeordnet und durchgeführt wird. Dann wird sich auch entscheiden, ob Ernestina Herrera de Noble, eine der mächtigsten Frauen Argentiniens, sich bald in Haft wiederfinden wird. Nicht zuletzt, weil dabei auch der Fall der Enteignung von Papel Prensa neu aufgerollt wird, steht damit die Zukunft des Clarín-Konzerns auf dem Spiel. Einmal mehr zeigt es sich, dass es keine Alternative zur – auch gerichtlichen – Aufarbeitung diktatorischer Vergangenheit gibt.

»Niemand kann dich je ersetzen«

Claudia wächst als Tochter eines ermordeten Chilenen in einer argentinischen Offiziersfamilie auf und erfährt erst spät von ihrer wahren Identität

Viele Lügen

Die Brust und der Bauch taten ihr schrecklich weh, als hätte sie ein großes Loch in der Mitte ihres Körpers. »Heile, heile Gänschen, ..., das Kätzchen hat ein Schwänzchen, ..., heile, heile Mausespeck, in hundert Jahr'n ist alles weg«, sangen ihre »Eltern« für sie.

Aber es ging nicht weg, da halfen weder Streicheleinheiten noch liebevolle Worte. Ihre vermeintliche Mutter Mercedes Beatriz umarmte die kleine Mercedes ganz fest.

»Ich will nicht groß werden, Mama.«

»Ach, meine Kleine, bis dahin ist es doch noch so lange.«

Das kleine Mädchen hatte eine zarte und weiche Stimme, es war ein sehr braves Kind, selten gab es einen Grund, es zu tadeln.

»Geh nicht weg, Mama, verlass mich nicht, Mama. Ich will nicht alleine sein.«

Jeden Abend vor dem Schlafengehen kam die Angst in ihr hoch. Sie ging ins Bett und wartete hellwach darauf, dass das letzte Licht in der Wohnung ausging. Dann stand sie auf, schlich sich auf Zehenspitzen in das Schlafzimmer von Mercedes und Ceferino und wartete versteckt in einer Ecke, bis sie die Atemzüge der beiden hören konnte. Erst danach kehrte sie zum Schlafen in ihr Zimmer zurück. Jahrelang folgte sie jede Nacht diesem Ritual. Im Urlaub, wenn die kleine Familie sich ein Zimmer in einem Hotel teilte, blieb Mercedes fast bis zum Morgengrauen wach und lauschte dem Atem der beiden. Sie schlief erst ein, wenn sie völlig übermüdet war. Tagsüber verschwand die Angst, und die kleine Mercedes erschien wie jedes andere Mädchen auch.

Ihre »Mutter« Mercedes Beatriz Moreira war eine unterwürfige Hausfrau, ihre »Tochter« hütete sie wie ihren Augapfel. Der »Vater« Ceferino Landa kam aus einer Familie, in der eine rigide Militärdisziplin herrschte, er erzog das Kind mit derselben Strenge. »Mutter« und »Vater« waren älter als die Eltern von Mercedes' Freunden. Gleichaltrige Cousins und Cousinen zum Spielen hatte sie nicht. Ihre »Eltern« erlaubten ihr außerdem nur ungern, zu ihren Freundinnen nach Hause zu gehen oder diese außerhalb der Schulzeiten zu treffen. Die Landas empfingen selten Besuch und besuchten auch selbst niemanden.

Ohne sich dessen bewusst zu sein, eignete sich die kleine Mercedes die ständige Wachsamkeit ihres »Vaters« an. Ihr entging es daher nicht, als nach dem Englischunterricht immer wieder ein älterer Mann am Ausgang der Schule stand und auf jemanden zu warten schien. Als sie schließlich das Gefühl hatte, er würde sie beobachten, erzählte sie es ihren »Eltern«.

»Hat er etwas zu dir gesagt? Hat er sich dir genähert?«, fragte Ceferino Landa beunruhigt.

»Nein, Papa. Er beobachtet mich nur aus der Ferne, und ich weiß nicht, ob er auf mich wartet, aber er wartet jedenfalls auf keines der anderen Kinder.« Ab diesem Tag wurde Mercedes von den Landas immer zur Schule, zum Englischunterricht und zu Geburtstagsfeiern gebracht und wieder abgeholt.

Mercedes hinterfragte diese neuen Regeln nicht. Erst als sie älter wurde, begann sie Vorwände zu erfinden, um sich der Fürsorge ihrer »Eltern« zu entziehen. Ihre Freundinnen waren ihre Komplizinnen und deckten ihre Lügen, damit sie ins Kino oder tanzen gehen konnte. Sie luden sie zum Übernachten zu sich ein; die Erlaubnis dazu bekam sie immer dann, wenn ihre Freundinnen keine Brüder hatten.

»Papi, ist dir aufgefallen, dass wir beide den Arm beim Essen so vor den Teller auf den Tisch legen? Das habe ich von dir geerbt, oder?«

»Nein, Mercedes, das ist nur eine Angewohnheit.«

»Ach so ...«

Trotz der Strenge, mit der sie erzogen wurde, bewunderte das Mädchen den »Vater«, ertrug seine herrische Art und vermied es, ihm zu widersprechen. Auch ihre »Mutter« unterbrach ihn nicht, wenn er sprach. Sie respektierte das Wort ihres Mannes, selbst wenn sie nicht immer seiner Meinung war.

Am 13. Juni 1999, kurz nach ihrem 21. Geburtstag, erhielt Mercedes eine Vorladung vom 4. Bundesgericht Argentiniens. Zum ersten Mal setzten sich Landa und seine Frau mit ihr zusammen, um zu reden, und erklärten, dass Strafanzeige gegen sie, die »Eltern«, erstattet worden sei, weil es Zweifel an Mercedes' Identität und Abstammung gebe.

»Das sind ein paar verrückte alte Frauen.«

»Wer denn?«

»Die Frauen von den *Großmüttern der Plaza de Mayo*. Das sind die, die diese Strafanzeige gestellt haben.«

»Aber, Papa, die kenne ich doch überhaupt nicht.«

»Stell dich darauf ein, dass du viele Lügen zu hören bekommen wirst. Du bist für uns das Wichtigste auf der Welt, du wirst immer unsere Tochter bleiben«, sagte ihr Ceferino.

Mercedes stellte keine einzige Frage, obwohl sie bereits vermutet hatte, dass sie adoptiert worden war. Es war ihr nicht weiter merkwürdig vorgekommen, dass ihre »Mutter« zum Zeitpunkt ihrer Geburt 49 Jahre alt gewesen war und gerade eine Brustkrebstherapie hinter sich gehabt hatte. Diese Tatsachen waren ihr nie verheimlicht worden, aber sie hatte sich darüber auch nie Gedanken gemacht.

Sie ging zu dem Gerichtstermin, eigentlich fest entschlossen, nichts von dem zu glauben, was ihr dort erzählt würde. Mit viel Einfühlungsvermögen erklärte ihr Richter Gabriel Cavallo jedoch, dass ihre wahre Identität ungeklärt sei und auf Grund einer Anzeige ermittelt werden müsse. Dafür seien mehrere DNA-Tests notwendig.

»Das ist die einzige Möglichkeit zu erfahren, wer Sie sind und wer Ihre wirklichen Eltern sind.«

»Na gut«, willigte Mercedes ein.

Als sie wieder zu Hause war, erklärte sie ihren »Eltern«, sie würde ins Hospital Durand fahren, wie mit dem Richter vereinbart.

»Du lässt diese Tests machen?«, wunderte sich ihr »Vater«.

»Ja, ich muss das machen.«

Drei Tage später fuhr Ceferino Landa sie zum Hospital Durand, der einzigen Klinik Argentiniens, die auf genetische Untersuchungen spezialisiert war, setzte sich in der Nähe in ein Café und wartete dort auf sie. Mercedes wurden in Anwesenheit eines Justizbeamten mehrere Blutproben entnommen. Sobald die Ergebnisse vorlägen, so erklärte man ihr, würde man sie sofort benachrichtigen.

Während der folgenden sieben Monate erwähnte im Hause Landa niemand das Thema. Allerdings traf Ceferino einige Vorsichtsmaßnahmen. Er bot sein Auto zum Verkauf an und vermietete sein Büro, während Mercedes für acht Wochen zu einem Sprachkurs nach England reiste. Als sie zurückkam, nahm sie ihr Informatikstudium an der *Universidad del Ejército* und ihre Arbeit in einem Ölunternehmen wieder auf. In ihrer Freizeit informierte sie sich im Internet über die Zuverlässigkeit von DNA-Tests. Sie besuchte die Seite der argentinischen Menschenrechtsorganisation *Großmütter der Plaza de Mayo* ebenso wie amerikanische und andere internationale Webseiten. Das Ergebnis ihrer Recherche war für sie zu diesem Zeitpunkt entmutigend. Die DNA-Analyse zur Feststellung einer Großelternschaft galt nachweislich als zuverlässig. Sie wurde in Fällen wie ihrem benutzt, in denen man den Verdacht hatte, das Kind einer der Personen gefunden zu haben, die vom argentinischen Militärregime entführt worden und nie wieder aufgetaucht waren.

Am Anfang des Jahres 2000 erhielt Mercedes Landa eine zweite Vorladung. Dieses Mal saß neben Richter Cavallo ein Psychologe. Mercedes lächelte nicht, als sie begrüßt wurde. Auf dem Schreibtisch lag ein dicker Aktenordner mit mehr als hundert Seiten Informationen über die genetischen Tests, die ergeben hatten, dass eine Großelternschaft väterlicherseits mit einer Wahrscheinlichkeit von 99,999994 Prozent und eine Großelternschaft mütterlicherseits mit einer Wahrscheinlichkeit von 99,999993 Prozent nachgewiesen worden seien. Diese erstaunlich hohen Prozentzahlen waren das Ergebnis einer umfangreichen genetischen Rekonstruktion auf der Grundlage der Blutproben von zahlreichen Mitgliedern der betroffenen Familien Poblete und Hlaczik.

Während der Richter ihr dies mitteilte, fiel Mercedes' Blick auf den Aktenordner: Auf dem Deckel war das Foto eines Babys zu sehen. Ihr wurde plötzlich klar, dass sie die DNA-Analyse gar nicht brauchte, um zu wissen, dass sie das Kind auf dem Foto war. Sie wurde kreidebleich, fing an zu weinen und konnte nicht mehr aufhören. Erst in dem Moment, als der Richter ihr sagte, dass gerade eine Polizeistreife auf dem Weg zu ihrem Haus sei, um Ceferino Landa und Mercedes Beatriz Moreira wegen illegaler Kindesaneignung, Identitäts- und Urkundenfälschung festzunehmen, hörte sie wieder genau hin. Ihr fiel ein, dass Ceferino, der für sie immer ihr »Papa« gewesen war, sie vom Gericht abholen wollte und dass Mercedes Beatriz, ihre

»Mama«, allein in der Wohnung sein würde. Aber sie fühlte sich machtlos gegenüber dem Mechanismus, der jetzt in Gang gekommen war und den sie nicht aufhalten konnte.

Richter Cavallo unterbrach ihre Grübeleien.

»Deine Verwandten sind draußen auf dem Flur, du solltest sie kennenlernen.«

»Hat das nicht noch Zeit?«

»Sie warten schon seit einer halben Ewigkeit auf dich. Und da sie nun schon einmal hier sind, kannst du doch wenigstens kurz mit ihnen sprechen.«

»Wenn es sein muss.«

Er öffnete die Tür des Büros, und etwa zwanzig Personen traten ein. Die Familien waren vor ihr angekommen und hatten beobachtet, wie sie das Zimmer des Richters betreten hatte. Sie hätten am liebsten sofort mit ihr gesprochen, aber ihnen war klar, dass sie Geduld haben mussten. Alle stellten sich nacheinander vor. Den Anfang machten ihre Großmutter väterlicherseits, Buscarita Roa, und die Schwester ihrer leiblichen Mutter, Erica, die ihr sagte, dass ihr Großvater Gustavo Hlaczik sich ein Bein gebrochen und deshalb nicht aus San Carlos de Bariloche habe anreisen können. Er war aus Buenos Aires weggezogen, nachdem er die Hoffnung, seine Enkelin jemals zu finden, aufgegeben hatte.

Die Pobletes und die Hlacziks fürchteten nichts mehr, als dass ihre wiedergefundene Enkelin, Nichte beziehungsweise Cousine sich wie einige andere junge Erwachsene in ähnlichen Fällen weigern könnte, ihre Blutsverwandten kennenzulernen. Blut war nicht immer dicker als Wasser, und man konnte schließlich niemanden dazu zwingen, seine Verwandten zu lieben. Vielleicht hatten sie sie heute zum ersten und letzten Mal gesehen. Erica hatte Fotos für sie mitgebracht, Fernando, einer der Brüder ihres leiblichen Vaters, Zeitungsausschnitte und Kassetten mit Interviews von ihren Verwandten und Freunden, die im Archiv der Organisation *Großmütter der Plaza de Mayo* gesammelt worden waren.

Als die Pobletes und die Hlacziks den Raum wieder verließen, blieb Mercedes wie angewurzelt stehen, in ihren Händen all das, was ihre Verwandten ihr gegeben hatten. Der Richter erklärte ihr, dass ihr Ausweis einbehalten werden müsse. Stattdessen erhielt sie ein Dokument, aus dem hervorging, dass der Ausweis von Claudia

Claudia mit ihrer Mutter Gertrudis Hlaczik und ihrem Vater José Poblete im Jahr 1978

Victoria Poblete, so ihr ursprünglicher Name, in Bearbeitung sei. Zudem riet ihr der Richter, eine Freundin oder irgendjemanden anzurufen, der sie nach Hause begleiten könnte. Sie nahm den Rat an und bat ihre Kommilitonin Nadia, am nahe gelegenen Bahnhof in Retiro auf sie zu warten.

Ein Mitarbeiter des Gerichts brachte sie dorthin. Sie bat ihn, zuerst noch hinter dem Gerichtsgebäude anzuhalten, wo ja Ceferino Landa in seinem Auto auf sie wartete. »Fahr nach Hause«, riet sie ihm. »Die Polizei ist schon auf dem Weg, um dich und Mama zu verhaften.« »Was hat der Richter gesagt? Zu welcher Familie gehörst du?«, fragte er neugierig. »Ich weiß nicht mehr so genau. Ich glaube, laut der DNA-Analyse zur Familie Poblete Hlaczik.«

Als sie Nadia traf, hielt sie noch immer ein Foto ihrer leiblichen Mutter, Gertrudis Hlaczik, in der Hand. Ihre Freundin betrachtete es und sagte: »Du hast dieselbe Haarfarbe wie sie.« Mercedes sah das Foto in ihren Händen genauer an. Es stimmte, sie hatte das gleiche feine, glatte Haar wie Gertrudis. Auch ihre zarten Gesichtszüge ähnelten sich. Nadia begleitete ihre Freundin bis zur Wohnung der Landas. Auf dem Wohnzimmertisch lag ein Zettel: »Mach dir keine Sorgen, es geht uns gut.«

Als Mercedes wieder alleine war, hörte sie sich jede Kassette an und las alles, was ihre Verwandten ihr mitgegeben hatten. So erfuhr sie, dass sie am 25. März und nicht erst am 13. Juni 1978 geboren worden war. Der Oberstleutnant Julio César Cáceres Monié, Arzt und Chef der Abteilung für Gesundheit des 1. Armeekorps, hatte eine falsche Bescheinigung ausgestellt, die die Grundlage für Claudias gefälschte Geburtsurkunde wurde. Sie wollte schreien, aber stattdessen weinte sie nur. Ein Gefühl von Angst, Wut und Ohnmacht ließ sie erzittern. Sie fragte sich, warum das alles ausgerechnet ihr passieren musste.

Narkotisiert, aber noch lebend

Claudias Vater, José Poblete, von Beruf Dreher und Straßenhändler, aktives Mitglied verschiedener christlich geprägter politischer Vereinigungen, wurde in der Nacht des 27. November 1978 entführt, als er sich gerade mit einem Freund treffen wollte, der wie José auch Mitglied der peronistischen Bewegung der *Montoneros* war.

Die Mutter, Gertrudis Marta Hlaczik, genannt Trudi, und ihre Tochter Claudia wurden am Morgen des 28. November 1978 von mehreren Männern verschleppt, die Polizeiuniformen der Provinz Buenos Aires trugen. In Wirklichkeit jedoch gehörte die Truppe zum Folterlager *Brigada de Lanús*.

José, der auch Pepe gerufen wurde, war zu diesem Zeitpunkt dreiundzwanzig Jahre alt, Trudi zwanzig.

Die Einwohner der ungefähr dreißig Kilometer von Buenos Aires entfernt gelegenen Kleinstadt Guernica beobachteten, wie die von einem Polizeitrupp umringte Gertrudis mit Schlägen aus dem Haus getrieben wurde, in den Armen hielt sie ihre acht Monate alte Tochter. Verzweifelt schrie sie die Polizisten an, sie sollten ihr wenigstens erlauben, ihr nur in ein Tuch gewickeltes Kind bei einem Nachbarn abzugeben. Sie brachten jedoch beide direkt zum geheimen Folterlager *El Olimpo*, das sich von August 1978 bis Februar 1979 im Stadtteil Floresta, im Westen von Buenos Aires, befand.

El Olimpo, ursprünglich ein altes Lagerhaus, wurde offiziell vom staatlichen Polizeiapparat geführt, unterstand jedoch der Befehlsgewalt des 1. Armeekorps, an dessen Spitze von Dezember 1975 bis Januar 1979 General Carlos Guillermo Suárez Mason stand, der auch *Pajarito,* Vögelchen, genannt wurde. Ceferino Landa, der Mann, den Claudia lange Zeit für ihren Vater hielt, hatte einst als Oberstleutnant in den Reihen des 1. Armeekorps gedient.

In der Nähe des Hauses in Guernica, in dem Claudias leibliche Eltern damals wohnten, lebte auch Josés Mutter. Am Morgen der Entführung ahnte Buscarita Roa noch nichts vom Schicksal ihres Sohnes und seiner Familie. Sie stand früh auf und weckte eine von Pepes Schwestern: »Trudi wartet auf dich. Du sollst mit ihr und dem Baby zum Arzt in die Stadt gehen.«

Es war noch nicht einmal sechs Uhr, als Buscarita Roa ihre Tochter nach Hause zurückgerannt kommen sah, als wäre der Teufel hinter ihr her. Völlig atemlos berichtete sie, dass Pepes Wohnung verwüstet worden sei, aber von ihm und seiner Familie jede Spur fehle.

Buscarita lief mit ihrer Tochter sofort wieder los. Nur eine Minute später standen sie vor Pepes Haus. Die Tür war eingetreten, sämtliche Scheiben zerbrochen, die geplünderte Wohnung ein einziges Chaos. Der Ventilator, die Schreibmaschine sowie alle elektrischen Haushaltsgeräte waren verschwunden. Selbst Kleidung, Bettlaken und Handtücher hatten sie mitgenommen.

Da sie nicht wussten, was geschehen war, klopften sie bei den Nachbarn. Die meisten öffneten nicht. Die, die es taten, berichteten lediglich, dass man die schreiende Trudi mit Schlägen aus dem Haus getrieben habe. Buscarita lief, so schnell sie konnte, zum nächsten Polizeirevier. »Gute Frau, wir wissen nichts«, beschied man ihr dort. »Aber wenn man Ihren Sohn mitgenommen hat, wird das nicht ohne Grund gewesen sein.«

Auch an anderen Stellen wusste man angeblich nichts von einer Verhaftung. Buscarita Roa und Ana Hlaczik, Trudis Mutter, wurden sogar im Innenministerium vorstellig, wo man sie bat, das Problem schriftlich zu schildern. Zwei Jahre später, am 30. Oktober und am 23. Dezember 1980, erhielten sie schließlich Antwort. Diese Schreiben, mit offiziellem Briefkopf versehen, sollten 1984 bei den Verhandlungen gegen die Militärjunta als Beweis dafür dienen, dass die Festnahme von José Poblete, seiner Frau und seinem Kind in den offiziellen Akten nicht vermerkt worden war.

Nachdem drei Mitglieder ihrer Familie spurlos verschwunden

waren, erstatteten die Mütter Anzeige vor Gericht. Aber auch hier kamen sie nicht weiter. Nur bei den Jugendgerichten ließ man sie zumindest die Listen der vermissten Kinder einsehen. Claudia stand auf keiner von ihnen.

Wie schon Hunderte Familien vor ihnen landeten sie schließlich beim Bischof des Militärvikariats, Seiner Exzellenz Emilio Graselli. Sie saßen stundenlang vor seinem Büro, inmitten von argwöhnischen und verzweifelten Menschen, die es vorzogen zu schweigen. »Sie müssen mir Fotos von den drei Vermissten bringen«, beschied er sie. »Ich werde versuchen, etwas über ihr Verschwinden herauszufinden.« Danach weigerte sich der Bischof jedoch, sie noch einmal zu empfangen.

Folgendes konnte später über den Verbleib der drei rekonstruiert werden: Claudia und Trudi blieben wahrscheinlich noch zwei bis drei Tage zusammen im Folterlager *El Olimpo*. Einen Monat später – zu Weihnachten – durfte Trudi, deren Haftbedingungen etwas erleichtert worden waren, ihre Mutter anrufen. »Ich bin's. Ist Claudia bei euch?« – »Wie geht's dir, Kind? Wo bist du? Kannst du frei sprechen, oder zwingen sie dich, Dinge zu sagen?« Beide sprachen auf Deutsch weiter – sie kamen aus einer deutschstämmigen Einwandererfamilie –, wurden aber sofort von einer Männerstimme unterbrochen: »Vorsicht, wir sind nicht in Russland. Ihrer Tochter geht es hier besser als den meisten anderen.« Ana Hlaczik hörte ein Klicken, und die Verbindung war unterbrochen.

An diesem Abend bekamen die Gefangenen Hühnchen, Salat und Brot zu essen. Genau um Mitternacht begann dann die Folter. Danach wurden einige Gefangene »verlegt«. Die Überlebenden sahen sie nie wieder. Einige Tage später durfte Trudi abermals bei ihrer Familie anrufen und erkundigte sich mit ängstlicher Stimme nach ihrer Tochter. Es sollte das letzte Gespräch sein, das sie mit ihrer Familie führte.

José wurde von vielen Zeugen lebend gesehen. Vor Gericht und vor der Nationalen Kommission über das Verschwinden von Personen (CONADEP), die 1983 unter der Regierung von Raúl Alfonsín gegründet worden war, sagten sie aus, dass die Wärter ihn an den Haaren gezerrt und ihn »Stummelchen« genannt hatten – José war seit seiner Jugend beinamputiert. Jeder, der in *El Olimpo*, einem der mehr als sechshundert geheimen Gefangenen- und Folterlager des Landes, arbeitete, habe seine Wut an José ausgelassen. Wie bei vielen anderen Gefangenen wendeten sie Elektroschocks an, um ihn zum Reden zu bringen, aber in seinem Fall war das weder die einzige noch die schrecklichste Folter. Einige Überlebende berichteten, dass sie sahen, wie man ihn eine Leiter hinauftrug und ihn aus zwei Metern Höhe fallen ließ. Pepes Körper schlug schutzlos auf dem Boden auf. Die Zeugen sagten auch, dass Julio Simón, auch *Turco Julián* genannt, und Juan Antonio Del Cerro, alias *Colores*, Unteroffiziere des Polizeieinsatzkommandos des Bezirks Buenos Aires, bei den Bestrafungen die brutalsten waren.

Pepe, der ursprünglich aus Chile kam, war in seinem Familien- und Freundeskreis als ein lebensfroher und intelligenter Mann bekannt, der immer ein Lächeln auf den Lippen trug. Er hatte große runde Augen und lockiges Haar. Schon als Kind stritt er sich ständig mit seiner Mutter Buscarita, weil er in die Elendsviertel gehen wollte, um den Menschen dort zu helfen und ihnen Kleidung und Essen zu bringen. Wenn er seine Mutter nicht überreden konnte, ihn gehen zu lassen, entwischte er durch das Fenster seines Zimmers.

Am Gymnasium setzte José sein Engagement fort. Er übernahm den Vorsitz des Schülerzentrums seiner Schule und beteiligte sich an der Organisation der Revolutionären Studentenfront (FER). Außerdem half er, eine Einrichtung zu gründen, mit deren Unterstützung Kinder, die schon arbeiten mussten, trotzdem lesen und schreiben lernen konnten.

Seine Beine verlor er als Jugendlicher, als er während einer Reise in den Süden seines Heimatlandes von einem Zug fiel. Er hatte sich nach dem Unfall nicht aufgegeben. Eigentlich wollte er sich in Frankreich Beinprothesen anfertigen lassen, aber die Abfindung der Versicherung reichte nur aus, um nach Argentinien zu fahren. Ganz alleine stieg er also mit seinem Rollstuhl und seiner Gitarre in ein Flugzeug. Als er in Buenos Aires ankam, ließ er sich in ein Rehabilitationszentrum einweisen, wo er mit Hilfe von Prothesen endlich wieder laufen lernte. Da das Gehen mit den Prothesen aber sehr anstrengend war, benutzte er weiterhin auch seinen Rollstuhl. Einige Jahre später folgten ihm Buscarita und seine sechs Brüder nach Buenos Aires. Als sie ankamen, setzte er sich bereits aktiv für die Rechte körperlich Behinderter ein. 1971 wurde im Viertel Bajo Belgrano unweit des Rehabilitationszentrums, in dem Pepe lebte, die peronistische Bewegung *Movimiento de Villeros Peronistas* gegründet, zu der er engen Kontakt hatte. Zu ihr gehörte auch Eduardo Astiz, Pepes einziger Freund in der ersten Zeit. Es gab niemanden sonst, der ihn besuchte. Eduardo, ein Cousin von Alfredo Astiz, Fregattenkapitän der argentinischen Marine und späterer Folterer, der allerdings eine völlig andere Meinung als sein Cousin vertrat, unterhielt sich stundenlang mit Pepe und hatte großen Einfluss auf seinen ideologischen Werdegang.

Es war abzusehen, dass Pepe und einige seiner Kameraden kurz darauf die Peronistische Front Körperlich Behinderter (FLP) gründen würden, deren Führung Pepe übernahm. Über zweihundert Menschen versammelten sich samt ihren Krücken, Rollstühlen und Blindenstöcken in dieser Organisation, um gemeinsam in Protestmärschen ihre Rechte einzufordern und andere Bewegungen und deren politische und soziale Forderungen zu unterstützen.

Pepe fühlte sich wohl unter den Einwohnern des Viertels von Bajo Belgrano, auch weil sie kein Mitleid mit ihm hatten, sondern ihn mit Respekt behandelten. Bei seiner politischen Tätigkeit in Chile hatte er bereits Erfahrung sammeln können, die Menschen folgten seinen Reden staunend. Aus den meisten Diskussionen und Debatten ging er als Sieger hervor.

»Dieser Typ krempelt uns alle um.«

»Ja, aber er redet ständig von diesem Marx«, wunderten sich die Leute, die zwar nichts von Wirtschaft verstanden, aber sehr wohl wussten, dass ein Arbeiter immer wesentlich weniger verdiente als ein Fabrikbesitzer.

Sonntags fanden keine Debatten statt, in Sachen Fußball war man sich leichter einig als in politischen Fragen. Die *Villeros* und die Behinderten machten sich oft gemeinsam auf den Weg, um im nahe gelegenen Stadion von River Plate ein Fußballspiel anzusehen.

Mitte des Jahres 1974 löste die FLP sich wieder auf. Zu dieser Zeit lernte Pepe im Rehabilitationszentrum Gertrudis kennen, die dort oft ihrer blinden Schulfreundin Mónica Brull Gesellschaft leistete. Bald wurden sie ein Paar und auch gemeinsam in mehreren Organisationen politisch aktiv. Es war die Zeit nach Peróns Tod und vor dem Ende der Regierungszeit seiner Witwe, als sich abzeichnete, dass die Armee die Macht übernehmen würde. Noch vor Ende des Jahres 1975 ließ sie ihre Einsatzkräfte geheime Gefangenen- und Folterlager errichten. Im Rahmen des »Prozesses der Nationalen Reorganisation« kamen die spezifischen Methoden der Unterdrückung zum Einsatz: Entführung, Folter, Mord und letztendlich auch die heimliche Beseitigung der Leichen. Auf diese Weise sollten die öffentliche Ordnung gewahrt, Widerstandsbewegungen unterdrückt, die Opposition zum Schweigen gebracht und Angst unter der Bevölkerung verbreitet werden. Ziel war es, ungestört ein neues, ausbeuterisches Wirtschaftsprogramm umzusetzen.

Die systematischen Unterdrückungsmaßnahmen wurden von den argentinischen Sicherheitskräften durchgeführt. Sie entführten auch schwangere Frauen sowie Eheleute mitsamt ihren Kindern. Die Babys, Kleinkinder und Jugendlichen wurden ihren Eltern weggenommen, viele sogar getötet. Nur wenige Schwangere konnten lebend befreit werden, und nur drei der Frauen, deren Kinder in den Gefängnissen geboren wurden und dann verschwanden, überlebten.

Innerhalb der Grenzen der Hauptstadt fanden die Entbindungen hauptsächlich in den geheimen Folterlagern ESMA (einer Ausbildungsstätte für Mechaniker und Ingenieure der Marine), *Automotores Orletti, El Atlético* und *El Olimpo* statt. In der Provinz Buenos Aires wurden die meisten Geburten im Militärkrankenhaus in *Campo de Mayo,* im Gefängnis *Olmos,* im Zentrum *La Cacha,* im Gefängnis und Folterlager *Pozo de Banfield* und im 5. Kommissariat von La Plata registriert.

Laut Schätzungen belief sich die Zahl der Kindesentführungen auf ungefähr fünfhundert Fälle. Die meisten Babys wurden an Dritte weitergegeben, an Anhänger der Diktatur und Mitglieder der Sicherheitskräfte oder deren Familien. Kleinkinder wurden auch schon mal auf offener Straße zurückgelassen oder in Krankenhäusern und Kinderheimen abgegeben. Von all diesen Kindern konnten bis Anfang des Jahres 2010 lediglich einhundertundeins wiedergefunden und mit ihren leiblichen Familien zusammengeführt werden.

Zu den geschätzten dreißigtausend *Desaparecidos,* wie die Verschwundenen in Argentinien genannt werden, gehörten auch Behinderte, die politisch aktiv waren. Man befahl gezielt ihre Entführung. Der erste Fall ereignete sich am 21. September 1976 in der

Provinz Córdoba, der zweite war der von Claudia Inés Grumberg, einer Soziologiestudentin, die an Gelenkarthritis litt. Sie konnte ihre Finger nicht richtig bewegen und hatte eine auffällige Gehbehinderung. Drei Personen in ziviler Kleidung zerrten sie in Barracas auf offener Straße in einen Ford Falcon. Drei Freunde waren Zeugen dieser Tat, darunter José Poblete, den das Schicksal dieser Frau dazu veranlasste, seine Tochter Claudia zu nennen.

Während der darauffolgenden zwei Jahre verschwanden weitere Mitglieder von Behindertenorganisationen, unter anderem auch Pepe, seine Frau und einige ihrer Freunde. Am 7. Dezember 1978 bot ein Mann Mónica Brull, der blinden Freundin von Trudi, beim Überqueren der Straße seine Hilfe an. »Nein danke, ich möchte die Straße nicht überqueren«, antwortete die junge Frau, während sie den Boden mit ihrem weißen Blindenstock abtastete. »Jetzt mach schon, sonst wirst du's bereuen«, drohten ihr nun fast gleichzeitig zwei Männerstimmen. Man brachte sie ins Folterlager *El Olimpo*, wo sie wie Pepe von Julio Simón alias *Turco Julián* gefoltert wurde. »Ich bin im zweiten Monat schwanger«, sagte Mónica und wies die Männer außerdem darauf hin, dass sie noch einen kleinen Sohn hatte.

Daraufhin hörte sie die Stimme von *Julián* antworten: »Wenn die Nutte im sechsten Monat es ausgehalten hat, wirst du das auch schaffen.« Die gleiche Stimme fügte hinzu: »Foltert sie!«

An Händen und Füßen an eine Metallplatte gefesselt, ertrug sie die Elektroschocks, ohne zu weinen. »Du Schlampe, du dreckige Jüdin. Wollen wir mal sehen, ob du nicht doch noch heulst.« Sie wiederholten die Elektroschocks, aber sie vergoss keine einzige Träne. Am 21. Dezember 1978 wurden Mónica und ihr Ehemann Juan Agustín Guillén freigelassen. Wegen der Schläge und Qualen, die Mónica erleiden musste, verlor sie ihr Kind.

All das musste die Tochter von Trudi und Pepe an einem einzigen Nachmittag erfahren. Nach einundzwanzig Jahren sollte sie wieder Claudia sein. Sie erfuhr nicht nur Dinge über sich selbst, sondern über vieles, was in Argentinien in der Zeit der Diktatur geschehen war. Über dieses Thema war in ihrem vermeintlichen Elternhaus immer geschwiegen worden.

Als Letztes las sie von der Vermutung, dass ihre leiblichen Eltern wahrscheinlich auf einem der sogenannten Todesflüge in den Rio de la Plata geworfen worden waren, narkotisiert durch Thiopental-Natrium-Injektionen, aber noch lebend. Auch wenn manche sagten, die beiden wären irgendwo in *El Olimpo* begraben, fand sie genauere Daten, aus denen sich schließen ließ, dass Gertrudis Hlaczik auch in *El Banco* gesehen worden war, zuletzt am 28. Januar 1979. Im März desselben Jahres wurde José Poblete mit seinem Rollstuhl aus *El Olimpo* fortgebracht. Später fand man den Rollstuhl in der Ecke eines Parkplatzes.

Ein leerer Sarg

Richter Gabriel Cavallo hatte im Fall Poblete ein Jahr vor Claudias Vorladung mit den Ermittlungen begonnen, nachdem Alcira Ríos, eine Anwältin der Menschenrechtsorganisation *Großmütter der Plaza de Mayo*, Anzeige erstattet hatte. Die erste Anzeige gegen das Ehepaar Landa stammte jedoch bereits aus dem Jahr 1984, als vermutet wurde, dass es sich bei dem Kind, das in der Familie Landa lebte, um die 1976 verschwundene Matilde Lanuscou Miranda handele.

Am 5. September 1976 meldete die Leitung der Militärzone 4, dass »den Streitkräften und der Polizei am 3. September um 22 Uhr bekannt geworden war, dass in der Gegend von San Isidro eine Versammlung regimefeindlicher Verbrecher stattfand«. Diesem Bericht zufolge eröffneten die »Verbrecher« aus dem Wohnhaus das Feuer auf die herbeigeeilten Militäreinheiten. Das gesamte Viertel wurde weiträumig abgesperrt und der Strom abgestellt, eine Hundertschaft Soldaten postierte sich um das Wohnhaus herum, Panzer rückten an. Der Kampf soll vier Stunden gedauert haben. Nach offiziellen Angaben fing dabei das Haus Feuer, und »fünf Verbrecher kamen ums Leben«. Die Leichname dieser fünf wurden anonym und ohne Kreuz am Rande des Friedhofs im Stadtteil Boulogne beigesetzt.

Zu fünft waren auch diejenigen, die über sieben Jahre später, am 25. Januar 1984 gegen 16 Uhr, auf dem Friedhof Boulogne unter einer brennenden Sonne mit ihren Schaufeln ins Erdreich vordrangen, um die angeordnete Exhumierung auszuführen. Es herrschte Totenstille, als schließlich die Särge freilagen und nacheinander geöffnet werden konnten. Die Unbekannten 1 und 2 wurden als Amelia Bárbara Miranda und Roberto Francisco Lanuscou identifiziert. Die Unbekannten 3 und 4 waren ihre Kinder: Roberto, sechs Jahre alt, und Barbara, vier Jahre alt. Im fünften Sarg schließlich befand sich eine grün-rote Decke. Jemand griff danach, und dabei fiel ein Schnuller heraus. Außerdem waren in dem Sarg ein rosafarbener Teddybär und eine kleine Socke. Die Experten konnten aber keine körperlichen Überreste von Matilde, dem dritten Kind der Familie Lanuscou, finden, das zum Zeitpunkt der Ermordung der Familie ungefähr fünf Monate alt war. Nach eingehenden Untersuchungen kamen die Gerichtsmediziner zu dem Schluss, dass das Baby niemals in diesem Sarg gelegen hatte.

Die Eltern von Amelia, die bei der vierstündigen Exhumierung zugegen waren, setzten ihre Suche nach der kleinen Matilde unermüdlich fort. Eine Zeitlang glaubte Großvater Miranda, dass das Mädchen, dessen sich das Ehepaar Landa bemächtigt hatte, seine Enkeltochter sei. So wartete er viele Tage nach ihrem Englischunterricht auf sie. Die Landas bekamen damals zwar eine Vorladung, aber ihre »Mercedes« wurde keinem Gentest unterzogen, da ihr kindlicher Körper zeigte, dass sie mindestens ein, wenn nicht sogar zwei Jahre jünger war als die gesuchte Matilde.

»Zu wissen, wer ich bin«

Claudia erfuhr damals nichts von all diesen Vermutungen. Offensichtlich war sich Ceferino Landa sicher, dass sie nicht Matilde war und die Wahrheit nie ans Licht kommen würde. Er ging den Justizbehörden nie aus dem Weg. Allerdings war er immer auf der Hut.

Am Abend jenes Tages, an dem Claudia die Wahrheit über ihre Identität erfahren hatte, unterbrach sie die Lektüre der Briefe und Zeitungsberichte nur, um den Anwalt der Landas anzurufen. Es regten sich widersprüchliche Gefühle in ihr, sie konnte mit den vergangenen Jahren nicht innerhalb weniger Stunden abschließen. »Ich mache mir Sorgen, geht es ihnen gut? Wissen Sie, wo sie sind?«

»Beruhige dich, sie sind auf einem Polizeirevier und werden danach zur Zentrale der Bundespolizei gebracht.«

Um elf Uhr abends besuchte Claudia ihre Adoptiveltern und

brachte ihnen ein Bündel Kleidung und andere Dinge, um die sie gebeten hatten. Richter Cavallo hatte ihr die Besuchserlaubnis sofort erteilt. Am nächsten Tag, am Freitag, dem 11. Februar 2000, ging Claudia wieder zur Arbeit. An dem anschließenden Wochenende wollte sie niemanden sehen. Zum ersten Mal zog sie es vor, alleine zu sein, und blieb es auch, während die Landas inhaftiert waren.

»Ich glaube, ohne diese Zeit alleine wäre das alles nicht möglich gewesen. Ich weiß nicht, ob ich meine Geschichte sonst hätte akzeptieren können und ob ich mich jemals als Claudia hätte fühlen können.« Das sagt sie Jahre später, nachdem sie gelernt hat, ihre Familie und ihre wahren Eltern zu lieben und die bruchstückhaften Erinnerungen, die sie hatte, wie Puzzleteile wieder zusammenzusetzen.

Ihr Onkel Fernando war ihr dabei eine große Hilfe. Wenige Tage, nachdem sie das Ergebnis der DNA-Analyse erfahren hatte, musste Claudia wieder zum Gericht und traf ihn zufällig in der Eingangshalle vor dem Büro des Richters. »Was machst du denn hier?«, fragte sie verblüfft, nachdem er gesagt hatte, wer er war. »Ich versuche schon seit über zwanzig Jahren, dich zu finden«, war die Antwort.

Fernando machte es sich von nun an zur Aufgabe, auf sie zu warten und ihr zu helfen. Er rief sie regelmäßig an und schlug ihr immer wieder vor, einen Spaziergang zu machen, ins Kino zu gehen oder Bekannte ihrer Eltern zu treffen, und sie bat ihn, ihr die Orte zu zeigen, an denen ihre Eltern zu ihren Lebzeiten gewesen waren. »Erzähl mir, was immer du willst, aber lüg mich bitte nicht an«, das war das Erste, worum sie ihren Onkel bat.

Mit ihrer Tante mütterlicherseits schrieb sie sich lange Briefe. Und die Tante erzählte ihrer Nichte, genau wie Onkel Fernando, immer etwas mehr als das, wonach sie eigentlich gefragt hatte.

Bei Großmutter Buscarita hatte Claudia dagegen den Eindruck, dass sie die Familienzusammenführung zunächst nicht ertragen konnte, obwohl sie jahrelang nach ihrer Enkelin gesucht und auch dabei geholfen hatte, andere verschwundene Enkelkinder wiederzufinden. »Ich glaube, ihr ist erst in dem Moment bewusst geworden, dass ihr Sohn niemals zurückkommen wird. Genau das bedeutet es, ein Verschwundener zu sein. Ich bin der lebende Beweis dafür, dass er nicht zurückkehren wird.«

Eines Tages teilte Buscarita ihr mit, dass sie in die Vereinigten

Staaten reisen werde, wo eine ihrer Töchter lebte. Bevor sie aufbrach, traf sie Claudia noch einmal bei Fernando zu Hause. Die beiden Frauen konnten sich nicht in die Augen sehen. Buscarita überreichte ihrer Enkelin mehrere Geschenke, darunter ein Lesezeichen mit einem Gedicht des uruguayischen Schriftstellers Mario Benedetti: *Todavía* (*Noch immer*).

Claudia zitterte am ganzen Körper, als sie es las, und einige Verse prägten sich sofort ein.

No lo creo todavía	*Noch immer kann ich nicht glauben,*
estás llegando a mi lado	*dass du zu mir kommst*
…	…
tu regreso tiene tanto	*Deine Rückkehr hat so viel*
que ver contigo y conmigo	*mit dir und mir zu tun*
que por cábala lo digo	*Das wiederhole ich wie eine Beschwörung*
y por las dudas lo canto	*Und singe damit gegen die Zweifel an*
nadie nunca te reemplaza	*Niemand kann dich je ersetzen*
y las cosas más triviales	*und selbst die einfachsten Dinge*
se vuelven fundamentales	*bekommen eine neue Bedeutung,*
porque estás llegando a casa	*weil du nach Hause kommst*
…	…

Die Großmutter überreichte ihr noch ein weiteres Gedicht von Benedetti mit dem Titel *Ich liebe dich*. »Dieses Gedicht schickte deine Mutter deinem Vater in einem Brief.« Mit Tränen in den Augen erzählte Claudia ihrer Großmutter, dass sie sich mit sechs oder sieben Jahren immer in einen Schreibtischstuhl mit Rollen gesetzt und so getan hatte, als ob sie nicht laufen könne. Buscarita war gerührt und berichtete ihr, dass ihr Vater sie als Baby oft auf seinen Schoß in den Rollstuhl genommen habe, während ihre Mutter die beiden im Kreis drehte.

Claudia lebte in dieser Zeit weiterhin alleine mit sich und ihrem früheren Leben als Mercedes. Die Landas waren sechs Monate lang gemeinsam im Hauptquartier des Militärs, im sogenannten *Campo de Mayo*, einem der größten geheimen Folter- und Gefangenenlager während der Militärdiktatur, inhaftiert. Sie teilten sich als Ehepaar ein bescheidenes Zimmer im ehemaligen Offizierskasino. Samstags oder sonntags besuchte Claudia sie. Manchmal boten Mercedes und Ceferino ihr sogar an, dort zu übernachten, und sie blieb, obwohl sie sich dabei nicht wirklich wohl fühlte. Es fiel ihr zunehmend schwerer, sie Mama und Papa zu nennen, sie wollte sich diesbezüglich aber nichts vorwerfen lassen.

Während sie ihre alte Familie verlor oder vielmehr sich die Beziehung zueinander veränderte, gewann sie eine neue Familie dazu. Claudia hatte eine drei Jahre ältere Halbschwester: Patricia Solange Poblete Tobar, in der Familie nur Angie genannt, war 1975 in Chile geboren worden. Kurz nachdem sie erfuhr, dass man Claudia gefunden hatte, reiste sie mit ihren beiden Kindern nach Buenos Aires. Sie vereinbarten ein erstes Treffen, konnten sich dabei aber nicht wirklich als Schwestern erkennen. Sie sahen sich nicht sehr ähnlich. Dagegen war der ältere von Claudias Neffen, der fünfjährige Sebastián, ihrem Vater wie aus dem Gesicht geschnitten und entsprach genau der Vorstellung, die sie sich von ihrem Vater als Kind gemacht hatte.

Im Juni 2000, weniger als sechs Monate nach der Identifizierung von Trudis und Pepes Tochter, fand der Prozess gegen das Ehepaar Landa statt, sie waren angeklagt der illegalen Kindesaneignung und Verschleierung der Identität einer Minderjährigen. Die Anhörungen dauerten zwei Wochen. In diesen Tagen wurden erschütternde Aussagen gemacht.

Hugo Merota, der am selben Tag wie Pepe, Trudi und Claudia festgenommen wurde, war auch ins *El Olimpo* gebracht worden. In einem Raum mit einem großen Tisch musste er genau wie alle anderen Entführten eine Erklärung zu seiner Vergangenheit abgeben. Dort sah er Trudi, die das kleine Mädchen in den Armen hielt. »Das acht Monate alte Baby weinte, und sie konnte es nicht beruhigen«, erzählte der überlebende Hugo.

Ein anderer Freigelassener, Mario Villani, dem die Militärs befahlen, die Elektrogeräte zu reparieren, die sie aus den Häusern der Verschleppten gestohlen hatten, sah Claudia in der Wäscherei des *El Olimpo*, als ihr die Windeln gewechselt wurden. Es gab auch Zeugen, die sahen, wie man Trudi nackt an den Haaren mitschleifte, während sie angeschrien und auf sie eingeschlagen wurde.

Enrique Ghesan berichtete, dass er von der Nachbarzelle aus mithören konnte, wie Julio *El Turco* Simón und Juan Antonio *Colores* Del Cerro den Eltern sagten, sie selbst hätten das kleine Mädchen ihrer Familie übergeben. Außerdem sagte er aus, dass beide Peiniger einen besonderen Groll gegen Pepe gehegt hätten, »weil er Peronist, Chilene und ein Krüppel war«.

Rengel Ponce, ein Freund des Ehepaares, hatte eine Verabredung mit Pepe in Ciudadela, einer Stadt westlich von Buenos Aires, gehabt. Statt seines Freundes war eine Gruppe Soldaten erschienen und hatte ihn entführt. In *El Olimpo* begegnete er Pepe, den er unter dem Decknamen Martín kannte. »Verzeih mir«, bat Pepe, während er in Richtung des Duschraums robbte.

Auch Jorge Enrique Robasto, der sich in der Gruppe *Cristianos para la Liberación* engagiert hatte, sagte in dem Prozess aus: »Zu Beginn des Jahres 1982 erhielt ich eine Vorladung. Ich sollte vor dem 1. Armeekorps erscheinen. Im vierten Stock, wo der Geheimdienst arbeitete, empfing mich *Colores* und zeigte mir ein Buch mit Hunderten von Frontal- und Profilaufnahmen der Gefangenen, und ich sollte ihm sagen, wen ich davon kannte.« Dann schilderte er, wie er auf Pepe und Trudi gezeigt und *Colores* gelacht habe: »Die brauchst du nicht zu nennen, die sind schon Fischfutter.«

Die Aussagen von Claudias leiblicher Familie waren für sie nicht weniger schmerzlich. Großvater Gustavo Adolfo Hlaczik erzählte, seine Frau Ana habe sich im Mai 1981 umgebracht. Sie setzte keine Hoffnung mehr in die mit Buscarita, Pepes Mutter, gemeinsam eingeleitete Suche, sie konnte die Gleichgültigkeit der staatlichen Behörden, die sie abklapperten – wie Hunderte andere Familienangehörige und unzählige Großmütter –, nicht mehr ertragen. In der Überzeugung, dass sie weder ihre Tochter noch ihre Enkelin jemals wiedersehen würde, nahm sie sich das Leben.

Nach einigem Hin und Her zwischen der Staatsanwaltschaft und der Verteidigung begab sich eine weitere Zeugin in den Zeugenstand, um ihre Aussage zu machen.

»Schwören Sie, nichts als die Wahrheit zu sagen?«

»Ja, ich schwöre.«

»Bitte nennen Sie Ihren Namen.«

»Claudia Victoria Poblete Hlaczik, Tochter von José Liborio Poblete und Marta Gertrudis Hlaczik.«

Der Anwalt der Landas verließ den Saal, nachdem er das gehört hatte. Claudia hatte endlich eine Wahrheit ausgesprochen, die sie auch so fühlte. Einen Monat vor dem Prozess hatte sie darum gebeten, ihren neuen Personalausweis mit den Nachnamen ihrer leiblichen Eltern auszustellen, als eine Ehrbezeugung ihnen gegenüber und um beide Familien zu vereinen.

Am Ende der Anhörungen wurde Ceferino zu einer Haftstrafe von neuneinhalb Jahren und Mercedes zu einer Haftstrafe von fünfeinhalb Jahren verurteilt. Wenig später, als Mercedes Moreira siebzig Jahre alt wurde, wandelte man ihre Haftstrafe in Hausarrest um. Ceferino Landa war jünger als seine Frau, so dauerte es anderthalb Jahre länger, bis auch er, siebzigjährig, wieder nach Hause konnte.

Er wie auch seine Frau sagten in dem Prozess nicht weiter aus. Ceferino gestand lediglich gegenüber dem Richter, dass ihm das Mädchen von dem Arzt übergeben worden war, der die falsche Geburtsurkunde unterschrieben hatte. Dieser war jedoch bereits 1980 verstorben, Ceferinos Aussage konnte also nicht überprüft werden. Er leugnete auch, von den Menschenrechtsverletzungen und den Verbrechen des Militärs gewusst zu haben, obwohl im Prozess ausgesagt wurde, dass er als Sekretär am Ständigen Kriegsgericht des 1. Armeekorps gearbeitet hatte, das Zivilpersonen aburteilte, die der »Subversion« beschuldigt wurden. Unter denjenigen, die damals dort verurteilt wurden, war auch die spätere Anwältin der Anklage, Alcira Ríos. Ceferino bestritt jegliche Beteiligung an solchen Prozessen.

Die Landas hörten sich den Urteilsspruch an der Seite des Gerichtssaals sitzend an. Er hatte den Blick auf den Boden gesenkt. Sie versteckte sich hinter einer großen Sonnenbrille.

Umgeben von ergriffenen Verwandten und Vertretern verschiedener Menschenrechtsorganisationen, die den Urteilsspruch feierten, hielt die Anwältin Ríos fest: »Hiermit endet ein Lebensabschnitt, und es beginnt die Zukunft für Claudia Victoria Poblete.«

Diese Zukunft brachte für Claudia Momente vollkommenen Glücks, aber auch große Schwierigkeiten. In gewisser Hinsicht fühlte sie sich wie befreit, dann aber wieder zerrissen. Sie teilte die Wohnung mit Mercedes Moreira und später auch wieder mit Ceferino Landa, als der ebenfalls seine Strafe in Hausarrest umgewandelt bekommen hatte. Es war schwierig, gemeinsam am Tisch zu sitzen und zu essen. Zeitweise sprach keiner ein Wort, zeitweise diskutierten sie lautstark, und viele Male taten sie so, als ob nie etwas geschehen wäre. Claudia fing an, sie beim Vornamen zu nennen, ihnen weder Bescheid zu sagen, wohin sie ging, noch wann sie wiederkommen würde, und ihnen an Vater- und Muttertag aus dem Weg zu gehen, um ihnen nicht gratulieren zu müssen.

»Meine Geschichte zu kennen, meine Familie kennenzulernen und mir alles anzuhören, was mir die Freunde meiner Mutter und meines Vaters erzählten, tat mir gut; nicht nur, weil ich endlich die Wahrheit lernte und erfuhr, was wirklich geschehen war, wie sie umgebracht wurden, wie sie gelebt hatten, sondern auch, weil mir dieses Wissen die Augen öffnete und ich herausfinden konnte, was ich im Innersten wahrscheinlich schon immer tun wollte: beispielsweise unterrichten, Auto fahren lernen, Dinge, die ich vorher nie getan hätte, auch einmal in den Park gehen und mich einfach auf eine Wiese legen. Ich war immer sehr streng mit mir. Zu wissen, wer ich bin, brachte mich dazu, mir gewisse Dinge zu gestatten. Außerdem gab es mir die Kraft, den Landas die Stirn zu bieten.«

Und sie musste ihnen gegenüber hart sein, um rauszukommen und an den Sonntagen mit Cousins, Cousinen, Tanten und Onkel die Pasta von Großmutter Buscarita zu essen oder zum ersten Mal ihren Geburtstag mit ihren Blutsverwandten zu feiern: Am 25. März 2000, anderthalb Monate, nachdem Claudia wiedergefunden worden war, organisierte ihre leibliche Familie aus diesem Anlass das erste große Mittagessen im Hause einer Tante. Claudia war glücklich und sah in lauter strahlende Gesichter.

Bei der Rückkehr ins Haus der »Alten«, wie sie die Landas anderen gegenüber nun gerne nannte, sah sie sich mit einem Eifersuchtsanfall von Mercedes konfrontiert. Diese kamen nach solchen Treffen nun häufiger vor, manchmal begleitet von Weinkrämpfen und depressiven Krisen. Mit Ceferino fanden die Diskussionen eher auf rationaler Ebene statt, dafür jedoch viel häufiger.

»Ich habe mein eigenes Leben. Das müsst ihr respektieren«, wies Claudia die Landas in ihre Schranken. Andere Male belog Claudia sie, um sich den Streit zu ersparen. Einige Male war sie kurz davor auszuziehen, tat es aber nicht. Sie lenkte sich mit ihrer Arbeit ab oder ging auf Reisen. Sie machte sich bald kaum mehr Gedanken darüber, dass die Landas Gefangene in ihrem eigenen Haus waren. Die beiden lösten ihre Alltagsprobleme alleine, über das Internet, telefonisch oder sogar mit Hilfe eines Nachbarn. Anfangs kam die Polizei täglich zur Kontrolle, damit sie ihren Hausarrest einhielten, aber bald hörte das auf. Es waren ihnen vom Richter ohnehin Freigänge gewährt, um zum Arzt zu gehen oder zu den Gymnastikstunden im Militärkrankenhaus – die sie eher um der sozialen Kontakte willen besuchten, als dass sie eine Notwendigkeit gewesen wären.

An der Universität vollzog sich Claudias Veränderung abrupt: Sie war brüsk und sagte ihren Kommilitonen ins Gesicht, dass es sie ärgere, wenn diese sie mit »he« oder »du da« ansprachen, anstatt ihren richtigen Namen, Claudia, zu benutzen. Eines Tages erschien sie mit den neuen Papieren und bat um eine sofortige Namensänderung in allen ihren Akten. Ihr Verhalten bewirkte eine deutliche Distanzierung einiger ihrer alten Freunde aus Militärkreisen.

Gegenüber ihrer neuen Familie, die ihr viel Zuneigung entgegenbrachte, fühlte sie sich manchmal, als ob ihr etwas fehlen würde. Es beschlichen sie Schuldgefühle, wenn sie Anekdoten aus ihrer Kindheit erzählte. Als sie das erste Mal bewusst spürte, wie sie in solch einem Moment beäugt wurde, beschloss sie, ab sofort ihr Vorleben als Mercedes nicht mehr zu erwähnen. Sie begann, sich fast obsessiv ihren Verwandten zu widmen und jede freie Minute mit ihnen zu verbringen. Sie glaubte, dass sie die Jahre, die ihnen geraubt worden waren, wieder wettmachen müsse, obwohl sie das gar nicht konnte.

Nachdem sie wieder Claudia geworden war, lernte sie auch die Schulfreundin ihrer Mutter, Mónica Brull, kennen, mit der sie lange Gespräche führte. Und sie nahm Kontakt zu der Lehrerin auf, die Mónica und ihre Mutter neun Jahre lang in der Schule gehabt hatten. Von ihr bekam sie Briefe, Zeichnungen und Texte, die Trudi im Alter zwischen zehn und fünfzehn Jahren angefertigt hatte.

Großmutter Buscarita kam nach acht Monaten aus den Vereinigten Staaten zurück. »Am Anfang war die Mutter meines Vaters einfach eine Fremde für mich. Aber jetzt habe ich das Gefühl, dass meine Großmutter wirklich meine Großmutter ist.« Die beiden versuchten, die Zeit aufzuholen, die ihnen gestohlen worden war, und trotz der schmerzlichen Erinnerungen gelang es ihnen, eine Beziehung aufbauen.

Claudia (oben, 2. v. r.) mit ihren Cousins und Cousinen, die sie erst nach der Feststellung ihrer wahren Identität kennenlernte, zusammen mit ihrer Großmutter Buscarita Roa (3. v. l.), die jahrelang nach ihr gesucht hatte.

Im Jahr nach ihrer Identitätsfindung reiste Claudia nach Chile, dem Heimatland ihres Vaters, ihrer Onkel, Tanten und Großeltern. Begleitet von ihrer Halbschwester, lernte sie den Vater ihres Vaters kennen, ihren Großvater José Poblete Chamorro. Sie besichtigte das Viertel, in dem Pepe aufgewachsen war, und sie unterhielt sich auch mit seinen Jugendfreunden und Kameraden aus der Widerstandsbewegung.

Es war eine schwere Zeit für sie, an manchen Tagen ging es Claudia wirklich schlecht, doch zu ihrem Glück wurde ihr gegen Ende ihres Studiums eine Stelle angeboten, eine weitere Reise, die ihr Leben verändern sollte: Sie war gefragt worden, in Venezuela die Arbeit eines Ingenieurs zu übernehmen, der es leid war, einen Monat dort und den nächsten wieder in Argentinien zu verbringen. Sie sagte sofort zu. Als sie in Caracas ankam, wartete der Kollege, den sie ersetzen sollte, schon auf sie. Es war Vatertag, und Claudia erzählte ihm von ihrem Kummer. Drei Wochen später waren die beiden ein Paar.

Während der folgenden zwei Jahre pendelten die beiden gemeinsam zwischen Buenos Aires und Caracas hin und her. Ihr Chef gestand ihr später, dass er sich das genau so vorgestellt hatte, aber natürlich hatte er nicht ahnen können, dass er sie damit »verkuppeln« würde. Als die beiden schließlich ganz nach Argentinien zurückkehrten, beschlossen sie zu heiraten. Diese Entscheidung stellte Claudia vor ein Problem: Sollten sie nur eine einzige Feier geben oder zwei, eine für ihre leibliche Familie und eine für ihre Lieben aus der Vergangenheit? Oder vielleicht gar keine? Claudia weinte sich fast die Augen aus und verbrachte einige schlaflose Nächte damit, über einen Ausweg aus dieser schwierigen Lage nachzugrübeln.

Am 14. Juni 2005, drei Tage vor ihrer Hochzeit, gaben die Richter des Obersten Gerichtshofes der Klage von Buscarita Roa und der Menschenrechtsorganisation *Centro de Estudios Legales y Sociales* (CELS) über das Verschwinden von Marta Gertrudis Hlaczik und José Liborio Poblete und die illegale Aneignung von Claudia Poblete Hlaczik statt. Es wurde Klage erhoben gegen alle Verantwortlichen des 1. Armeekorps, gegen die Betreiber von *El Olimpo* und gegen all diejenigen, die an den Verbrechen gegen die Familie Poblete Hlaczik beteiligt gewesen waren. Kurz zuvor hatten die sieben obersten Verfassungsrichter mit einer Gegenstimme und einer Enthaltung die Verfassungswidrigkeit der Befehlsnotstands- und Schlusspunktgesetze durchgesetzt, die zwanzig Jahre lang in Kraft gewesen waren. Die Richter bestätigten damit die Abschaffung der beiden Gesetze durch den argentinischen Nationalkongress im Jahr 2003. Mit dieser Entscheidung ging die Bearbeitung Hunderter von Fällen in ganz Argentinien, die denen von Claudias Familie ähnelten, künftig wesentlich schneller voran.

Am 17. Juni 2005 heirateten Claudia und Claudio standesamtlich, am folgenden Tag kirchlich. Claudias Großvater Gustavo Hlaczik nahm ohne Vorbehalte an der Zeremonie teil, zu der auch das Ehepaar Landa eingeladen war. Die Familie Poblete zog es vor, der Feier fernzubleiben.

Ein Jahr später, am 28. Juni 2006, begann die gerichtliche Vernehmung von *El Turco* Simón. Ihm wurde vorgeworfen, neben anderen Verletzungen der Menschenrechte für die Entführung, Folter und das gewaltsame Verschwinden von José Poblete, dessen Ehefrau und der kleinen Tochter verantwortlich gewesen zu sein.

Wieder kam es zu unfassbaren Aussagen. Eine der Überlebenden, Isabel Blanco, erinnerte sich an Pepe beziehungsweise Martín, wie er von seinen Widerstandsgefährten genannt wurde: »Sie haben ihm seinen Rollstuhl weggenommen und ihn gezwungen, auf seinen Beinstümpfen zu laufen. Dabei haben sie die ganze Zeit gelacht.«

Susana Caride beschrieb einen Kampf wie in einem »römischen Zirkus«: »Die Gefangenen wurden unter Androhung von Folter gezwungen, sich gegenseitig zu verprügeln.«

Graciela Trotta berichtete: »Eines Tages brachten mir *El Turco* und *Colores* ein Baby. Nach einer Weile erfuhr ich, dass es zur Familie Poblete gehörte. Fast einen ganzen Tag lang hatte ich das Mädchen im Krankenhaus bei mir. Ich war selbst schwanger und wirklich hin- und hergerissen. Einerseits war ich froh, ein lebendiges Kind im Arm zu halten, andererseits erschreckte mich der Gedanke, dass es dort bleiben sollte.«

Juan Guillén, Ehemann von Mónica Brull und ebenfalls körperlich behindert, sagte bei seiner Vernehmung aus, dass Pepe ihn in der Neujahrsnacht 1978 gebeten habe, Buscarita zu besuchen, sobald er wieder frei wäre. »Kümmere dich um meine Mutter. Und gib Claudia Victoria viele Küsse von mir.«

Julio Simón war an jedem einzelnen Verhandlungstag anwesend. Stets ordentlich frisiert, trug er eine graue kugelsichere Weste über seinem blauen Pullover. Obwohl er bei einem Fernsehinterview gesagt hatte, dass er keine Reue empfinde, verweigerte er bei seiner ersten Anhörung die Aussage. Staatsanwalt Raúl Perotti plädierte trotz heftiger Kritik vonseiten der Menschenrechtsorganisationen auf eine Haftstrafe von vierundzwanzigeinhalb Jahren, da der Beschuldigte nicht vorbestraft war. Die Angehörigen der Opfer forderten eine Strafe von fünfzig Jahren Haft.

Am Nachmittag des 3. August 2006 wurde Julio Simón wegen Verletzung der Menschenrechte zu einer Haftstrafe von fünfundzwanzig Jahren verurteilt. Er war der erste Verurteilte aus der Zeit der Militärdiktatur, seit die Amnestiegesetze für verfassungswidrig erklärt worden waren. Der Vorsitzende Richter verlas das Urteil mit zitternder Hand.

Der Junge, der eigentlich hätte Martín heißen sollen

Carlos, Sohn von Uruguayern, möchte die Familie des argentinischen Geheimdienstoffiziers, bei der er aufwuchs, auch nach Kenntnis seiner wirklichen Herkunft nicht verstoßen

Carlos will nicht Martín sein

Sie ließen ihn mit seiner »Mutter« Marta Leiro in den grünen Ford Falcon der Bundespolizei einsteigen und platzierten sie auf dem Rücksitz, zwischen zwei Polizisten in Zivil. Der Fahrer und der Beifahrer versuchten, die Stimmung mit Witzen aufzulockern, doch niemand lachte. Während der ganzen Fahrt zur Hauptwache und von da aus zum Gerichtsgebäude in San Isidro fühlte sich Carlos beobachtet und bestraft, so als wäre er Täter und nicht Opfer.

Als er an jenem Mittwoch, dem 14. Juni 1995, am Ersten Bundesgerichtshof ankam, wurde er von Richter Roberto Marquevich in Empfang genommen, der sofort von seinen Eltern zu erzählen begann. Carlos hörte kaum zu. Das Einzige, was ihn interessierte, war, wo man die Leute hinbringen würde, die er bis jetzt für seine Eltern gehalten hatte. Marquevich ließ jedoch keine Fragen zu und redete einfach weiter. Er teilte Carlos mit, dass er unermüdlich arbeite, zwanzig Stunden am Tag, um Fälle wie seinen zu lösen.

Schließlich ließ der Richter die Jugendgerichtshilfe und einen Sozialarbeiter kommen, woraufhin Carlos regelrecht wütend wurde. Brüsk schlug er ihre Hilfe aus, er war immer noch zutiefst verletzt. Entschlossen baute er sich vor Marquevich auf, schaute ihm geradewegs in die Augen und verlangte mit fester Stimme, seine »Eltern« zu sehen. So nannte er sie aus reiner Gewohnheit, nicht etwa aus Trotz. Er war der Meinung, dass die Justiz ihm dieses Recht nicht verweigern könnte. Er wirkte in dem Moment nicht wie ein siebzehnjähriger Jugendlicher, sondern wie ein erwachsener Mann.

Am Tag davor hatte ihn sein »Vater«, Carlos de Luccia, Kapitänleutnant a. D. und ehemaliges Mitglied des Marine-Geheimdienstes, abends angerufen und ihn gebeten, seinen »Stiefbruder« Sebastián zu ihrem Landhaus in San Pedro zu begleiten. Carlos hatte sich nichts weiter dabei gedacht. Er war die ständigen Anrufe längst gewohnt, mit denen de Luccia, den er zu diesem Zeitpunkt unhinterfragt für seinen Vater hielt, seit der Trennung von Marta Leiro versuchte, die Entfernung zwischen ihnen zu überbrücken. Er schwänzte die Schule und machte sich auf den Weg nach San Pedro. Das Landhaus besuchte er sehr gerne, mit ihm verbanden sich schöne Erinnerungen. Seit der Scheidung hielt sich de Luccia den Mittwoch und die Wochenenden frei, um Zeit mit Carlos an diesem Rückzugsort außerhalb der Stadt verbringen zu können.

»Ich will ein schwarzes Pferdchen mit weißen Beinen«, hatte der Junge verlangt, als er fünf Jahre alt war. Da de Luccia streng, aber gelegentlich auch widersprüchlich in der Erziehung des kleinen Carlos war, wurde er erst einmal sehr wütend, gab dem Gequengel aber schließlich nach. So war es immer. Der »Vater« wechselte von überzogenen Erwartungshaltungen zu maßlosen Zugeständnissen. Der kleine Carlos wusste genau, was er wollte und wie er es bekam. Eines Samstagmorgens also weckte de Luccia Carlos mit einer Überraschung. Dort stand das schwarze Pferdchen, das wegen seiner weißen Beine *Patas Blancas* genannt wurde, mit seiner Mutter, einer Stute namens *María Rosa*, die der vorherige Besitzer praktischerweise mit dem Fohlen losgeworden war.

»Papa, so ein Pferd will ich aber nicht!«

»Nicht?«, wunderte sich der »Vater«.

»Nein, ich will ein Spielzeugpferd auf Rädern!«, erklärte Carlos.

Lange Zeit würdigte er die kleine und die große Stute keines Blickes. Erst als er etwa zehn oder elf Jahre alt war, bat er seinen »Vater« um einen gemeinsamen Ausritt. Sie gingen zur Koppel und hatten *Patas Blancas* schnell eingefangen und aufgezäumt. Dann versuchten sie vierzig Minuten lang, die große Stute einzufangen. Jedoch ohne Erfolg. Sie war bei weitem nicht so zahm wie ihre Tochter. Es war heiß, die Mücken waren absolut unerträglich, und die Stute ließ sich nicht bändigen. So gaben sie sich geschlagen und wollten sich auf den Weg zurück zum Haus machen. *Patas Blancas* aber trottete hinter Carlos her. Er blieb stehen. Das Pferd hinter ihm blieb auch stehen. Carlos ging weiter, und das Pferd ging ebenfalls weiter.

»Sieht so aus, als müsstet ihr zwei alleine ausreiten«, lachte de Luccia.

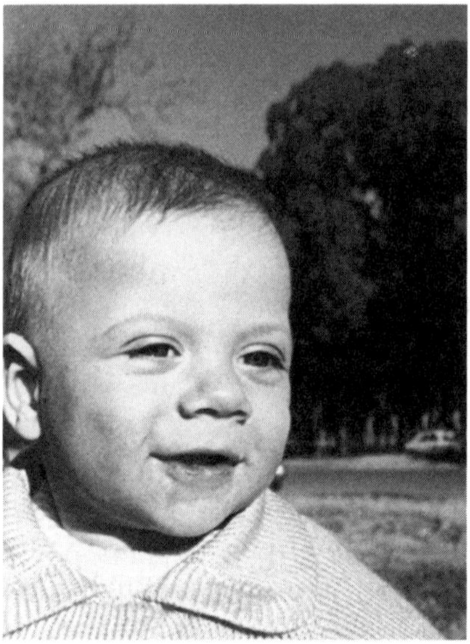

Carlos als Baby, nachdem er in eine fremde Familie gekommen war

Seitdem lief Carlos jedes Mal, sobald er in San Pedro ankam, sofort zur Koppel, und *Patas Blancas* trottete zum Gatter. Er ritt sie ohne Sattel und schlief sogar auf dem Rücken des Pferdes ein. Es wurde zu seiner ersten großen Liebe, er überlegte sogar, Tiermedizin zu studieren.

Dieses Mal waren sie kaum am Landhaus angekommen, das sie zu Ehren der Stute »Patas Blancas« getauft hatten, als Sebastián ihm sagte, dass sie reden müssten. »Ich weiß nicht, ob du schon einmal von den Zwillingen gehört hast, die Miara großgezogen hat. Die Jungen waren die Söhne eines verschwundenen Ehepaares. Ich glaube, sie hießen mit Nachnamen Reggiardo Tolosa ... Naja ... mit dir ist anscheinend etwas Ähnliches passiert.«

»Mit mir? Meinst du das ernst?«

»Ja. Deswegen hat dein Vater mich gebeten, dich hierher zu bringen, damit du es nicht in dem Moment erfährst, in dem sie kommen, um deine Eltern festzunehmen.«

Carlos hätte sich niemals vorstellen können, dass er nicht der Sohn der Menschen war, die er für seine Eltern hielt. Er war noch nicht einmal auf die Idee gekommen, nach Fotos von Martas Schwangerschaft zu fragen, und fand sogar, dass er de Luccia ähnlich sah.

Trotzdem wusste er instinktiv, dass Sebastián die Wahrheit sagte. Weinend schloss er sich im Bad ein. Dort blieb er, bis er sich endlich wieder einigermaßen beruhigt hatte. Er fühlte sich leer.

Sebastián sagte ihm, dass sie zurück nach Hause müssten, zu dem Haus, wo Carlos mit Marta Leiro wohnte, der Frau, die bis vor wenigen Momenten für ihn zweifellos seine Mutter gewesen war. Auf dem hundertsiebzig Kilometer langen Heimweg waren beide sehr schweigsam.

Vor der Tür seines Zuhauses stand ein Streifenwagen. In der Eingangshalle auf der Treppe saß Marta in Handschellen. Carlos durchquerte die Halle, umarmte sie und fragte, ob alles in Ordnung sei. Beide mussten ihre Tränen unterdrücken. Sie baten darum, zusammenbleiben zu dürfen, und die Polizisten erlaubten, dass sie gemeinsam im Streifenwagen zur Hauptwache fuhren. Carlos war besorgt, da Marta vor kurzem an beiden Füßen operiert worden war und deswegen an Krücken ging. Im Auto hielten sie sich an den Händen, bis Marta an der Hauptwache aussteigen musste, wo sie inhaftiert wurde. Carlos wurde zum Bundesgericht gebracht.

Als er dann endlich vor dem zuständigen Richter stand, äußerte der Junge den Wunsch, dass das Sorgerecht seinem Patenonkel Enrique Leiro, Martas Bruder, übertragen würde, anstatt ihn zu einer Pflegefamilie zu bringen. Marquevich stimmte zu, da es erst das Ergebnis des DNA-Tests abzuwarten galt, bevor man ihn seiner leiblichen Familie übergeben konnte.

Am nächsten Tag stand noch nichts über ihn in der Zeitung und genauso wenig am übernächsten. Erst am Freitag, dem 16. Juni 1995, sickerte die Nachricht über die Verhaftung de Luccias und seiner Exfrau durch, und sie war die Schlagzeile in der Samstagsausgabe der überregionalen Tageszeitung *Página/12*. »Die Hand an der Wiege« lautete die Überschrift, und weiter hieß es: »Erster bekannt gewordener Fall von Kindesentzug innerhalb der Streitkräfte: Verhaftung eines Kapitänleutnants und seiner Frau, die vor siebzehn Jahren den Sohn zweier Verschwundener aufnahmen. Er wurde in einem Folterlager geboren, Bergés unterschrieb die Geburtsurkunde.« Der ehemalige Polizeiarzt Jorge Bergés sei auch zur Vernehmung vorgeladen.

Carlos las zwar, was in den Zeitungen stand, jedoch konnte er nicht begreifen, dass es tatsächlich um ihn ging, einen Jungen, der eigentlich Martín hätte heißen sollen, den seine »Eltern« aber Carlos Rodolfo getauft hatten.

Fünf Tage nach der Verhaftung von Carlos de Luccia und Marta Leiro, am 20. Juni, musste Carlos ein zweites Gespräch mit dem Richter führen. Vor dem Gerichtsgebäude wartete eine Gruppe Journalisten. Er wich ihnen aus, indem er einen Seiteneingang benutzte. Der Richter erwartete Carlos in seinem Büro, das gleich neben seinem Amtszimmer lag.

»Carlos, hier gibt es ein paar Menschen, die dich gerne kennenlernen würden.«

»Ich möchte aber niemanden kennenlernen.«

»Du bist nicht gezwungen, sie zu treffen, aber sie sind von weither gekommen ... Du solltest sie kennenlernen.«

»Wenn ich nicht muss, dann will ich auch nicht.«

»Carlos, du solltest sie wirklich kennenlernen.«

Die Unterhaltung wurde lauter.

»Ich möchte niemanden treffen. Sie können mich nicht zwingen!«

»Du solltest sie wirklich kennenlernen.«

»Ich treffe niemanden, bevor ich nicht mit meinem Onkel gesprochen habe!«

Der Richter ließ Enrique Leiro rufen und zog sich für einige Zeit zurück.

»Die wollen, dass ich ein paar Leute kennenlerne, ich weiß zwar nicht wen, aber ich kann es mir schon vorstellen. Die wollen mich einfach dazu zwingen.«

»Carlos, beruhige dich, wenn du nicht willst, musst du niemanden kennenlernen.«

Als Marquevich zurückkam, wiederholte Enrique, was er seinem Patensohn versprochen hatte.

»Carlos wird niemanden kennenlernen.«

»Doch, er muss sie kennenlernen. Sonst wäre der ganze Weg umsonst gewesen.«

»Wenn er dazu nicht gezwungen ist, wird er sie nicht treffen!«

Sie wiederholten in etwa die Diskussion, die Carlos bereits mit dem Richter geführt hatte. Carlos unterbrach sie und sah den Richter an:

»Ich treffe diese Leute, wenn Sie unbedingt wollen, aber ich bestimme, wann.«

Ihm zitterten die Knie, als er den Nachbarraum betrat. Jemand hatte die Jalousie heruntergelassen, damit die Journalisten von der Straße aus nicht hineinschauen konnten. Es war genau 18:15 Uhr, als Carlos erstmals seiner leiblichen Großmutter Reneé d'Elia und seiner Tante Regina Casco begegnete. Zur Begrüßung gab er ihnen betont distanziert die Hand. Reneé stellte sich vor: »Ich bin deine Großmutter, und das ist deine Tante.« Die Frau fand, dass er traurig und besorgt aussah, aber auch sehr gefasst. Carlos, der sich bereits gesetzt hatte und starr auf den Boden blickte, unterbrach seine Großmutter: »Ich kann verstehen, welchen Schmerz Sie gerade fühlen müssen«, sagte er und verstummte gleich wieder, ohne wirklich zu verstehen, was es für Reneé und Regina bedeutete, ihn zu sehen. Die beiden Frauen konnten nicht aufhören, ihn anzustarren. Er war seinem Vater Julio und seiner Mutter Yolanda sehr ähnlich. »Er hat die gleichen Augen wie mein Schwager und das Gesicht meiner Schwester«, stellte seine Tante fest, als die Frauen das Gebäude schon wieder verlassen hatten. »Er sieht gut aus, ist groß, freundlich und höflich«, erzählte sie ihren Töchtern Iliana und Leila später euphorisch am Telefon.

»Ich bitte Sie, auch mich zu verstehen. Mir geht es nicht gut, ich möchte bitte wieder gehen.« Er stand auf, gab ihnen erneut die Hand und blickte ihnen in die Augen, ohne etwas zu sagen. Beim Hinausgehen drehte Carlos sich noch einmal um. Da bemerkten seine Tante und seine Großmutter, dass er weinte. »Wir müssen ihm Zeit geben«, flüsterte Regina. Ohne sich eigens abzusprechen, hatten beide darauf verzichtet, ihm die Fotos mitzugeben, die sie in ihren Handtaschen aufbewahrten. Das Treffen hatte nur wenige Minuten gedauert.

Tags darauf berichteten die Zeitungen, dass Tante und Großmutter Verständnis für Carlos hätten. Obwohl sie völlig erschöpft von der Aufregung war, hatte Reneé sich nach der Begegnung mit Carlos noch mit einer Reporterin von *Página/12* getroffen, dem Blatt, das am ausführlichsten über die Familienzusammenführung schrieb. Reneé hatte soeben mit 72 Jahren ihren einzigen Enkel kennengelernt, jenes schmerzlich vermisste Kind, dem sie niemals hatte einen Strampelanzug stricken können. Ihrem Mann blieb es verwehrt, diese so erhoffte Begegnung zu erleben, er war bereits verstorben.

»Siebzehn Jahre lang bat ich vor dem Schlafengehen um ein Wunder, darum, meinen Enkel sehen zu dürfen, bevor ich sterbe. Ob ich möchte, dass er mit nach Uruguay kommt, um dort bei uns zu leben? Natürlich. Aber das wird einfach seine Zeit dauern. Man kann so viele Jahre nicht in zwei Tagen nachholen, auch nicht in zehn.«

Der Nachfolger von Dr. Mengele

In diesen Tagen stellte Richter Marquevich auch den Haftbefehl gegen den Polizeiarzt Jorge Bergés aus, der sich an den Greueltaten während der Militärdiktatur beteiligt hatte. Er war laut Zeugenaussagen und juristischer Ermittlungen dafür zuständig gewesen, den Gesundheitszustand der Gefangenen in den geheimen Folterzentren zu überprüfen, um die Dauer und Intensität der Folter bestimmen zu können, ohne dass die Gefangenen dabei starben. Außerdem kümmerte er sich vor und während der Geburt um die schwangeren Gefangenen. Aus den Zeugenaussagen geht hervor, dass er auch für die Übergabe der Kinder verantwortlich war, die in einer der geheimen Entbindungsstationen zur Welt kamen. Diese Anlage befand sich in dem Lager *Pozo de Banfield*, im Bezirk *Lomas de Zamora*, das dem Kommando der Polizeidirektion der Provinz Buenos Aires unterstand. Der damalige Polizeichef hieß Ramón Camps.

Das Lager gehörte zu den insgesamt neunundzwanzig geheimen Haft- und Folterzentren, die über neun Bezirke des Stadtgebietes verteilt waren und unter der Oberhoheit von Camps standen. Laut eines Berichts der *Großmütter der Plaza de Mayo* wurden in diesen Lagern um die achtzig schwangere Frauen festgehalten, von denen viele bis heute nicht identifiziert werden konnten. Die Organisation der *Großmütter* wollte Bergés schon in den achtziger Jahren verklagen, da sie herausgefunden hatte, dass er mindestens elf gefälschte Geburtsurkunden unterschrieben haben soll. Es wird vermutet, dass er die Kinder an Ehepaare übergab, die Mitglieder der Streitkräfte waren, an Offiziersfamilien des Heeres und der Marine und an einige Zivilpersonen. Auffällig war, dass der beurkundete Geburtsort der Kinder immer sehr weit weg lag vom jeweiligen Heimatort der »Eltern«. Alle in Frage kommenden Familien waren auf Betreiben der *Großmütter* bereits in der zweiten Hälfte der achtziger Jahre vorgeladen worden. Wo sich ein begründeter Verdacht ergab, hatte man mit weiteren Ermittlungen begonnen, unter anderem eben auch in jenem Verfahren, in dem man herausfinden wollte, wer Carlos wirklich war.

Obwohl de Luccia von seiner Frau Marta schon lange getrennt war, stimmten ihre Aussagen damals vor Gericht überein. Beide hielten sich an die abgesprochene Version ihrer Geschichte. Nach achtzehn erfolglosen Jahren sei Marta dank einer Hormonbehandlung endlich schwanger geworden. An jenem Tag, an dem Carlos zur Welt kam, seien sie ins Seebad Mar del Plata gefahren, hätten sich aber bald wieder auf den Heimweg gemacht, da sich Marta unwohl gefühlt habe. Auf der Rückreise sei ihre Fruchtblase geplatzt, weswegen sie am Ortseingang von La Plata angehalten und nach einer Klinik in der Nähe gefragt hätten. Man hätte sie an eine Klinik im Zentrum der Stadt verwiesen. Beide sagten aus, dass der Arzt, der Marta dort betreute, auch die Geburtsurkunde unterschrieben habe, aus der hervorging, dass ihr Sohn dort am 26. Januar 1978 zur Welt gekommen sei.

Diese Erklärung überzeugte die *Großmütter* damals nicht, und sie betrieben auf eigene Faust weitere Nachforschungen. Schließlich erstatteten sie Anzeige gegen Carlos de Luccia und Marta Leiro. Das Gericht ordnete einen Gentest bei Carlos an, in der Hoffnung, das Ergebnis würde die Verwandtschaft zu einer bestimmten Familie bestätigen. De Luccia brachte Carlos selbst zur Blutabnahme. Das Ergebnis war jedoch negativ, und das Gericht erlaubte daraufhin keine weiteren Vergleiche mit Daten anderer Verwandter von Verschwundenen, deren Blutproben in der Nationalen DNA-Datenbank im Hospital Durand aufbewahrt wurden.

1987 verurteilte das Bundesgericht Bergés zu sechseinhalb Jahren Haft wegen Anwendung von Folter in verschiedenen geheimen Gefangenenlagern, doch er bestand auf seiner Unschuld. Ironischerweise hatte er sich vor ebendiesem Gericht als der Nachfolger Dr. Mengeles bezeichnet, jenes »Todesengels« von Auschwitz, der Tausende von Juden für Experimente missbrauchte, ehe sie ermordet wurden. Als Beweis für seine Unschuld brachte Bergés vor, dass er weder an so vielen Orten gewesen sein noch so viele Dinge getan habe könne, wie behauptet wurde.

Wenige Monate nach der Urteilsverkündung, am 22. Juni 1987, erklärte der Oberste Nationale Gerichtshof das Gesetz über die

Straffreiheit wegen Befehlsnotstand, das nach der Diktatur erlassen worden war, für verfassungsgemäß, woraufhin Bergés freigelassen wurde. Dasselbe Gericht, wenn auch in anderer Zusammensetzung, würde dieses Urteil im Jahr 2005 revidieren. Hintergrund dafür waren die fortschreitenden Ermittlungen in Fällen von Verbrechen gegen die Menschlichkeit, darunter auch ein Großverfahren zur Aufdeckung systematischen Kindesraubes, das die Vorkommnisse in den geheimen Gefangenenlagern einschloss. In diesem Rahmen wurden viele Verdachtsfälle von Kindesentzug wieder neu aufgerollt.

Geschützt durch das juristische Hin und Her, konnte Bergés zunächst weitgehend unbehelligt wieder arbeiten. Nach seiner Freilassung Ende der achtziger Jahre eröffnete er eine private Frauenklinik. Der Ärzteverband verweigerte ihm allerdings die Mitgliedschaft und erklärte ihn zur *persona non grata.*

Als im Juni 1995 die wahre Identität von Carlos schließlich festgestellt werden konnte, beschuldigte Richter Marquevich Bergés der Mittäterschaft bei der Entführung des Kindes. Doch das Gericht von San Martín setzte die Haft gegen die Zahlung einer Kaution aus. Wenig später stellte dasselbe Gericht fest, dass sich seine Beteiligung auf den bereits verjährten Tatbestand der Fälschung von Geburtsurkunden beschränkte, und sprach ihn sogar frei.

Ein paar Jahre später, Ende März 2004, sollte der Arzt dann für einen Fall, der dem von Carlos sehr ähnelte, doch zur Rechenschaft gezogen werden. Das Gericht verurteilte ihn zusammen mit dem Gefängniswärter Miguel Etchecolatz zu sieben Jahren Haft, weil man ihn der Fälschung von Identitäten für schuldig befand, erschwert um den Umstand, dass es sich bei den Betroffenen um Minderjährige handelte. Der Missbrauch seines Titels als Arzt hatte ihm außerdem die Urkundenfälschung und Beglaubigung von Dokumenten erleichtert. Im gleichen Verfahren konnte auch die Identität von Carmen Gallo Sanz, Tochter von Aída Sanz und Eduardo Gallo, geklärt werden, die einige Wochen vor Carlos im gleichen Lager geboren worden war.

Im Jahr 2008 verbüßte Bergés immer noch seine Strafe im Hochsicherheitsgefängnis *Marco Paz.*

Carlos trifft Martín

Für Carlos begann der Wendepunkt seines Lebens mit dem Bericht von Richter Marquevich an jenem Tag, als die Menschen, bei denen er aufgewachsen war, verhaftet wurden. Er hatte nichts von dem Prozess gewusst, den die *Großmütter der Plaza de Mayo* vor vielen Jahren nach der Entdeckung seiner gefälschten Geburtsurkunde angestrengt hatten. In den neun Monaten nach dem ersten Zusammentreffen mit dem Richter kümmerte Carlos sich hauptsächlich um de Luccia und seine Exfrau, die weiterhin in Haft saßen. Morgens ging er wie bisher zur Schule, nachmittags besuchte er sie fast jeden Tag. Dienstags, donnerstags und sonntags, manchmal sogar auch montags und freitags ging er in das Gefängnis von Caseros, unabhängig davon, ob er die Erlaubnis hatte, de Luccia zu sehen, oder nicht. Dieser war dort in einem gesonderten Trakt zusammen mit anderen Militärs und einigen bekannten Straftätern untergebracht, die teilweise schwere Verbrechen verübt hatten. Marta Leiro im Frauengefängnis in Ezeiza zu besuchen, war schwieriger. Dennoch kam er jeden Mittwoch und Samstag. Die strengen Durchsuchungskontrollen ertrug er mit stoischer Ruhe. Er brachte beiden Kleidung, Essen, Bücher und auch Zigaretten, selbst Marta, obwohl sie nicht rauchte, denn er wusste, dass sie diese in der Haftanstalt als Tauschware benutzen konnte.

Während dieser Zeit fragte er die beiden nie, wie oder warum sie ihn zu sich genommen hatten. Er wollte sie nicht einsam und angsterfüllt zurücklassen, aber er ertrug auch nicht den Gedanken, mit mehr Zweifeln als Antworten nach Hause zurückzukehren.

Als die beiden bis zur Urteilsverkündung vorübergehend entlassen wurden, packte Carlos seine Tasche und kehrte in die Wohnung von Marta im Zentrum von Buenos Aires zurück, obwohl er eigentlich als Minderjähriger bei seinem Patenonkel Enrique hätte bleiben müssen. Gleich am Abend setzte er sich mit de Luccia und Marta zusammen, um von ihnen endlich die Wahrheit zu erfahren. Nur de Luccia sprach, seine Exfrau schwieg. Er schaute dem Jungen in die Augen, während er ihm seine Version der Geschichte erzählte:

»Du bist nicht unser leiblicher Sohn … Man hat uns erzählt, dass eine junge Frau aus Mendoza ein Kind bekommen hatte, das sie nicht aufziehen konnte. Sie suchte eine Familie, die sich um dich kümmern konnte, und jemand fragte uns, da wir keine Kinder bekommen konnten.« Carlos wollte für jenen Moment diese Lüge glauben. Er war einfach nur froh über eine Erklärung, die die beiden entlastete.

Unterdessen entwickelte sich allmählich eine Beziehung zu seiner leiblichen Familie, mit der er sich während des Prozesses zwei bis drei Mal pro Monat an einem neutralen Ort traf. Carlos kam zu diesen Treffen immer in Begleitung seines Patenonkels Enrique oder eines seiner »Cousins«, mit denen er aufgewachsen war, oder seiner Freundin Inés. Sie warteten geduldig im Auto auf ihn, bis das Treffen vorbei war.

Die d'Elías und die Cascos, vor allem Reneé, die Großmutter väterlicherseits, und Regina, die Tante mütterlicherseits, reisten jedes Mal unter großen Anstrengungen von Uruguays Hauptstadt Montevideo nach Buenos Aires, nur um ihn ein oder zwei Stunden zu sehen. Mehr Zeit widmete Carlos ihnen nie. Nach und nach besuchten ihn auch viele seiner echten Cousins und einige Tanten, die ihn unbedingt kennenlernen wollten und die ihm halfen, lockerer im Umgang mit der ganzen Familie zu werden.

Mit seiner Cousine Iliana war er sofort auf einer Wellenlänge. Die beiden saßen oft einfach nur in ihrem Auto und unterhielten sich stundenlang über wichtige und unwichtige Themen, die sie verbanden. Vom ersten Augenblick an fühlten sie sich wie Cousin und Cousine, später wie Freunde und heute wie Geschwister. Mit seinem Cousin Bruno war es genauso. Zum ersten Mal sahen sie sich im Haus des Jugendrechtsberaters. Seitdem kam sein Cousin öfter, half ihm, entspannter zu werden und das Gefühl zuzulassen, dass er durch die neuen Kontakte nur dazugewinnen konnte. Beide interessierten sich für Fußball und Musik und verstanden sich von Anfang an so gut, als ob sie sich von klein auf gekannt hätten.

Bei jedem Treffen brachte die Familie Fotos mit. Carlos entschuldigte sich immer höflich und bat, sie ihm nicht zu zeigen. Einmal hielt es Reneé jedoch nicht mehr aus und sagte: »Carlos, ich wohne in Montevideo, in der Nähe der Strandpromenade. Vom Fenster meiner Wohnung aus kann man die Mündung des Rio de la Plata sehen. Darf ich dir ein Foto zeigen?«

»Okay.«

»Das ist mein Zimmer, sieh dir mal diesen Ausblick an.«

Carlos schaute sich das Foto genau an und blätterte, von ihr ermutigt, auf die nächste Seite. Sofort schlug er das Fotoalbum wieder zu. Auf der nächsten Seite war seine Mutter Yolanda als Schwangere zu sehen. Er fühlte sich von seiner Großmutter Reneé so sehr hintergangen, dass er das Treffen sofort beendete.

Es sollte zehn Jahre dauern, bis er im Alter von 27 endlich bereit war, die Wahrheit herauszufinden, und dann Gerechtigkeit verlangen würde. Während dieser Jahre, in denen er sich in kleinen Schritten seiner Familie und den Freunden seiner Eltern näherte, schenkte er seiner Vergangenheit alles in allem nicht besonders viel Aufmerksamkeit. Er schloss die Schule ab, ging mit einigen Freunden auf eine Rucksackreise durch Europa, schrieb sich an der Universität ein, reiste öfter nach Uruguay, heiratete seine Freundin Inés und schloss sein Wirtschaftsstudium ab – das gleiche Studium, das auch schon sein Vater Julio, der als ein brillanter Wirtschaftswissenschaftler bekannt gewesen war, erfolgreich beendet hatte. Als er seinen Abschluss erhielt, hatte Carlos bereits eine Tochter namens Sol. Danach kam Juanita auf die Welt.

In diesen zehn Jahren lebte Carlos in zwei Welten. Nur Inés war immer an seiner Seite. Die beiden hatten sich nicht beirren lassen, als man ihnen erklärte, dass sie noch zu jung für eine dauerhafte Beziehung seien. Es waren keine leeren Versprechungen, als sie sich gegenseitig ewige Liebe schworen, als Carlos Inés in Uruguay als seine zukünftige Frau und die Mutter seiner Kinder vorstellte, als er sagte, dass er ohne sie nicht leben wolle. Carlos und Inés sind ein schönes Paar. Groß, blond, warmherzig, freundlich, ruhig, höflich, zurückhaltend, mitfühlend, barmherzig und solidarisch. Ihre Schönheit kommt auch aus dem Inneren.

Am 28. Februar 2000 wurden sie getraut. Seine beiden Familien und seine Freunde standen zu ihm und nahmen an der kirchlichen Hochzeit teil, sowohl die Onkel und Tanten von beiden Ufern des Rio de la Plata als auch die meisten seiner Cousins und Cousinen aus beiden Familien, der leiblichen und der anderen, mit der er aufgewachsen war.

Nur Großmutter Reneé war nicht dabei, Carlos hatte sie nicht überzeugen können. Reneé hatte den Entführern ihres Sohnes und ihrer im achten Monat schwangeren Schwiegertochter von Angesicht zu Angesicht gegenübergestanden, als diese die Wohnung des

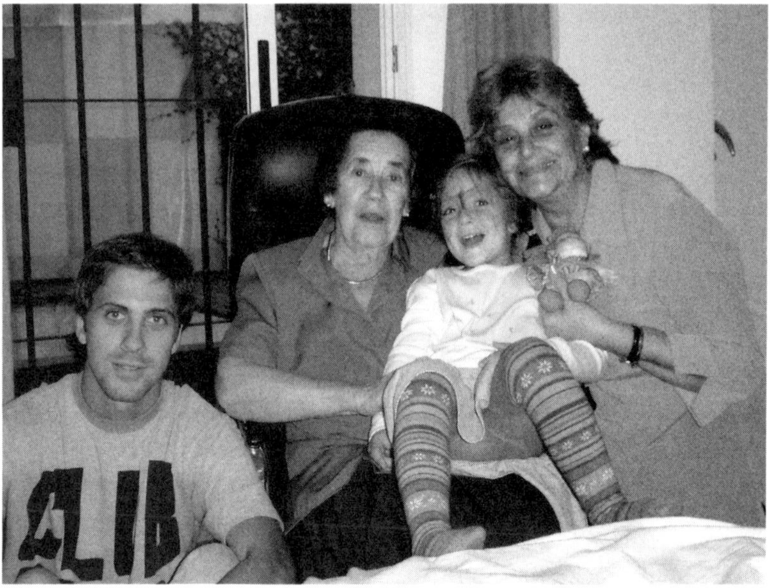

Carlos als junger Mann bei einem Besuch seiner Großmutter (Mitte) in Uruguay

Paares durchsuchten. Danach hatte sie ihr Enkelkind siebzehn Jahre lang gesucht und dabei Drohungen und Erniedrigungen ausgehalten. Inzwischen war sie verwitwet, aber sie hatte trotzdem nicht aufgegeben. Reneé hätte es nicht ertragen können, mit anzusehen, dass eine andere Frau jenen Walzer mit ihrem Enkelsohn tanzte, der eigentlich ihrer Schwiegertochter vorbehalten gewesen wäre. Sie hätte es auch nicht ausgehalten, den leeren Platz zu sehen, der eigentlich ihrem Sohn zugestanden hätte.

Einer der Ersten, die Carlos zu seiner Hochzeit eingeladen hatte, war Richter Cisneros, der seinen Fall zwischenzeitlich von Richter Marquevich übernommen und auch zu Ende geführt hatte. Während die Erinnerung an Marquevich für Carlos immer einen bitteren Beigeschmack behielt, hatte sich zwischen Carlos und Cisneros ein enges Verhältnis entwickelt. Die beiden trafen sich oft und sprachen über die argentinische Geschichte und Politik, besonders über alles, was in den siebziger Jahren passiert war. Carlos hatte als Jugendlicher nicht viel über die Militärdiktatur oder die »Operation

Condor« und die Zusammenarbeit zwischen den Militärregierungen im Süden des amerikanischen Kontinents gelernt. Bei jenen gemeinsamen Gesprächen bereitete Richter Cisneros den jungen Mann außerdem darauf vor, seinen Identitätswechsel zu vollziehen.

In Anzug und Krawatte, so wie man ihn sonst nur während der Prozesstage kannte, hatte der Richter sich auf den Weg zu dem alten Landgut gemacht, auf dem die Hochzeitsfeier stattfinden sollte. Kurz vor dem Ziel drehte er plötzlich wieder um. Er hielt es doch für unangemessen oder zumindest unklug, der Frau zu begegnen, die er für die Aneignung eines fremden Kindes verurteilt hatte.

Nach der kirchlichen Zeremonie kam ein großer, dünner Mann auf Carlos zu, dem die Tränen in den Augen standen, als er den frischgebackenen Ehemann fest in seine Arme schloss. Es war Martín Ponce de León, jener Kamerad seines Vaters, nach dem Julio und Yolanda ihren Sohn nennen wollten. Martín hatte Carlos im Vorfeld der Zeremonie in einem Brief darum gebeten, an der Hochzeit teilnehmen zu dürfen. Das Brautpaar lud ihn ein, ohne ihn überhaupt zu kennen. Nun drückte Martín Carlos einen dicken, schweren Stein, der silbern und lila funkelte, in die Hand. Diesen Stein hatte er eigens aus Uruguay mitgebracht.

Diese Geste rührte Carlos sehr, und der Stein bekam sogleich einen besonderen Platz auf dem Esstisch der Familie. Später richtete ihm seine Frau, von Beruf Dekorateurin, in ihrem gemeinsamen Haus eine spezielle Ecke ein, in der er wie ein Familienschatz behütet wird.

»Es geht ihnen gut, sie sind fortgegangen«

Im Jahr 2005, auf dem Rückweg einer der vielen Reisen nach Montevideo, wurde Carlos eines Tages plötzlich klar, dass sich für ihn etwas geändert hatte. Am Vortag hatte sich Reneé einmal wieder voll und ganz ihrer Leidenschaft hingegeben, Großmutter zu sein. Wie immer hatte sie ihn mit Geschenken für ihn, seine Frau und ihre erste Urenkelin überhäuft und ihm seine Lieblingsgerichte gekocht. Sie ging ihrem lange aufgeschobenen Bedürfnis nach und verwöhnte ihn wie einen kleinen Jungen mit Schnitzel, Pommes und anderen Köstlichkeiten. Und wie immer erzählte sie haargenau, was an jenem Tag geschehen war, an dem sie und ihr Mann nach Buenos Aires gekommen waren, um bis zu seiner Geburt dort zu bleiben, bei ihrer Ankunft jedoch entdecken mussten, dass ihr Sohn und ihre schwangere Schwiegertochter entführt worden waren. Als Reneé dieses Mal davon erzählte, hörte Carlos erstmals wirklich zu.

Julio, sein Vater, war 1946 in Montevideo geboren worden, Yolanda, seine Mutter, und ihre Zwillingsschwester waren am 28. Dezember 1945 in Salto zur Welt gekommen. In Uruguay waren sie Mitglieder einer linken Widerstandsbewegung gewesen und 1974, nach dem Staatsstreich vom Vorjahr, nach Buenos Aires gegangen. Julio bekam sein Studium dort anerkannt und machte 1976 seinen Abschluss in Wirtschaftswissenschaften. Zum Zeitpunkt seiner Festnahme und Entführung arbeitete er für eine Kreditgenossenschaft. Seine Frau war Chefsekretärin und hatte gerade ihren Mutterschutz angetreten. Sie hatten einen Kredit aufgenommen, um sich eine Wohnung kaufen zu können.

Am 22. Dezember 1977 wollten Julios Eltern zu Besuch kommen. Sie hatten einen Wohnungsschlüssel und nahmen den Aufzug, ohne vorher zu klingeln. Im Hausflur wurden sie von mehreren bewaffneten Männern in Zivilkleidung aufgehalten, die sie ins Innere der völlig verwüsteten Wohnung drängten. Man packte sie roh an und beleidigte sie. Einigen der Männer war anzuhören, dass sie aus Buenos Aires kamen, andere wiederum hatten einen uruguayischen Akzent.

»Was ist mit meinem Sohn passiert? Und wo ist Yolanda?«, wollte Julios Vater wissen.

»Machen Sie sich keine Sorgen, es geht ihnen gut, sie sind fortgegangen.«

Reneé sah sich die ganze Unordnung an. Auf dem Nachttisch entdeckte sie den Inhalator ihres Sohnes, den er gegen seine Asthmaanfälle brauchte. Niemals wäre er freiwillig ohne seine Medizin gegangen.

Es wurde bereits dunkel, als man sie mit der Auflage, sofort das Land zu verlassen, endlich gehen ließ. Erst viele Jahre später, nach dem Ende der Diktatur, sollten sie von überlebenden Gefangenen etwas über das Schicksal von Yolanda und Julio erfahren. Mindestens drei hatten Yolanda im Folterlager *Pozo de Banfield* gesehen oder mit ihr gesprochen und bestätigten Reneé, dass sie dort auch ihren Sohn zur Welt gebracht hatte. Es gab Zeugen, die versicherten, Julio und Yolanda kurz nach ihrer Verhaftung noch gemeinsam in einem anderen geheimen Folterzentrum gesehen zu haben.

Bei den *Großmüttern der Plaza de Mayo*, wo Reneé ihre unermüdliche Suche nach ihrem Sohn und seiner Familie begann, war sie eine von vielen uruguayischen Familienangehörigen, die dasselbe Schicksal teilten. Insgesamt weiß man heute von vierzehn uruguayischen Kindern, die mit ihren Eltern verschleppt wurden oder in Gefangenschaft zur Welt gekommen sind. Bei einem Baby ist es ungewiss, ob es lebend geboren wurde, drei Babys und drei Jugendliche wurden mit ihren Eltern zusammen entführt und sieben kamen im Gefängnis zur Welt. Der Sänger José Carbajal widmete den *Angelitos*, den Engelchen, wie die Kinder der Verschwundenen in Uruguay genannt werden, ein gleichnamiges Lied. Nach Carlos, dem sechsten der wiederentdeckten Kinder, wurden noch Andrea Hernández Hobbas und Carmen Sanz Fernández im Jahr 1999, Macarena Gelman im Jahr 2000 und Simón Gatti Méndez im Jahr 2002 ausfindig gemacht. Zwei Jugendliche und zwei Babys werden weiterhin vermisst.

Das Ende eines Lebenstraumes

Wie es die Großmutter und die Tante vorausgesagt hatten, brauchte Carlos viel Zeit, um zu spüren, dass er ein d'Elía Casco und kein de Luccia war und dass die Uruguayer seine echte Familie waren. Es dauerte lange, bis er keine Verantwortung mehr gegenüber den Menschen spürte, die ihn aufgezogen hatten, und noch einmal eine Weile, bis er entschied, dass er den Rest der Wahrheit auch noch herausfinden wollte.

Als er nach jener Reise nach Hause kam, gestand er Inés, dass er das Gefühl habe, innerlich zu explodieren angesichts der Tatsache, dass er eigentlich gar nichts über sich, seine Mutter, seinen Vater, seine Geburt und all das wisse, was ihn anginge. Er wollte endlich seine Geschichte und die seiner Eltern rekonstruieren. Er hatte so viele Fragen, und er wusste nicht, wem er sie stellen sollte.

Kurz nachdem er 1995 von seiner wahren Identität erfahren hatte, war er von Tatiana Sfiligoy angerufen worden, der ersten nach dem Ende der Militärzeit von den *Großmüttern* wiedergefundenen Enkelin Argentiniens. Tatiana lud ihn zu einem Treffen der Enkelkinder im Haus von Mariana Pérez ein, die selbst Tochter von Verschwundenen war und immer noch ihren eigenen Bruder suchte. Jeder in der Runde erzählte von seiner Aneignung als Baby oder seiner Adoption, seinem Wiedergefundenwerden oder seiner Suche. Damals kamen Carlos einige Geschichten grauenhaft vor, aber dennoch dachte er nur daran, wie er es schaffen könne, dass Carlos und Marta, die Menschen, die ihn großgezogen hatten, nicht leiden müssten. Er hatte sich bedankt und war nicht wieder zurückgekommen. Seine Geschichte und die seiner Familie wollte er lieber für sich behalten. Mit den Menschenrechtsorganisationen trat er danach so gut wie gar nicht mehr in Kontakt.

Zehn Jahre später, mit 27, dachte Carlos über all das ganz anders. Er war sich sicher, dass er bei den *Großmüttern der Plaza de Mayo* am schnellsten die Informationen erhalten würde, die er nun dringend suchte. Mit großen Erwartungen vereinbarte er einen Termin im Büro der *Großmütter.* Er stellte sich vor, dass sie in ihren Archiven einen Ordner mit allen Angaben zu seinem Fall hätten. Doch er wurde enttäuscht: Er erfuhr dort nicht viel mehr, als er schon von seiner Tante und seiner Großmutter wusste. Man riet ihm, bei der Familie nachzufragen, bei der er aufgewachsen war, und nannte ihm darüber hinaus andere Organisationen, die ihm bei seinen Nachforschungen helfen könnten, zum Beispiel die Nationale Kommission über das Verschwinden von Personen (CONADEP) oder die Argentinische Vereinigung für forensische Anthropologie.

Carlos verließ das Büro, nahm ein Taxi und fuhr direkt zum Haus von Marta Leiro. »Mama, erzähl mir, warum ihr mich behalten habt.« Marta wiederholte mehr oder weniger das, was sie während der Gerichtsverhandlung bereits ausgesagt hatte, an der er damals nicht teilgenommen hatte. Er hätte auch gerne de Luccia vor sich gehabt, um ihn auszufragen, »ohne dass er mich anlügt«. Doch leider war es dafür zu spät, da er bereits 1996 gestorben war. »Mir wurde mit der Zeit bewusst, dass er aufgrund seiner Beziehungen mehr gewusst haben musste. Ich hätte ihn jetzt gerne hier, damit er mir alles erzählt. Heute könnten wir nicht mehr miteinander reden, ohne dass er mir die Wahrheit erzählen würde.«

1997, ein Jahr und einen Monat nach dem Tod ihres Exmannes, hatte Marta schließlich alleine vor Gericht gestanden, um ihr Urteil zu erhalten. Es handelte sich um die erste öffentliche Verhandlung, die die *Großmütter* wegen Kindesaneignung in die Wege leiten konnten. Der Prozess, in dem Marta ihr Geständnis ablegte, dauerte zwei Tage. Auf eine gewisse Art und Weise musste sie sich befreit oder erleichtert gefühlt haben, endlich ihr Geheimnis erzählen zu können. Sowohl die leibliche Familie von Carlos als auch die *Großmütter der Plaza de Mayo* hörten ihr zu, als sie das erzählte, worüber sie weder in der Öffentlichkeit noch im privaten Kreis bisher jemals gesprochen hatte. Den Richtern gestand sie, dass sie die Wahrheit auch vor dem Kind geheim gehalten hatte, das sie wie ihren eigenen Sohn habe großziehen wollen. Sie gab zu, dass sie nicht die leibliche Mutter von Carlos war. Ihre Ehe hatte unter der Kinderlosigkeit gelitten, und ihr Mann hatte ihr versprochen, ein Kind zu finden, das sie adoptieren konnten. Nur wenig später habe de Luccia sie angerufen: »Mach dich fertig, ich komme mit dem Auto zu Hause vorbei, wir müssen das Baby abholen.«

Es war ungefähr zur Mittagszeit, als er klingelte und seine Frau herunterkam. Sie fuhren in den Süden der Stadt, wahrscheinlich in das Viertel Quilmes, auch wenn Marta das nicht mehr ganz genau sagen konnte, da sie mehrere Runden drehten, bis sie schließlich an einer Ecke parkten. Einige Meter hinter ihnen hielt ein Auto an. Ein Mann stieg aus, in einen dunklen Regenmantel gehüllt, eine Kapuze oder Mütze tief ins Gesicht gezogen. An diesem Tag regnete es. Der Mann, vielleicht war es der Arzt Bergés, sie war sich nicht sicher, hielt etwas in den Händen. Er bedeutete Marta, dass sie das Fenster herunterkurbeln solle, und gab ihr ein in Zeitungspapier gehülltes Paket. Die Frau verstand nicht, was vor sich ging. Sie nahm das Paket und schlug die nassen Blätter beiseite. Eingewickelt in die Zeitungsseiten lag ein Baby, das noch voller Blut war. Der Überbringer befahl ihnen, sofort loszufahren und nicht zurückzuschauen.

Auch Bergés wurde in diesem Prozess vor Gericht geladen, stritt jedoch alles ab. Er könne sich nicht an Marta Leiro und ihren Exmann erinnern, wohl aber gab er zu, die Urkunde unterzeichnet zu haben, die belegte, dass Carlos in seiner Klinik zur Welt gekommen war. Als ihn der Richter fragte, warum er sich an vieles aus der Vergangenheit genau erinnern könnte, aber die Ereignisse in seiner Klinik anscheinend völlig vergessen habe, verstrickte er sich in Widersprüche. Das Gericht wollte ihn ursprünglich als Mittäter an der Aneignung von Carlos zur Verantwortung ziehen, was aber, wie gesagt, nicht möglich war, da ein übergeordnetes Gericht die Anklage umformuliert hatte. Nur Marta wurde verurteilt. Wegen Aneignung und Verfälschung der Identität des Minderjährigen, den sie als ihren Sohn hatte registrieren lassen, erhielt sie eine Gefängnisstrafe von drei Jahren, die zur Bewährung ausgesetzt wurde. Von dem Anklagepunkt der Dokumentenfälschung wurde sie freigesprochen. Man hielt es für erwiesen, dass sich de Luccia um die bürokratischen Dinge gekümmert hatte.

Marta erzählte Carlos bei diesem Besuch im Jahr 2005 endlich auch einige vertrauliche Details, die sie in den neunziger Jahren vor Gericht verschwiegen hatte.

»Mein Traum war es, Mutter zu sein. Ich hatte mehrere Fehlgeburten erlitten, und dein Vater und ich verstanden uns schon seit mehreren Jahren nicht mehr richtig. Ich dachte, dass ein Kind unsere Ehe retten könnte.«

»Aber Mama, was ihr getan habt, war nicht richtig.«

»Ein Kind zu haben war mein Lebenstraum, aber wir konnten keines bekommen. Ich habe deinem Vater oft gesagt, dass wir eines adoptieren sollten. Doch er wollte es nicht. Mir ging es schlecht, auch seelisch. Im Jahr 1977, im September oder im Oktober, ich erinnere mich nicht mehr genau, hatten wir einen heftigen Streit, du weißt ja, wie er war ... Ich hatte Angst und war verzweifelt. Ich stieg auf die Brüstung des Balkons und sagte, ich würde mich umbringen, wenn ich kein Kind bekäme.«

Carlos konnte sich die Szene vorstellen, und seine Augen füllten sich mit Tränen, als er sich Marta vorstellte, wie sie beinahe gesprungen wäre. Fast unhörbar sagte er: »Gut, dass du es nicht getan hast.« Sie schwor, dass sie von allem anderen nichts gewusst hatte.

Sechs Monate, nachdem sie das Baby bekommen hatten, verließ de Luccia seine Frau und war schon wenig später mit einer anderen zusammen. Die enge Bindung zu seinem Sohn blieb aber ungetrübt. Marta arbeitete als Lehrerin und widmete ihr ganzes Leben dem Kind, das sie sich so sehr gewünscht hatte.

Als der Prozess gegen sie abgeschlossen war, legte man ihr in ihrer Schule nahe, vorzeitig in den Ruhestand zu gehen. Das machte es für Marta sehr schwierig, für die Prozesskosten aufzukommen. Carlos selbst studierte mittlerweile und jobbte in einem Callcenter, die finanzielle Lage der beiden war nicht besonders gut. Das Gericht hatte das Honorar für Alcira Ríos, die Anwältin der Anklage, und den Verteidiger Antonio Merguin auf 2500 Pesos festgesetzt. Marta musste diese Anwaltskosten übernehmen. Carlos bat in dieser Angelegenheit um ein Treffen mit Ríos und mit seiner eigenen Großmutter Reneé.

»Meine Mutter wird alles bezahlen, machen Sie sich keine Sorgen. Ich möchte Sie nur darum bitten, ihr mehr Zeit zu geben.«

»Carlos, wie kommst du nur auf einen solchen Gedanken? Es ist nicht nötig, mich zu bezahlen«, sagte Ríos, die Carlos bereits kannte, da er sie gebeten hatte, in seinem Namen in Berufung zu gehen.

»Doch, auf jeden Fall. Meine Mutter will bezahlen, und sie wird auch alles bezahlen.« Und das tat sie. Sie bezahlte in Raten von 50, 100 oder 300 Pesos, je nachdem, wozu sie gerade in der Lage war. Sie sparte jeden Peso und ging persönlich ins Büro der Anwältin, die sich bei dem Gedanken an Martas Schwierigkeiten immer sehr unwohl fühlte. Immer wieder bot sie ihr an, die Schulden zu erlassen, jedoch lehnte Marta genauso wie Carlos dies entschieden ab. Sie begründete das damit, so einen Teil ihrer Schuld begleichen zu können. Diese Schuld, zu deren Wiedergutmachung sie sich verpflichtet fühlte, müsse sie auf sich nehmen.

Prozess zur Wahrheitsfindung

Nach dem schwierigen Gespräch, das Carlos mit Marta nach seiner Reise nach Uruguay geführt hatte, folgte Carlos dem Ratschlag der *Großmütter* und stellte selbst weitere Nachforschungen darüber an, was mit seinen leiblichen Eltern geschehen war und wie sich die Ereignisse um seine Geburt zugetragen hatten. Jeden Abend setzte er sich vor den Computer und suchte im Internet nach Informationen über sich selbst, seine Eltern, die geheimen Folterlager, in denen man sie gesehen hatte, und über die wenigen Überlebenden, die es gab und die eine Zeit mit Julio d'Elía und Yolanda Casco in Haft verbracht hatten.

Im September 2005 sagte Carlos das erste Mal öffentlich vor dem

Juicio por la Verdad aus. Dieser öffentliche »Prozess zur Wahrheitsfindung« über die Ereignisse während der Diktatur war von der argentinischen Menschenrechtsorganisation *Asamblea Permanente por los Derechos Humanos (APDH)* im September 1998 initiiert worden. Im Rahmen von Anhörungen wurde versucht zu klären, was mit den Verschwundenen geschehen war und wer die Verantwortlichen für die Verbrechen waren. Diese konnten bis 2005 jedoch nicht verurteilt werden, da die Befehlsnotstands- und Schlusspunktgesetze noch in Kraft waren, die es unmöglich machten, Täter minder schwerer Verbrechen zur Rechenschaft zu ziehen.

Als Carlos im Zeugenstand saß, versuchte er sich an möglichst viele Einzelheiten aus seiner Kindheit zu erinnern. Damals nahm ihn de Luccia beispielsweise immer zu den jährlichen Geburtstagsfeiern eines Bekannten mit, zu denen üblicherweise viele Persönlichkeiten aus dem Fernsehen geladen waren. Er erinnerte sich, dass die Tochter des Gastgebers mit dem uruguayischen Humoristen Berugo Carámbula verheiratet war. So konnte er den Namen des Gastgebers herausfinden. Er hieß Rodolfo Aníbal Campos und war während der Diktatur Oberst und Vizepräsident der Polizei der Provinz Buenos Aires, die unter dem Befehl des bereits erwähnten Generals Ramón Camps stand.

Der Zusammenhang, der sich hier auftat, bestätigte einen Verdacht, den auch Marta nicht hatte ausräumen können: »Mama, warum lautet mein zweiter Vorname Rodolfo?«

»Dein Vater hat ihn ausgesucht.«

In seiner Familie hießen drei Jungen Carlos, ihn nannten sie Carlos Rodolfo, was er verabscheute. Seine Theorie gab ihm noch mehr Grund, den Namen zu hassen.

Richter Cisneros hatte ihm lange zuvor bereits vorgeschlagen, seinen Namen zu ändern, was er, ohne vollkommen davon überzeugt zu sein, noch vor seiner Volljährigkeit beantragt hatte. Von da an hieß er Carlos Rodolfo d'Elía Casco. Als er jetzt die Hintergründe erkannte, waren sein neuer Ausweis und die neue Geburtsurkunde längst ausgestellt, und es war zu spät, um den verhassten Namen loszuwerden. Er schwor sich jedoch, dass er eines Tages Campos aufsuchen und ausfragen würde. Dieser stand unter Hausarrest und wartete auf die mündlichen Verhandlungen in einem Prozess, in dem es um das Verschwinden mehrerer Personen ging.

Carlos wiederholte während seines »Prozesses zur Wahrheitsfindung«, dass er seine leiblichen Eltern und die Eltern, die ihn aufzogen hatten, gleichermaßen liebe. Er blieb gefasst, als er am Ende seiner Aussage den Richtern direkt in die Augen schaute und mit fester Stimme sagte: »Ich werde weiterhin alles über meine Eltern, ihre Geschichte und meine Identität versuchen herauszufinden. Das ist mein Recht, und ich schulde es meiner Großmutter und meiner ganzen Familie. Aber was der argentinischen Politik fehlt, ist der Wille, solche Nachforschungen zu erleichtern. Mit der Hilfe des Staates könnte man viel mehr erreichen, als es mir alleine möglich ist.«

Am Tag seiner Aussage wäre sein Vater Julio 59 Jahre alt geworden.

Nachdem er zwei Jahre lang nicht vorangekommen war, nahm Carlos Anfang 2007 seine Suche mit neuer Motivation wieder auf und trat als Nebenkläger in zwei Fällen auf, in denen untersucht wurde, was in den Folterlagern *Pozo de Banfield* und *Pozo de Quilmes* geschehen war. An beiden Orten hatte man seine Mutter gesehen: In *Pozo de Banfield* brachte sie Carlos zur Welt, nach *Pozo de Quilmes* war sie wie andere Gefangene für die Befragungen und Folterungen verlegt worden.

Carlos suchte nicht nur die Peiniger seiner Eltern Julio und Yolanda, sondern auch ihre Freunde und Bekannten und rekonstruierte so ihr Leben. In Uruguay traf er sich mit einer Studienkollegin und Freunden seines Vaters, mit denen dieser früher Basketball gespielt hatte. Er war zu Tränen gerührt, als ihm klar wurde, wie sehr sie seinen Vater geschätzt hatten und dass sie bereit waren, ihm die gleiche Zuneigung entgegenzubringen.

Eine zweite Geburt

Der schwierigste Schritt stand ihm aber noch bevor. Am Montag, dem 23. Juli des Jahres 2007, telefonierte Carlos abends mit seiner Großmutter Reneé und seiner Tante Regina. Beide bestärkten ihn in seinem Vorhaben und sprachen ihm ihre Bewunderung für so viel Mut aus. Am nächsten Tag würde er an den Ort zurückkehren, an dem er neunundzwanzig Jahre zuvor den Armen seiner Mutter entrissen worden war. Dann las er nochmals jede einzelne E-Mail von Adriana Chamorro, einer Überlebenden des *Pozo de Banfield*, und versuchte, sich alles zu merken, was sie über ihre Gefangenschaft dort berichtet hatte. Sein Anwalt hatte die Genehmigung zum Betreten des Gebäudes bereits eine Woche zuvor bekommen. Eigentlich war es wegen der laufenden Untersuchungen der dort begangenen Verbrechen gesperrt.

Um halb vier nachmittags betrat Carlos das Areal. Mit ihm kamen ungefähr ein Dutzend anderer Personen, darunter Carmen, jenes Mädchen, das ebenfalls dort in Gefangenschaft geboren, nach der Geburt von ihrer Mutter getrennt, an eine fremde Familie gegeben und schließlich viele Jahre später, wie er, mit der leiblichen Familie wieder zusammengeführt worden war. Carlos wurde von seiner Frau Inés begleitet.

Zuvor, am Mittag, hatte sein Handy geklingelt.

»Wie geht's dir, Carlos?« Es war Marta Leiro. Sie hatte mit Inés ausgemacht, dass sie am Nachmittag auf die Mädchen aufpassen würde. Sie rief von einer Telefonzelle aus an, zwei Blocks von Carlos' Haus entfernt.

»Gut, Mama. Was ist los?«

»Ich wollte dich fragen … Musst du wieder aufs Gericht?«

»Nein. Wieso?«

»Weil Inés mit dir geht, und das letzte Mal, als sie dich begleitet hat, war es deswegen …«

»Nein, ich werde mir den Ort anschauen, an dem ich geboren wurde. Ich gehe zum *Pozo*.«

»Oh, Carlos. Geht es dir wirklich gut? Warum hast du mir nichts gesagt?«

»Weil ich dich kenne und ich wusste, dass du dich dann schlecht fühlen würdest.«

Martas Stimme zitterte. Sie dachte an Yolanda, sagte ihm jedoch nichts davon. Irgendwann, sie konnte den genauen Zeitpunkt nicht nennen, hatte sie begonnen, jeden Abend für Julio und besonders für Carlos' Mutter zu beten.

An jenem Nachmittag war es in der Provinz Buenos Aires sehr kalt. Carlos überquerte den zementierten Innenhof des früheren Folterlagers. Ein Vertreter des Ministeriums für Menschenrechte der Provinz Buenos Aires schlug ihm vor, ein paar Fotos zu machen. »Lieber nicht. Was für einen Sinn hat das schon?«, fragte er und ging weiter.

Man zeigte ihm ein Gitter neben einem Sockel und erklärte, dass das Untergeschoss überschwemmt sei und sie die früheren Folterkammern nicht betreten könnten. Carlos versuchte, durch die Gitter hindurch etwas zu erkennen, doch die Dunkelheit machte es ihm unmöglich. Er hatte kaum einen Fuß in das Gebäude gesetzt, schon merkte er, wie sich die Kälte in seinem Körper ausbreitete. Ihm kam es drinnen sogar kälter vor als draußen. Er zog den Kragen seiner Jacke höher. Durch die zerbrochenen Fensterscheiben zog ein eisiger Wind, der ihn schaudern ließ.

Das Folterlager erschien in den Augen aller noch düsterer als in ihrer Vorstellung. Im Leerstand war das Gebäude sehr schnell verfallen. Carlos stieg eine Treppe bis zum ersten Stock hinauf, wo sie ihm winzige Bäder mit Toiletten und zwei recht große Räume zeigten. Er nahm an, dass sich hier von Zeit zu Zeit die Gefangenen versammeln mussten, wahrscheinlich, bevor man sie zu Befragungen nach Quilmes oder zu ihrem Hinrichtungsort brachte.

Carlos folgte der Treppe nach oben, auf einem Treppenabsatz lehnte er sich aus einem der vielen Fenster. Er sah den Innenhof des *Pozos* und außerdem den Fahnenmast einer Schule. Er erinnerte sich daran, dass einige Zeugen von schreienden Kindern berichtet hatten, die während der Pause spielten. Er fragte sich, wie es möglich sei, dass niemand gesehen hatte, wie die vermummten Gefangenen in ihre Zellen gestoßen wurden. Schräg über ihm erblickte er mit schwarzer Folie abgeklebte Fenster, die Räume selbst waren völlig leer, bis auf lose, ausgefranste Kabel, die aus Löchern hingen, in denen früher wohl Lampen und Steckdosen montiert waren.

Als sie von der Treppe aus nach rechts weiter gingen, lief die Gruppe auf zwei Gittertüren zu, die durch eine Mauer getrennt waren, auf der zwei Schilder die Sektoren A und B auswiesen. Auf jeder Seite gab es entlang der Mauer ein Dutzend Zellen. So konnten die Gefangenen der einen Seite mit den Gefangenen der anderen durch Klopfzeichen kommunizieren, wenn die Wächter gerade nicht in der Nähe waren.

Die Gruppe betrat den Gang des Sektors A, in dem die Türen einiger Zellen halboffen standen und den Blick auf Wände freigaben, die mit Fotografien nackter Frauen gespickt waren. Diese waren von »normalen« Häftlingen aufgehängt worden, die hier nach der Verlegung der letzten politischen Gefangenen im Oktober 1978 ihre Strafen absitzen mussten. Carlos betrat die erste Zelle, die ungefähr 1,50 Meter mal 2,50 Meter maß.

»Hier war meine Mama«, sagte er mehr zu sich selbst als zu den anderen, blieb noch eine ganze Weile stehen und schaute sich einfach nur um.

In den Eisentüren befand sich auf Brusthöhe eine Öffnung mit einer Klappe, nicht größer als fünfzehn mal dreißig Zentimeter. Durch diese Öffnung bekamen die Gefangenen einmal pro Tag Brot und eine wässrige Suppe. Das Essen wurde von den weiblichen Gefangenen selbst verteilt, es sei denn, es waren Inspektionen angekündigt. Dann bekamen sie zwei Tage lang nichts zu essen, damit nichts schmutzig wurde. Drinnen in der Zelle herrschte totale Finsternis. Es war so dunkel, dass es keinen Unterschied machte, ob man die Augen offen oder geschlossen hatte. Carlos schloss die Augen trotzdem und verstand daraufhin, warum die Überlebenden von einer immerwährenden Nacht sprachen, die sie das Zeitgefühl komplett verlieren ließ.

In den Zellen stand jeweils eine Pritsche, die es aber zu der Zeit, als seine Mutter hier inhaftiert war, noch nicht gegeben hatte, wie man ihm erklärte. Die Gefangenen schliefen zu zweit, zu dritt oder zu viert auf dem Boden, nur mit einer Decke zugedeckt, die sie sich teilen mussten. Sie hatten die Augen verbunden und die Handschellen immer angelegt, außer wenn sich ein Wärter nachgiebig zeigte und ihren Händen für eine Weile Freiheit schenkte.

Carlos wünschte sich sehr, noch länger zu bleiben, um jeden Zentimeter nach einem posthumen Zeichen seiner Mutter abzusuchen. Die Wahrscheinlichkeit, etwas zu finden, war allerdings sehr gering, da zwischenzeitlich die Wände und Türen mit einem Hochdruckgerät gereinigt und die Kritzeleien der Verschwundenen mit Farbe überstrichen worden waren.

Leise Klopfzeichen unterbrachen Carlos' Spurensuche. Das Geräusch kam aus der angrenzenden Zelle von seinem Anwalt, der mit den Fingerknöcheln einen Morsecode nachahmte. Es war deutlich genug zu hören, um zu verstehen, wie die Gefangenen miteinander kommunizieren konnten.

Alle gingen durch die Gittertür zurück in den Hauptgang und betraten dann den Sektor B. Carlos spähte auch hier in die Zellen und versuchte, jedes noch so kleine Detail im Gedächtnis abzuspeichern. Dabei wusste er zu jenem Zeitpunkt noch nicht, dass seine Mutter nach seiner Geburt genau in der Zelle, die er gerade in Sektor A so genau inspiziert hatte, eingesperrt gewesen war.

Am Ende des Ganges sah man die mittlerweile zerstörten Gemeinschaftsduschen, die auf makabre Weise an den Holocaust erinnerten. Im *Pozo* wurden die Gefangenen einmal pro Tag aus ihren Zellen geholt und gezwungen, in den Bädern ihren Plastikbehälter auszuleeren, in dem sie ihre Notdurft verrichten mussten. Er fasste vier Liter. Meistens schafften sie es nicht einmal, den Behälter auszuspülen, so schnell wurden sie wieder weggesperrt.

Obwohl die Sonne noch schien, war es Carlos sehr kalt. Er traute sich kaum, die Stille zu durchbrechen. Nur ab und zu sagte er etwas mit leiser Stimme. Man fragte, ob Carlos einen Gebäudeteil sehen wollte, in dem es so etwas Ähnliches wie eine Krankenstation gegeben hatte. »Natürlich, deswegen sind wir ja gekommen.« Er nahm Inés bei der Hand, und gemeinsam gingen sie mit dem Rest der Gruppe in Richtung Krankenstation.

Aufgrund der Renovierungen, die nach der Diktatur am Gebäude vorgenommen wurden, waren sie gezwungen, den Weg zurückzugehen, die Treppe hinabzusteigen und eine zweite Treppe wieder hinaufzugehen, bis sie in einen Teil des ersten Stocks kamen, der durch eine Wand vom Rest des Gebäudes abgetrennt war. Die Erzählungen der Überlebenden lassen vermuten, dass in diesem Raum die geheimen Geburten stattgefunden haben. Die Gefangenen in den Zellen hörten allerdings nur das Weinen der Babys, wenn sie herausgetragen wurden, sonst keine anderen Geräusche, nicht einmal die Schreie der Gebärenden. Außer einer Arbeitsfläche, die darauf hindeutete, dass es hier einmal eine Krankenstation gegeben haben könnte, war von der Einrichtung nichts übrig geblieben. Für einige Momente sagten die Besucher kein Wort. Carlos und Carmen, die Frau, die genau wie er hier geboren worden war, standen still da und versuchten, ein Indiz für die Geschehnisse in diesem Raum zu finden, dass die Zeit überdauert hatte.

»Hier sind wir also wahrscheinlich geboren worden. Es ist alles gefliest, und es scheint auch der sauberste Ort für eine Geburt zu sein.

Aber vielleicht haben sich diese Leute das anders gedacht? Vielleicht wurden wir ja noch nicht einmal auf einer Trage geboren, wie sie uns erzählt haben, sondern einfach auf dem nackten Boden.« Carlos schaute sich alles mit weit geöffneten Augen an, und es schien, als sähe er mehr, als es eigentlich zu sehen gab. Ein Gefühl der Trauer beschlich ihn bei dem Gedanken an das, was hätte sein sollen, aber nicht gewesen war. Bis zu diesem Tag hatte er das Gefühl, er hätte eine offene Schuld gegenüber Yolanda und sich selbst. Jetzt hatte er endlich den Mut aufgebracht, an den Ort zurückzukehren, an dem ihm seine Mutter das Licht des Lebens schenkte und der paradoxerweise ein so finsterer Ort war. Er musste auf irgendeine Art und Weise diesen letzten Moment, in dem sie zum ersten und letzten Mal zusammen gewesen waren, zurückgewinnen und selbst sehen, unter welchen Bedingungen sie gefangen gehalten wurde. Niemand konnte ihm erzählen, was sie gefühlt hatte, deswegen musste er diesen Horror mit seinen eigenen Augen sehen und das Gedächtnis an seine Mutter in seinen Gefühlen festhalten, genauso, wie sie es auch mit ihm getan hätte. Da man ihre Überreste bislang nicht finden und er sie nicht begraben konnte, musste Carlos bis zum *Pozo* gehen, um ihr zu sagen, dass er sie trotz der Trennung liebte und er für die Wahrheit und die Gerechtigkeit kämpfen würde. Er musste in die Vergangenheit reisen, um Yolanda zu sagen, dass hier ihr Sohn war, der sie genauso liebte, wie sie ihn geliebt hatte. Zehn Jahre, nachdem seine wahre Identität entdeckt worden war, erschien es ihm, als ob er zum zweiten Mal geboren würde.

»Hier bin ich«, sagte er stumm, aus dem tiefsten Inneren seines Herzens, während er in jenem Raum stand, in dem man ihm wahrscheinlich die Nabelschnur durchgeschnitten hatte, bevor man ihn für immer von seiner Mutter trennte. Carlos verließ diesen Ort mit dem Gefühl, dass sich nicht ein Kreis geschlossen, sondern ein neuer geöffnet habe.

»... damit so etwas nie wieder geschieht«

In der folgenden Woche traf er sich mit Luis Taub, einem weiteren Überlebenden der Lager. In einem Zeitungsartikel hatte es geheißen, Taub hätte im *Pozo de Banfield* das Schreien des Babys bei der

Geburt gehört. Taub erzählte ihm von seiner eigenen Gefangenschaft und der seiner Eltern, die im Bankenviertel von Buenos Aires ein Hotel besaßen, in dem sie viele Uruguayer beherbergten. Carlos zeigte ihm ein Foto von Julio.

»Ich bin mir sicher, dass ich ihn im Folterlager *Martínez* gesehen habe.« Dann war Luis Taub also einer der Letzten, die seinen Vater lebend gesehen hatten.

»Das ist meine Mutter. Haben Sie sie auch gesehen?«

»Da bin ich mir nicht sicher. Stell dir vor, ich habe damals vierzig Kilo abgenommen. Man verändert sich stark unter solchen Umständen, ich meine, sie sieht auf deinem Foto der Frau, die ich gesehen habe, nicht sehr ähnlich. Ich war Ende Dezember/Anfang Januar bis März 1978 im *Pozo de Banfield*.«

»Andere haben erzählt, dass in dieser Zeit zwei Kinder zur Welt gekommen sind: die Tochter von Aída Sanz im Dezember und Mitte Januar ich.«

»Ich hörte ein Kind schreien. Das musst du gewesen sein. Es gab Gefängniswärter, die uns den ganzen Tag über nie die Handschellen und Augenbinden abgenommen haben und uns nicht miteinander reden ließen. Es gab aber auch andere, die nicht ganz so strikt waren. Einer von ihnen hat mich zum Putzen in die Zelle einer Frau geschickt, die gerade ein Kind geboren hatte. Das war bestimmt deine Mutter. Ich habe sie dort zweimal gesehen.«

Taubs Orts- und Zeitangaben stimmten mit dem überein, was Carlos über die Verhaftungen der Uruguayer in der zweiten Hälfte des Jahres 1977 wusste. Der erste Einsatz in Buenos Aires hatte am 14. Juli stattgefunden. Am 22. Dezember entführten Militärs dann zwischen ein und zwei Uhr nachts unter anderem Julio und seine schwangere Frau Yolanda.

Nachdem Carlos mit Taub gesprochen hatte, ging er zu einem uruguayischen Gericht, um eine Aussage zu machen. Er nimmt genauso wie das Gericht an, dass seine Eltern bei einer der fünf oder sechs Verlegungen im Zeitraum zwischen Dezember 1977 und August 1978 auf dem See- oder Luftweg in ihr Heimatland Uruguay gebracht worden sind. Die Untersuchungen ergaben, dass die Verlegung in engem Zusammenhang mit der Anwesenheit von zwei uruguayischen Geheimdienstoffizieren stand, die im Dezember 1977 nach Buenos Aires kamen und im Mai 1978 nach Montevideo zurückkehrten. Die Mehrheit der vierzig überführten Gefangenen waren Widerstandskämpfer und Angehörige linksgerichteter Bewegungen und Parteien. Sie wurden auf Befehl des damaligen Oberbefehlshabers der Streitkräfte und letzten uruguayischen Diktators, Gregorio *Goyo* Alvarez, hingerichtet. Julio d'Elía, der Ende Dezember 1977 das letzte Mal gesehen wurde, war wahrscheinlich als einer der Ersten per Motorboot verlegt worden.

Adriana Chamorro, die Überlebende, von der Carlos ausführliche Informationen über *Pozo de Banfield* erhalten hatte, war Mitte März 1978 dort eingeliefert worden. Innerhalb kurzer Zeit konnte sie erfahren, wer die anderen Inhaftierten waren, zumindest diejenigen, die ihren richtigen Namen benutzten und keine Spitz- oder Decknamen hatten. Durch die Wand konnte sie sich mit mehreren Uruguayern unterhalten. Sie erzählten ihr, dass zwei der Gefangenen vor kurzem Mütter geworden waren: Yolanda hatte einen Jungen geboren und Aída ein Mädchen. Beiden Frauen waren die Kinder gleich nach der Geburt weggenommen worden.

Am 15. Mai hatte man Chamorro zur Befragung in ein anderes Folterlager gebracht. Als sie zurückkehrte, war Yolanda nicht mehr da, und auch die meisten anderen Uruguayer waren verschwunden. Jemand erzählte ihr, dass sie in den Süden gebracht worden seien, so wie sie es normalerweise den Gefangenen sagten, bevor sie sie zu ihrer letzten Fahrt aus den Zellen holten.

Zwei Jahre lang schrieben sich Carlos und Adriana Chamorro, die mittlerweile in Kanada lebte, oder unterhielten sich regelmäßig per Telefon. Sie beantwortete jede seiner Fragen. Im September 2007 reiste Adriana nach Montevideo, um in einem Prozess gegen die Menschenrechtsverletzungen während der letzten Militärdiktatur auszusagen. Carlos wollte sie unbedingt kennenlernen, und sie verabredeten sich während ihres kurzen Zwischenstopps in Buenos Aires. Sie trafen sich am Ausgang seiner Arbeitsstelle.

»Wir werden uns erkennen«, hatten sie sich gegenseitig versichert. Und so war es auch. Sie brauchten sich nur anzusehen, und sie wussten, wer sie waren, so als ob sie sich schon ihr ganzes Leben lang gekannt hätten.

Von allen Begegnungen, die ihm sein neues Leben gebracht hatte, war diese eine der bewegendsten. Die Frau, die ihm gegenüberstand, war zusammen mit seiner Mutter inhaftiert gewesen, als er schon auf der Welt gewesen war. Ihre Aussage war für sein Auffinden entscheidend gewesen, denn sie war diejenige, die bezeugte, dass Yolanda einen Jungen und kein Mädchen geboren hatte, so wie es zuerst behauptet wurde, um die Untersuchungen in eine falsche Richtung zu lenken. Sie hatte genaue Angaben zu den Orten und Zeiten gemacht und sich an die argentinischen sowie uruguayischen Gerichte gewandt. Carlos fühlte sich, als ob sich in seinem Inneren eine Flamme entzündete, die ihn von innen wärmte und beruhigte.

»Deine Mutter war im Sektor A in der ersten Zelle. Sie gab uns immer Bescheid, wenn ein Gefängniswärter kam, damit wir das Reden einstellten und aufhörten, Schach zu spielen.«

»Schach?«

»Ja, wir spielten über die Wände hinweg Schach. Deine Mutter nahm auch an den Turnieren teil. In ein paar Zellen lagen ausgefranste Kabel herum, mit denen wir uns fürs Schachspielen die Handschellen aufmachten.«

»Als ich im *Pozo* war, war ich auch in der Zelle im Sektor A, wo sie vermutlich gefangen gehalten wurde. Aber Luis Taub hat mir erzählt, dass er die Zelle einer Schwangeren im Sektor B saubergemacht hatte.«

»Das stimmt. Nach deiner Geburt haben sie sie kurz in den Sektor B in eine der ersten Zellen verlegt.«

»Wie haben sie sie behandelt?«

»Das kannst du dir vorstellen. Es gab ein paar Wärter, die uns miteinander reden ließen und die Trennwände herausnahmen. Andere nicht. Im *Pozo de Banfield* haben sie uns wenigstens nicht angerührt.«

Sie unterhielten sich vier Stunden ununterbrochen, Adriana erzählte ihm Einzelheiten, die ihn beruhigten und seine Annahme bestätigten, dass seine Mutter in ihren letzten Tagen mit ihren Mitgefangenen in enger Verbindung gestanden hatte. Für Carlos war es wie Balsam für die Seele. Er hätte noch stundenlang mit dieser Frau weiterreden können, die ihm seine Mutter so lebendig vor Augen führte, als ob sie direkt neben ihm säße.

Einige Tage später setzte sich Carlos an den Computer und schrieb: »Wenn wir uns zusammentun, können wir mehr Druck ausüben.« Die E-Mail war an die Familien von uruguayischen Verschwundenen gerichtet. Ebenso schrieb er an die einst verschwundenen und nun wiedergefundenen Kinder, um sie dazu zu bewegen, sowohl vor den argentinischen als auch uruguayischen Gerichten auszusagen. Die Erste, die auf seine E-Mail antwortete, war María Victoria Moyano Artigas, die am 25. August 1978 im *Pozo de Banfield* geboren und dann dem Bruder eines Polizeikommissars übergeben worden war. Ihre Identität konnte im Januar 1988 ermittelt werden. Ihre Mutter María Asunción Artigas und ihr Vater Alfredo Moyano waren diejenigen gewesen, die im Gefängnis den meisten Kontakt zu Adriana Chamorro hatten, da sie in den ihr benachbarten Zellen untergebracht waren.

Im Dezember schrieb Carlos erneut eine Mail an die uruguayischen Angehörigen der in Argentinien Verschleppten. Er organisierte für den 22. Dezember 2007, dreißig Jahre nach dem Verschwinden seiner Eltern, einen Gedenkgottesdienst in Montevideo für alle vierzig Verschwundenen, von denen siebenundzwanzig in der gleichen Woche wie seine Eltern entführt worden waren. Von diesen waren wiederum einundzwanzig mit seiner Mutter zusammen im *Pozo de Banfield* gewesen.

Als er die Kirche Punta Carreras betrat, konnte er nicht glauben, was er sah. Seine E-Mail war Hunderte Male weitergeleitet worden. Sowohl Freunde, Verwandte und Bekannte der Verschwundenen als auch Menschen, die einfach an ihrem Schicksal Anteil nahmen, füllten die Kirche bis auf den letzten Platz. Carlos zitterte vor Aufregung. Er nahm Inés und seine Töchter an die Hand und setzte sich zu seiner Familie und den Freunden seiner Eltern.

Der Gottesdienst begann, und er wurde nach vorne gebeten. Er sollte die Namen derjenigen verlesen, derer sie gedenken und für die sie gemeinsam Fürbitte halten wollten. Die ersten sieben Namen las er flüssig hintereinander vor. An achter Stelle stand Yolanda, an neunter Julio. Ihm brach die Stimme, seine Augen füllten sich mit Tränen, und er musste tief durchatmen, bevor er die Namen aussprechen konnte. Die Zeit blieb für einen Moment stehen, und er glaubte, nicht fortfahren zu können. Er holte noch einmal tief Luft und las dann alle Namen auf der Liste vor.

Nach ihm ergriff Martín Ponce de León das Wort, Julio d'Elías' Freund, den Carlos auf seiner Hochzeit kennengelernt hatte. Martín las zwei Briefe vor. Der eine war von José Michelena, einem der ersten verschleppten Uruguayer, der andere stammte von Carlos'

Vater. Er hatte ihn am 21. Dezember 1977, vierundzwanzig Stunden, bevor er von den Streitkräften entführt worden war, an einen in Kuba im Exil lebenden Freund geschrieben und mit dem Pseudonym Daniel Cabrera unterzeichnet. Der letzte Satz lautete: »Das Kind, das wir erwarten, ist auch deines.«

Nach der Feier kamen alle, die seine Eltern gekannt hatten, einer nach dem anderen auf Carlos zu. Ein paar hatte er schon einmal gesehen. Andere lernte er erst an diesem Tag kennen. »Dass wir heute alle hier sein können, verdanken wir nur der Tatsache, dass deine Eltern so standhaft waren.« Er verlor den Überblick über all die Männer und Frauen, die ihm um den Hals fielen, als wäre er ihr eigener Sohn.

Bis zu dem Tag, an dem ich zum ersten Mal mit Carlos sprach, um ihn dazu zu bewegen, mir seine Geschichte für dieses Buch zu erzählen, hatte er sich noch nie zu einem Zeitungsinterview bereit erklärt. Als ich ihn fragte, warum er nun seine Geschichte erzählen wolle, nannte er als wichtigsten Grund, dass er damit vielleicht dazu beitragen könne, weitere verschwundene Kinder wiederzufinden.

Mehrere Monate nach unserer ersten Begegnung fragte mich Carlos, ob es möglich wäre, neben seiner Lebensgeschichte auch eine persönliche Nachricht abzudrucken. Hier sind seine Worte:

Nicht alle Geschichten sind gleich. Die Ausgangssituation war vielleicht die gleiche, eine Geburt im Gefängnis, gefolgt vom Verschwinden. Dies ist eine schreckliche Erfahrung, und ich denke, dass es unbedingt notwendig ist, nach der Wahrheit zu suchen und zu wissen, was passiert ist, damit so etwas nie wieder geschieht. Aber jede Geschichte hat auch ihre Besonderheiten, und nicht alles ist schwarz oder weiß, sondern eben manchmal auch grau. Eine Geschichte unterscheidet sich von einer anderen durch viele kleine, feine Eigenheiten. In meinem Fall habe ich das Gefühl, dass sich meine Familie vergrößert hat.

Ich verlange von niemandem, dass er das versteht, noch, dass er meine Auffassung teilt. Ich weiß sehr wohl, dass Carlos und Marta sich falsch verhalten haben, und bin auch nicht damit einverstanden, so sehr sie mich wie einen eigenen Sohn geliebt und aufgezogen haben. Genau darüber habe ich mit Marta gesprochen, und hätte ich die

Gelegenheit gehabt, mit Carlos zu sprechen, dann hätte ich es getan. Aber ich verstehe auch die Umstände der damaligen Zeit, und ich kann die Uhr nicht zurückdrehen, um Geschehenes ungeschehen zu machen. Genauso wenig kann ich meine Gefühle ändern, die ich für sie und meine, wie ich sie nenne, Kindheitsfamilie habe.
Ich hätte bei Julio und Yolanda aufwachsen sollen, oder, nachdem was geschah, zumindest bei meinen Großeltern. Und ich hätte von Anfang an die Wahrheit über meine Eltern wissen sollen, wer sie waren und dass sie mich geliebt und niemals verlassen haben.
Seit dem Moment, in dem ich meine leibliche Familie kennenlernte, habe ich sie immer mehr lieben gelernt. Dass ich mit ihnen teilen kann, was ich bis zu dem Moment unseres Kennenlernens erlebt habe, dass ich über meine Eltern und diejenigen, die mich all die Jahre gesucht haben, sowie über diejenigen, mit denen ich aufgewachsen bin, sprechen kann, all das stärkt unsere Beziehung und hilft uns dabei, uns besser kennenzulernen und uns zutiefst verbunden zu fühlen.
Heute bin ich selbst Vater und möchte, dass meine Töchter mit der Wahrheit aufwachsen. Ich genieße jeden Moment mit ihnen, so wie es Julio und Yolanda mit mir getan hätten.

»Paula, du bist Laura!«

Die Tochter von Eltern aus der argentinischen Widerstandsbewegung *Montoneros* begegnet als Erwachsene plötzlich ihrem richtigen Vater

»Weine nicht um uns!«

Alberto Molinas verbarg für gewöhnlich seine Gefühle anderen gegenüber. Er war ein stadtbekannter Anwalt in Santa Fe und Vater von elf Kindern, unter ihnen drei Zwillingspaare. Von diesen Kindern lebten im Jahr 1977 jedoch nur noch sechs, die anderen fünf waren entweder tot oder verschwunden. Sie hatten sich während ihres Studiums an den Universitäten von Córdoba und Santa Fe politisch engagiert und sich später den *Montoneros* angeschlossen, einer peronistischen Organisation. Die Geschwister Molinas waren davon überzeugt, dass ein System, in dem die Mehrheit der Bevölkerung durch die herrschende Klasse und den amerikanischen Imperialismus unterdrückt wurde, nur durch eine Revolution beendet werden könne und dass diese mit Waffengewalt durchgesetzt werden müsse. Bestärkt wurden sie in ihren Vorstellungen durch ihre Leitfigur General Juan Domingo Perón.

Ihr Vater Alberto Molinas reagierte fassungslos auf den politischen Aktivismus seiner Kinder. Er versuchte, ihnen zu erklären, dass sie sich täuschten: »Hier habt ihr nur eine Zukunft, den Tod. Es gibt zwei Möglichkeiten: Entweder ihr flieht ins Ausland, um euer Leben zu retten, oder ihr bleibt und wartet darauf, dass sie euch umbringen.«

»Papa!«, antworteten sie ihm. »Wir haben uns alles genau überlegt, und wir sind entschlossen, unser Leben zu opfern, wenn dafür eines Tages jemand unsere Arbeit fortsetzt, damit unsere Kinder ein besseres Leben haben. Vor allem die Menschen, die in Armut leben, haben das Recht auf eine bessere Welt. Deswegen möchten wir dir schon jetzt sagen, dass es uns das Herz zerreißen würde, wenn du um uns weinen oder gar trauern würdest.«

Alberto, der Erstgeborene, war der Bekannteste der Molinas-

Geschwister. Der Arzt, ausgebildet an der Katholischen Universität von Córdoba, hatte wesentlich zur Entstehung der *Montoneros*-Bewegung beigetragen und als einer der Ersten den ehemaligen Präsidenten Argentiniens, General Juan Domingo Perón, im Exil in Madrid besucht, nachdem dieser in seiner Heimat geächtet worden war.

Albertos Tod sorgte 1976 für Schlagzeilen nicht nur in Argentinien. Hundertfünfzig Soldaten waren am 29. September 1976 im Einsatz, um das Haus in Villa Luro, einem Stadtteil von Buenos Aires, zu stürmen, in dem er sich zusammen mit vier weiteren Kameraden versteckt hielt. Alberto, Victoria Walsh, Ismael Salame, Ignacio José Beltrán und José Carlos Coronel leisteten bewaffneten Widerstand, bis ihnen die Munition ausging und das Unvermeidbare bevorstand, die Stürmung des Hauses. Sie wollten ihr Schicksal selbst bestimmen: Die Kameraden nahmen sich im Erdgeschoss das Leben. Alberto Molinas und Victoria, die Tochter des Journalisten und Autors Rodolfo Walsh, erschossen sich auf der Terrasse. Victoria, die nichts als ein Nachthemd anhatte, schrie: »Ihr werdet uns nicht töten. Wir sterben, weil wir es so wollen!« Sie hielten sich ihre Pistolen an die Schläfe und drückten ab.

Die anderen Kinder von Alberto Molinas starben nicht so spektakulär. Einer der Zwillingssöhne, Francisco Molinas, den viele Pancho nannten, hatte sich der Studentenbewegung der Katholischen Universität angeschlossen. Wie viele christlich geprägte Gruppierungen in der damaligen Zeit definierte sich auch diese Bewegung über ihre peronistische Ideologie. Seine erste Frau María Guadalupe gebar Pancho eine Tochter, Paula, um die (beziehungsweise das Mädchen, das für Paula gehalten wurde) es hier geht. Ihre Mutter kämpfte für die gleichen Ideale wie Pancho, sie verlor ihr Leben bei einer polizeilichen Verfolgungsjagd, als eine Bombe detonierte, die sie verstecken wollte. Nach ihrem Tod ging Pancho eine Beziehung mit einer anderen Kameradin ein, die wie er verwitwet war, Clara Lorenzo, auch Chela genannt. Vor den gemeinsamen *Montoneros*-Einsätzen tauchte Pancho ab und an bei seiner Schwester María auf, um ihr seine Tochter anzuvertrauen.

»Pancho, wie kannst du mich mit dem Kind alleine lassen? Und was ist mit ihren Windeln? Du hast ihr noch nicht mal etwas zum Anziehen mitgebracht!«, schimpfte seine Schwester jedes Mal, um sich dann doch um das Kind zu kümmern, manchmal auch für längere Zeit – bis Pancho und das Kind dann eines Tages nicht mehr erschienen. Alle vermuteten, dass er mit Chela in deren Heimatstadt Córdoba gezogen war und sich möglicherweise dort im Haus von Chelas Eltern versteckt hielt. Später erfuhren sie, dass Pancho am 18. Februar 1977 bei einem Schusswechsel in Quilmes, in der Provinz Buenos Aires, verwundet worden war. Man hatte ihn auf einen Pick-up geladen und danach nie wieder gesehen. Im Mai 1977 wurde Chela in Lanús, einem Stadtteil der argentinischen Hauptstadt, getötet. Von der kleinen Paula fehlte jede Spur.

Großvater Alberto Molinas löste sein Versprechen ein und vergoss nicht eine Träne wegen des Todes von Alberto, Francisco und der anderen Kinder. Doch der Verlust seiner Enkelin Paula traf ihn hart. Vom Schmerz betäubt, rechnete er nicht mehr mit einer guten Nachricht, als er im Mai 1977 schließlich einen überraschenden Anruf erhielt.

»Ihre Enkelin ist in San Isidro aufgetaucht«, teilte ihm eine unbekannte Stimme mit.

Alberto Molinas bat um einen Beweis. »Lesen Sie die Sonntagsausgabe von *La Razón* vom 22. Mai. Dort finden Sie einen entsprechenden Artikel«, sagte die Stimme am Telefon.

Und es stimmte tatsächlich:

»Gesucht werden die Eltern und Verwandten eines vierjährigen Mädchens mit dem Namen Paula, das in San Isidro gefunden wurde. Die Kleine ist brünett und hat dunkle Haare. Sie trägt einen blauen Overall, einen rotbraunen Pullover und ein grünes T-Shirt«, hieß es in der Zeitung.

Jetzt konnte Alberto das Weinen nicht mehr unterdrücken. Begleitet von seiner Tochter María, wurde er auf dem Vierten Polizeirevier von San Isidro vorstellig. Nachdem man ihre Angaben überprüft hatte, brachte man ihnen das Kind. Fast zwei Jahre waren vergangen, seit María ihre Nichte zuletzt gesehen hatte.

»Pipa!«, rief sie, als sie die Kleine sah. Das kleine Mädchen rannte auf sie zu und schmiegte sich an sie.

Am 6. Juni 1977 entschied das Familiengericht in San Isidro, das als Paula identifizierte Mädchen vorübergehend einem Vormund zu unterstellen. Noch im gleichen Jahr, am 18. November, übertrug es dann das Sorgerecht endgültig an María, bevor diese das Mädchen

Laura, bevor sie Paula wurde, im Alter von einem Jahr am Strand von Paraná

1979 schließlich adoptieren konnte. »Paula« sollte bei ihrer Tante und ihrem Mann, Eugenio Galarza, in Rosario leben, denn Rosa, die vermeintliche Großmutter der Kleinen, hatte schon genug damit zu tun, die Kinder ihrer anderen getöteten oder verschwundenen Kinder großzuziehen.

Als Erwachsene verspürt »Paula«, die mittlerweile längst weiß, dass sie nicht Paula ist, eine Mischung aus Ärger und Schuld, weil sie sich an all das nicht mehr zu erinnern vermag. Sie zuckt mit den Schultern. Was soll sie machen? Wenn man sich nicht erinnern kann, ist das nun mal so.

An Pancho und María Guadalupe erinnert sie sich natürlich nicht. Alles, was sie von diesen Eltern weiß, hat ihr ihre »Mama« María erzählt. Schon als sie noch klein war, begannen die Probleme mit ihrem Nachnamen. Bei vielen löste er Verwirrung aus. In der Schule wurde sie ständig gefragt, warum ihr Nachname Molinas sei und der ihrer Geschwister Galarza.

»In Wirklichkeit sind sie meine Cousins und nicht meine Geschwister. Meine Tante und mein Onkel haben mich adoptiert, nachdem meine Eltern gestorben sind.«

Das war alles, was sie wusste. Die Eltern ihrer »Mutter«, Tina und Domingo Porporato, die in Rafaela wohnten, erzählten ihr oft von María Guadalupe. Jeden Sommer verbrachte sie ein paar Wochen in Rafaela. Kaum war sie in der Stadt, nahm ihre »Großmutter« sie an die Hand und besuchte mit ihr Nachbarn oder Freundinnen.

»Das ist die Tochter von María Guadalupe«, verkündete Tina jedes Mal.

»Du siehst ja aus wie deine Mutter«, behaupteten alle.

»Und wie ihre Mutter ist sie die beste Schülerin in ihrer Schule«, erklärte ihre »Großmutter« voller Stolz.

Anfang Dezember 1991, »Paula« war mittlerweile achtzehn Jahre alt, stürmten eines Nachmittags ihre beiden Geschwister in die McDonalds-Filiale, in der sie arbeitete, und redeten wild auf sie ein. »Paula« wusste nicht, wen sie zuerst anschauen sollte. Sie müsse sofort nach Hause. Alles würde gut werden. Vielleicht handele es sich bloß um ein Missverständnis.

»Es ist ein Mädchen im Haus von Opa aufgetaucht. Sie sagt, sie sei du.«

»Wie bitte?«

»Sie sagt, sie sei Paula, und nicht du.«

Alle drei fingen an zu weinen.

Die doppelte Paula

Die Familie Molinas wohnte in Santa Fe in einem alten Haus, das mit all seinen Zimmern und langen Fluren Platz für die ganze Familie bot. Dieses Haus sollte in diesem Dezember 1991 einmal mehr Schauplatz einer Tragödie werden. Es war Großvater Alberto Molinas, der die Tür öffnete, als es klingelte.

»Ich bin Paula, die Tochter von Pancho.«

Sie war einfach unangekündigt angereist und stand nun zusammen mit einer Freundin vor der Tür.

»Eine Hochstaplerin«, dachten alle.

»Paula wohnt in Rosario.«

»Nein, ich bin Paula. Ich wollte wissen, warum ihr mich nie gesucht habt.«

»Beruhige dich, mein Kind, doch, wir haben Paula gesucht und haben sie gefunden. Sie wohnt seit fünfzehn Jahren bei ihrer Tante in Rosario.«

»Nein, Paula bin ich. Mein Vater Pancho hat mich damals nach Córdoba gebracht.«

»Das kann nicht sein«, erklärte einer der Enkel von Alberto Molinas, »unsere Paula sieht meinen Schwestern doch so ähnlich. Alle drei sind brünett und haben Locken. Manchmal glauben die Leute sogar, dass sie die Zwillingsschwester meiner Schwester Mariana ist.«

Paula zeigte ihnen jedoch Fotos und Dokumente von damals, die noch aus der Zeit vor dem Artikel in *La Razón* stammten. Alles stimmte mit dem überein, was die Familie Molinas zuletzt über Paula erfahren hatte.

Sie war tatsächlich bei der Familie von Chela, Panchos zweiter Frau, aufgewachsen, und obwohl man ihr nichts über ihre wahre Herkunft gesagt hatte, fand sie schließlich die Wahrheit selbst heraus. Zum 18. Geburtstag schenkte Chelas Familie ihr ein Auto, und mit dem fuhr sie kurzerhand nach Santa Fe, um ihre echte Familie ausfindig zu machen. Die Adresse hatte sie zuvor aus dem Telefonbuch herausgesucht. Am Ende ihres Überraschungsbesuchs sagte sie, sie werde die Nacht in einem Hotel verbringen, und versprach, am nächsten Tag wiederzukommen.

Da hatten sich inzwischen alle ein wenig beruhigt. Die Familie Molinas beharrte zwar zunächst darauf, dass die Geschichte, die Paula ihnen erzählte, nicht wahr sein konnte, aber bei all dem, was das Mädchen ihnen von seiner Verwandtschaft erzählen konnte, blieb ihnen schließlich nichts anderes übrig, als ihm zu glauben. Sie riefen sofort in Rosario bei María an, die ihre Erschütterung angesichts dieser Neuigkeit kaum verbergen konnte.

So hatte die Nachricht auch die »Geschwister« beziehungsweise »Cousins« erreicht, die sich ebenfalls zunächst weigerten zu glauben, dass ihre »Paula« nicht diejenige war, für die sie sie hielten. »Dieses Mädchen lügt«, meinte María Eugenia, ihre »Schwester«, und schlug vor, sofort nach Santa Fe zu fahren. »Wenn ich sie sehe, werd' ich es wissen«, sagte sie, überzeugt davon, dass sie das Kind wiedererkennen würde, das immer bei ihnen geblieben war, wenn der Vater zu den *Montoneros* aufbrach. Damals war sie ungefähr acht oder neun Jahre alt gewesen. Sie erinnerte sich auch noch sehr gut an ihre geliebte Tante María Guadalupe, Paulas Mutter, deren Tod sie sehr mitgenommen hatte. So sehr, dass sie nicht einmal aus dem Bett aufstehen konnte, als sie davon erfuhr. »Mami, Mami, ich kann meine Beine nicht bewegen«, hatte sie damals gerufen. Der

Kinderarzt führte die vorübergehende Lähmung auf den Schock zurück.

María Eugenia machte sich sofort auf den Weg. Als sie in Santa Fe schließlich das Mädchen sah, das vorgab Paula zu sein, erschrak sie fürchterlich. Es bestand kein Zweifel: Vor ihr stand die echte Paula. Sie war brünett wie die kleine Paula damals, aber nicht so sehr wie »Paula« aus Rosario, außerdem waren ihre Haare lockiger. Sie ähnelte sowohl Pancho als auch María Guadalupe. Und sie sah aus wie das kleine Mädchen, von dem sie damals noch Fotos gemacht hatten, bevor es verschwand.

Tante María fühlte sich nun natürlich verantwortlich für den großen Irrtum. Sie überlegte, in welchem Augenblick sie sich hatte täuschen lassen können. Und dann erinnerte sie sich an den Artikel und an jenen Anruf, der sie und ihren Vater damals auf die falsche Spur geführt hatte.

»Ich werde dir helfen, was immer es auch ist. Was soll ich tun? Sollen wir herausfinden, wer du bist?«, fragte sie schluchzend ihre Adoptivtochter.

»Paula« sah sie an und wusste weder, was sie machen, noch, was sie sagen oder denken sollte.

»Ich weiß nicht ... Du bist doch meine Mama.«

»Wenn du möchtest, suchen wir deine richtige Mama, ich kann zu den *Großmüttern der Plaza de Mayo* gehen«, schlug María vor.

»Ich weiß nicht. Ich weiß es wirklich nicht, Mama.«

María ging daraufhin zur Zweigstelle der *Großmütter* in Rosario und berichtete von dem Fall. Dort riet man ihr, sich direkt an den Hauptsitz der Organisation in Buenos Aires zu wenden sowie an die sich Ende 1991 gerade konstituierende Nationale Kommission für das Recht auf Identität (CONADI). Diese staatliche Organisation sollte fortan offiziell bei der Suche und Wiederherstellung der Identität der während der Militärdiktatur entführten und verschwundenen Kinder behilflich sein. Man bat sie, Bilder von »Paula« mitzunehmen, auf denen sie als junge Frau und als Kind zu sehen war.

Als Lita Abdala, ein Gründungsmitglied der *Großmütter* in Buenos Aires, schließlich ein Foto von »Paula« zu sehen bekam, war sie vollkommen verblüfft: »Woher habt ihr dieses Foto von Laura, das wir bisher nicht hatten?«

Die Anwesenden sahen sich an. Laura? Sollte so schnell das

Schicksal eines verschwundenen Kindes aufgeklärt sein? Eine von ihnen sagte rasch: »Bitte, wir dürfen die Sache nicht übereilen. Wir können uns nicht von einem Gefühl leiten lassen, solange nicht die genetischen Analysen gemacht wurden.«

Im Dezember 1993, vermeintlich kurz vor ihrem zwanzigsten Geburtstag, ließ sich »Paula« in Buenos Aires Blut abnehmen. Sie hatte sich früh am Morgen mit nüchternem Magen von Rosario aus auf den Weg gemacht. An diesem regnerischen Tag war Buenos Aires eine wenig einladende Stadt. »Paula« sah die Spritze, die mit einem kleinen Schlauch verbunden war, durch den ihr Blut quoll. Sie sah, wie ihr Blut aus der Vene floss und wie zehn Röhrchen damit abgefüllt wurden. Sie war nie zuvor in Ohnmacht gefallen.

»Geht es dir gut?«, fragte die Schwester, die beobachtete, wie das Mädchen immer blasser wurde.

»Oh, sie wird ohnmächtig«, bekam »Paula« noch mit, bevor jemand sie auffing und sie vorsichtig auf eine Bank legte.

Hätte sie sich nicht so sehr geschämt, dann hätte sie sich am darauffolgenden Tag gar nicht mehr daran erinnert, dass sie überhaupt bei der Blutabnahme gewesen war.

Zwei Menschen, ihre »Tante« María und ihr Vater Lidio Acosta, würden sich immer sehr genau an diesen Tag erinnern.

Die Dinge richtig machen

Lidio Acosta, der wegen seiner Sturheit *Cabezón*, Dickkopf, genannt wurde, und seine Frau María Dolores Vargas, deren Spitzname *La Negra* war, hatten sich Ende 1972 kennengelernt, als sie sich beide in der Revolutionären Arbeiterpartei (PRT) engagierten. Diese marxistische Gruppe wollte die Ideale Che Guevaras verwirklichen und Argentinien in ein sozialistisches Land verwandeln. Da sie sich den Ärmsten verpflichtet fühlten, arbeiteten Lidio und María in den Elendsvierteln von Santa Fe, wo sie in einem Haus wohnten, das die Organisation heimlich gemietet hatte. Beide gehörten dem Propagandaapparat der Partei an, und gemeinsam mit einem anderen Kameraden druckten sie in dem Haus Handzettel und Pamphlete. Obwohl sie im Untergrund lebten, wollten sie eine Familie gründen und ein Kind bekommen.

Seit Lidio und *La Negra* zusammen waren, war vieles im Land passiert. Auf den Diktator Juan Carlos Onganía waren die Generäle Roberto Levingston und Alejandro Agustín Lanusse gefolgt. Die nächsten Präsidentschaftswahlen im Mai 1973 gewann der Peronist Héctor Cámpora mit dem Slogan »Cámpora Präsident, Perón an die Macht«, er wurde jedoch nach kurzer Zeit im Amt durch den Präsidenten der Abgeordnetenkammer, Raúl Lastiri, abgelöst. Ab dem 12. Oktober 1973 regierte Juan Domingo Perón wieder selbst in Argentinien, und nach seinem Tod am 1. Juli des darauffolgenden Jahres übernahm seine Witwe, María Estela Martínez, die Regierungsgeschäfte.

»Entweder bin ich morgen tot, oder wir fangen endlich an, die Dinge richtig zu machen.« Mit dieser Aussage leitete ihr Wirtschaftsminister Celestino Rodrigo umfassende wirtschaftliche Veränderungen ein. Unter anderem wurde das Gesetz zur Abwertung des argentinischen Peso verabschiedet. Der Umrechnungskurs des Handelsdollars stieg von 1:10 auf 1:25 und der des Finanzdollars von 1:15 auf 1:30. Ebenso wurde ein neuer Wechselkurs für Touristen im Verhältnis von 1:45 eingeführt. Die Preise stiegen um fünfzig bis fünfundsiebzig Prozent und die Benzinpreise um 172 bis 181 Prozent. Nach der ersten Abwertung und der steigenden Inflation kam eine zweite Abwertung. Die Gewerkschaften forderten sofort eine umfangreiche Lohn- und Gehaltserhöhung, und im September 1974 rief der argentinische Gewerkschaftsbund (CGT) einen Generalstreik aus.

Lidio hielt die Hand seiner Frau, als sie am 14. September 1974, an einem Samstag, um elf Uhr nachts das Krankenhaus betraten. Die Wehen hatten schon eingesetzt, aber bis zur Geburt des Kindes sollte es noch ein wenig dauern. Also suchte Lidio noch schnell eine Apotheke auf, um Watte, eine Babyflasche und einen Schnuller zu kaufen. Auf dem Weg zurück ins Krankenhaus hielt eine Streife sein Taxi an.

»Ihre Papiere!«

Er zeigte seinen Ausweis vor.

»Was haben Sie da?«

Mit gezogenen Pistolen durchsuchten die Polizisten seine Tasche, das Auto sowie ihn und den Taxifahrer. Nach einer Weile ließen sie ihn weiterfahren. Es war bereits weit nach Mitternacht, als er das Krankenhaus wieder betrat. Lidio hatte über den Zwischenfall völlig vergessen, dass *La Negra* an diesem Tag Geburtstag hatte. Sie, die ein Jahr jünger war als er, wurde neunzehn Jahre alt.

Als er ankam, fand er sie im Kreißsaal. Sie umarmte das Baby, das mittlerweile zur Welt gekommen war, und streichelte seine kleinen Hände.

»Es ist ein Mädchen«, sagte sie. »Sie sieht dir sehr ähnlich.«

»Laura ... Du bist eine wunderschöne kleine *Negra*«, flüsterte er und überhäufte seine Frau und sein Töchterlein mit Küssen. Es war nach zwei Uhr in der Nacht, als Lidio ging, aber schon vor acht Uhr am Sonntagmorgen war er wieder zurück im Krankenhaus. Am Montag wurde María entlassen, und sie kehrten gemeinsam zu ihrem Haus zurück.

Die politische Lage verschlechterte sich unterdessen immer weiter. Die Stimmen, die eine soziale Revolution und eine Regierung der Arbeiter und des Volkes forderten, wurden immer lauter. Im Gegenzug begann die von der Regierung tolerierte paramilitärische Gruppierung *Alianza Anticomunista Argentina* (*Triple A*) systematisch damit, die Oppositionellen der peronistischen und marxistischen Linken zu ermorden. José López Rega, Sozialminister und Privatsekretär der Präsidentin sowie Mitbegründer der *Triple A*, führte den autoritären Flügel der Regierung und hatte einige hohe Offiziere der Armee auf seiner Seite.

Am 5. Februar 1975 unterzeichnete die Regierung unter Peróns Witwe das Dekret 256, das die »Operation Unabhängigkeit«, eine militärische Aktion gegen eine dreihundert Mann starke Kampftruppe der Revolutionären Volksarmee (ERP) in der Provinz Tucumán, nachträglich für rechtmäßig erklärte. Die Fünfte Infanteriebrigade der Armee hatte bis Ende des Jahres 1974 ein Drittel der Provinz unter ihre Kontrolle gebracht. Bald schlossen sich der Brigade auch die Infanteristen der Marine an, die von Emilio Eduardo Massera befehligt wurden. Von nun an übte der Staat in Argentinien blanken Terror aus. Allein die *Triple A* tötete mindestens tausend Intellektuelle, Künstler, Gewerkschafter und linke Aktivisten, unabhängig davon, ob sie bewaffneten Gruppierungen angehörten oder nicht.

Angesichts der politischen Entwicklung musste Lidio sich verstecken. Seine Familie brachte er erst im Haus seiner ältesten Schwester Lidia, dann im Haus seiner Eltern in Emilia und schließlich in Rafaela unter, während er bei einem Freund untertauchte. Zum letzten Mal sahen sich *La Negra* und Lidio, als er sich vor der Abfahrt aus Rafaela von ihr verabschiedete. Sie warf ihm noch von weitem einen Handkuss nach, während sie ihre Tochter im Arm hielt.

Einige Tage später wurde Lidio in einer Bar in Buenos Aires von drei Polizisten in Zivil festgenommen. Sie zerrten ihn auf den Rücksitz eines grünen Ford Falcons. Nachdem sie ein paar Runden durch die Stadt gedreht hatten, fuhren sie in eine Garage, in der sie ihn einsperrten. Sie zogen ihn aus und fesselten ihn an ein mit Stacheldraht bespanntes Bett. Sie bedeckten ihn mit einem Bettlaken und besprühten ihn mit Wasser. Er wurde nicht geschlagen. Sie nahmen gleich den Elektroschlagstock.

Es war der 2. Dezember 1974. Lidio Acosta »sang« nicht. Er wusste nicht, wo seine Kameraden waren, und dankte Gott dafür. Achtundvierzig Stunden nach seiner Entführung wurde er ins Polizeipräsidium gebracht.

Seine Frau María fand unterdessen Arbeit als Hausmädchen bei einer alten Dame in Paraná, in der Provinz Entre Ríos. Sie war in Sicherheit, konnte Lidio jedoch nicht im Gefängnis besuchen. Ihre Schwägerinnen konnten es und nahmen sogar die kleine Laura mit. Obwohl es gefährlich war, drängte er darauf, sie mitzubringen und sie in der Haftanstalt als seine Nichte auszugeben.

Im Mai 1975 wurde Lidio in das Gefängnis von Coronda verlegt. Lidios Schwestern Lidia, Olga und Alicia fungierten als Boten, indem sie in ihrer Kleidung, sogar in ihrer Unterwäsche, lange Liebesbriefe versteckten, die sich ihr Bruder und seine Frau hin- und herschickten. Nachdem dies entdeckt wurde, ließ die Bundespolizei das Haus von Lidia durchsuchen – zum Glück, ohne etwas zu finden. Trotz der Gefahr gingen die Geschwister weiter Risiken ein. Am 9. Juli 1975 nahmen die Schwestern das Kind wieder mit ins Gefängnis, damit Lidio die kleine Laura sehen konnte. Lidio war so glücklich, wenn er sie sah, dass er manchmal das Versteckspiel einfach vergaß. Er hob sie hoch, damit die anderen sie sehen konnten, und sagte seinen Mitgefangenen, dass sie seine Tochter sei, die er sehr liebe. »Sie ist wunderschön. Und wie groß sie geworden ist – schaut euch diese rosigen Wangen an!« Es war das letzte Mal für eine unendlich lange Zeit, dass er seine Tochter sehen sollte.

Wenn Lidio sich an diesen Nachmittag zurückerinnert, bricht seine Stimme heute noch, und seine Augen füllen sich mit Tränen. Was später geschah, weiß er nur aus Erzählungen.

Im Dezember 1976, neun Monate nach dem Militärputsch, der Jorge Rafael Videla zur Macht verhalf, nahmen Lidios Schwestern ihre Nichte mit zu ihren Onkeln, Tanten und Cousins nach Emilia. Dort spielten die Kinder unbekümmert miteinander, die Familie aß gemeinsam, man unterhielt sich und machte viele Fotos. Es waren die letzten von Laura, die zu diesem Zeitpunkt zwei Jahre und drei Monate alt war. Danach sah auch die Familie in Emilia Laura nicht wieder. María, Lidios Frau, schloss sich erneut der Widerstandsbewegung gegen das Regime an. Nur noch einmal, im September 1977, sollte seine Schwester Lidia kurz Mutter und Kind zu Gesicht bekommen, wie sie später Lidio erzählte, der 1979 in das Gefängnis von Caseros, zurück nach Buenos Aires, verlegt worden war: »Sie erklärte mir, dass sie das Land verlassen müsse, deshalb bat sie mich, für das Kind zu sorgen, denn sie könnte es nicht mitnehmen. Ihre letzte Bitte an mich war, dass ich nie aufhören sollte, Laura von ihrer Mutter zu erzählen. Ich sagte ihr, dass sie sich keine Sorgen machen sollte, dass ich mich schon um Laura kümmern und ihr vieles über ihre Mutter erzählen würde, bis sie zurück sei. Sie wollte eine Woche später abreisen und mir die kleine Laura vorher bringen. Aber sie kam nie wieder.«

1980 wurden einige politische Gefangene freigelassen, mit der Option, das Land zu verlassen. Lidio bat die betreffenden Häftlinge aus seinem Gebäudetrakt beim Abschied, nach *La Negra* und seiner kleinen Tochter zu suchen. Aber María und die kleine Laura wurden weder in Kuba noch in Spanien oder in Mexiko gesichtet.

Mitte des Jahres 1980 kam ein Polizist in Lidios Zelle, um ihn abzuholen.

»Komm schon, Acosta, es geht zum Koordinationsbüro.«

Im Haus der Aufsichtsbehörde für Allgemeine Koordination der argentinischen Bundespolizei, mitten im Stadtzentrum von Buenos Aires, befand sich eines der geheimen Folterlager. Dort wurde Lidio von einem Offizier empfangen:

»Wir werden dich freilassen.«

Lidio schaute ihn an. Er war nicht nur stur, sondern auch misstrauisch.

»Hier, unterschreib das!«

»Was muss ich da unterschreiben?«

»Dass du die Dummheiten, die du gemacht hast, bereust.«

»Hurensohn«, dachte er. Und ohne den Blick zu senken, gab er zurück:

»Warum muss ich das unterschreiben, wenn ich schon freigelassen worden bin? Oder wird mir die Freiheit verwehrt, wenn ich das nicht unterschreibe?«

»Jetzt halt endlich die Schnauze und unterschreib.«

Er biss sich auf die Lippen, um nicht zu antworten.

»Sobald du Dreckskerl das Gebäude verlässt, wirst du sowieso nur ein weiterer Verschwundener sein.«

Der Offizier nahm eine grünlich-graue Karteikarte zur Hand, die auf seinem Schreibtisch lag. Er tat so, als ob er lese, und während er damit in der Luft wedelte, drohte er:

»Die *Negra* Vargas haben wir auch. Unterschreib also!«

Lidio schaute ihn an. »Du Schwein, du willst mich reinlegen«, dachte er, aber weder sagte er etwas noch unterschrieb er.

In einer Zelle im Koordinationsbüro überließ man ihn zwei Tage lang sich selbst. Er weinte, wie er nie zuvor in seinem Leben geweint hatte. Womöglich waren seine Frau und mit ihr seine Tochter wirklich verhaftet worden, vielleicht waren sie sogar tot. Trotz der Besuche der 1975 gegründeten argentinischen Menschenrechtsorganisation *Asamblea Permanente por los Derechos Humanos* (APDH) und des Internationalen Roten Kreuzes fanden die Gefängniswärter immer einen Weg, sich unliebsamer Gefangener zu entledigen. Sie täuschten Selbstmorde und bewaffnete Ausbruchversuche vor, um die Morde zu vertuschen. Das war zum Beispiel in den Gefängnissen in La Plata und Córdoba vorgekommen, Lidio hatte davon gehört.

Ihm selbst sollte dieses Schicksal nicht zuteil werden. Am Sonntag, dem 11. Juli 1980, um zwei Uhr nachts wurde er freigelassen. Er hatte insgesamt sechs Jahre, sieben Monate und neun Tage im Gefängnis verbracht, ohne jemals ein rechtmäßiges Verfahren gehabt zu haben.

Lidio kehrte umgehend nach Santa Fe zurück und suchte nach ehemaligen Kameraden. Er fand nur noch wenige. Von einem hörte er, dass *La Negra* 1977 nach Rosario gegangen sei. Lidio folgte ihren Spuren bis nach Paraná und zu dem Haus, in dem sie als Zimmermädchen gearbeitet hatte. Weiter kam er nicht. In einem neuen Freundeskreis versammelte er Bekannte, mit denen er eine gemeinsame Vergangenheit als politischer Aktivist hatte. So begegnete er auch einer ehemaligen politischen Gefangenen, die ihre Freiheit einige Monate früher als er erlangt hatte. Sie teilten die gleiche Gesinnung und ähnliche Erfahrungen und wurden bald ein Paar. Sie bekamen insgesamt vier Söhne zusammen.

Nach der Niederlage im Krieg um die Falklandinseln (Malwinen) Ende 1982 fanden endlich freie Präsidentschaftswahlen statt, die Raúl Alfonsín von der Radikalen Partei gewann. Die neue Regierung gründete die Nationale Kommission über das Verschwinden von Personen (CONADEP). »Melde doch *La Negra* und deine Tochter bei der CONADEP als vermisst«, schlug man Lidio vor, was er schließlich 1984 tat. Außerdem ging er zu den *Großmüttern der Plaza de Mayo.* Er war sich sicher, dass sie wenn nicht Maria, so doch wenigstens seine Tochter finden würden. Er ging zum Flüchtlingskommissariat der Vereinten Nationen (UNHCR), zum Roten Kreuz, zur Menschenrechtsorganisation *Centro de Estudios Legales y Sociales* (CELS) und suchte Überlebende aus verschiedenen geheimen Folterlagern auf. Aber es half nicht, niemand hatte seine Frau oder seine Tochter gesehen.

Erst einige Jahre später erhielt er Informationen über eine Gruppe, die ungefähr zu der Zeit entstanden war, als seine Schwester das letzte Mal etwas von *La Negra* gehört hatte. Sie bestand aus fünfzehn Mitgliedern, die alle das Land hatten verlassen wollen, jedoch vorher festgenommen wurden und nun als vermisst galten. Lidio war sich zwar nicht sicher, aber er glaubte, dass María und seine Tochter dabei gewesen sein könnten.

Als Lidio schließlich 1992 von den *Großmüttern* einen dringenden Anruf bekam und man ihm mitteilte, dass ein Mädchen aus Santa Fe im Alter seiner Tochter gefunden worden wäre, das seine Identität nicht kannte und seine Tochter sein könnte, wollte er sich zuerst keine falschen Hoffnungen machen. Er befürchtete, dass es sich auch dieses Mal um eine Fehlinformation handelte, denn er hatte bereits zweimal zuvor nach ähnlichen Hinweisen geglaubt, seine Tochter wiedergefunden zu haben.

Irrtümer der Medizin

1980 gründete die Ärztin Ana María Di Lonardo im Hospital Durand in Buenos Aires fast im Alleingang die Abteilung für Immunologie. Dort führte sie Studien zu genetischen Markern durch, die ab 1984 schließlich dazu genutzt werden konnten, Blutsverwandtschaften festzustellen. Im Jahre 1987 wurde die Nationale Gendatenbank Argentiniens gegründet, eine Institution, die Verfolgten der Militärdiktatur kostenfrei offerierte, verwandtschaftliche Beziehungen zu überprüfen. Für diese Datenbank nutzte man die Technologie und die Kenntnisse der Wissenschaftler des Durand-Krankenhauses.

Damals arbeitete man mit Proteinen, die als Humane Leukozyten-Antigene (HLA) bezeichnet werden und sich in großen Mengen auf der Oberfläche der weißen Blutkörperchen befinden. So ist es dem Immunsystem möglich, den Unterschied zwischen körpereigenen Zellen und Fremdsubstanzen zu erkennen. Jeder Mensch hat eine kleine Sequenz von HL-Antigenen, die von Vater und Mutter vererbt werden. Im Durchschnitt stammt die Hälfte der HL-Antigene von der Mutter und die andere Hälfte vom Vater. Das Erkennen und Vergleichen dieser Erbfolgen ermöglicht es, Verwandtschaftsverhältnisse festzustellen. Doch der Test im Dezember 1993 war negativ.

Im Jahr darauf, 1994, erhielten Lidio und seine Frau Patricia als ehemalige politische Gefangene eine Entschädigung vom Staat. Mit diesem Geld konnten sie nun Laura in ganz Argentinien suchen, gleichwohl ging Lidio das Mädchen aus Rosario nicht aus dem Kopf. Da Laura nach dem damaligen argentinischen Recht noch nicht volljährig war, bat er die Adoptivmutter María um ihr Einverständnis zu einem zweiten Test, der privat durchgeführt werden sollte.

»Was auch immer es kosten wird, ich werde es bezahlen«, sagte er, wohl wissend, dass genetische Untersuchungen teuer waren.

Endlich erzählte María ihrer Adoptivtochter auch von Lidio:

»Letztes Jahr haben sie deine Blutproben mit denen eines Vaters verglichen, der seine Tochter sucht. Es ist ein Jammer, dass die Ergebnisse negativ ausfielen. Diese Leute waren sehr nett. Du solltest wissen, was für ein großartiger Mensch dieser Mann ist und wie verzweifelt er nach seiner Tochter sucht. Er hat inzwischen wieder geheiratet und vier Söhne bekommen, und er sucht immer noch. Er möchte unbedingt eine zweite Untersuchung machen lassen, aber privat. Es ist sein sehnlichster Wunsch, denn er glaubt, dass du seine Tochter sein könntest.«

»Okay. Das ist kein Problem für mich.«

María fragte »Paula« auch, ob sie zu einer anderen Uhrzeit als Lidio zu den Untersuchungen ins Krankenhaus gehen wolle, falls sie Angst davor hätte, ihm zu begegnen.

»Nein, es ist wirklich kein Problem«, antwortete sie.

Als Lidio davon erfuhr, war er sehr aufgeregt, mehr als »Paula«. Nach der Blutabnahme gingen die beiden gemeinsam in ein Café. Ein seltsames Gefühl durchfuhr seinen ganzen Körper, wie eine Art Vorahnung. Er sah, wie sie sich bewegte, und es schien ihm, als ob sie die gleichen krummen Beine hätte wie seine Schwestern. Sie war schön, aber Lidio fiel es schwer, ihre Blicke zu ertragen. Die ganze Zeit über leuchteten ihre Augen wie zwei kleine Sterne. »Paula« hatte einen strahlenden und offenen Blick, ihre großen Augen glichen den seinen. Sie war bereits eine Frau geworden, und sie schien ihm erfrischend ehrlich zu sein. Er war dankbar dafür, dass sie so wohlgeraten war, und er wünschte sich von ganzem Herzen, dass sie seine Tochter sei.

Kurze Zeit später wurden sie zu einem Gespräch in der Organspendezentrale eingeladen, wo die Tests dieses Mal durchgeführt worden waren. Der zuständige Arzt, Dr. Perichón, erklärte ihnen, dass er schon oft Untersuchungen mit Kindern durchgeführt habe, deren leiblicher Vater ermittelt werden musste. Dieser Fall sei aber für ihn etwas Besonderes, weil es sich um das Kind einer Verschwundenen handele. Er müsse ihnen jedoch leider mitteilen, dass die Ergebnisse der Tests Lidios Vaterschaft ausschlossen. Lidio und das Mädchen seien genetisch nicht miteinander verwandt.

Lidio weigerte sich zu glauben, dass dieses Ergebnis stimmte. Und was, wenn den Ärzten ein Fehler unterlaufen war? Was, wenn die Untersuchungen nicht so zuverlässig waren wie angenommen? Er ging mittlerweile davon aus, dass seine Frau bei einem der brutalen Einsätze des Militärs gegen die Revolutionäre Volksarmee (ERP) im Jahr 1977 ums Leben gekommen sein musste. Diese Einsätze hatte Jorge Rafael Videla, der damalige Chef der Militärjunta, nach einem gescheiterten Attentat auf sein Flugzeug angeordnet. Von mehr

Lidio Acosta mit seiner Tochter Laura im Büro der *Großmütter der Plaza de Mayo*

als dreitausend in ganz Argentinien verschleppten ERP-Sympathisanten überlebten nur knapp dreihundert. Im Mai 1977 wurden die Revolutionäre Arbeiterpartei (PRT) und die für ähnliche Ziele kämpfende ERP fast vollständig vernichtet. Dieses Datum stimmte mit dem Auftauchen des Mädchens in San Isidro überein.

Ein Zufall half Lidio weiter. Der Sohn seiner Anwältin Alcira Ríos hatte ein Stipendium am Hospital Durand bekommen. Lidio bat ihn, die Ergebnisse von Dr. Perichón zur Gründerin der Immunologie-Abteilung, zu Ana Maria Di Lonardo, zu bringen. »Ich bitte die Frau Doktor und die *Großmütter* um Verzeihung, dass ich weitere Wege gesucht habe. Ich glaube, dass vielleicht ein Fehler aufgetreten ist. Die Mädchen auf den Fotos sind sich so ähnlich …«

Kaum waren die Daten bei Dr. Di Lonardo eingegangen, bestellte sie Lidio und »Paula«, um die Untersuchungen zu wiederholen. Sie fand keine wissenschaftliche Erklärung für das, was in den übermittelten Unterlagen stand: Die Ergebnisse der von ihr zuerst durchgeführten Tests und der von Dr. Perichón schienen bei Lidio Acosta rätselhafterweise auf Blutproben von zwei verschiedenen Personen hinzudeuten. Um endgültig Klarheit zu bekommen, entschied sie, die Untersuchung zu wiederholen, und zwar zusätzlich auch mit einer DNS-Rekombinationstechnik. Diese Technik, mit der die Ärztin seit Ende 1993 arbeitete, war zwar noch teurer, lieferte aber hohe Wahrscheinlichkeitswerte für die Bestätigung oder den Ausschluss einer Blutsverwandtschaft.

An einem Julitag des Jahres 1994 in der Mittagszeit brachte Lidio gerade den dritten seiner vier Söhne huckepack von der Schule nach Hause, weil dieser einen Gipsverband trug und nicht laufen konnte. Schon vom Gehweg aus hörten sie das Telefon im Haus ununterbrochen klingeln. Seine Frau eilte hinein und hob den Hörer ab:

»Sagen Sie dem Dickkopf Acosta, dass er dringend nach Buenos Aires kommen muss.«

»Was ist passiert?«

»Er muss unbedingt herkommen, ich kann Ihnen nicht am Telefon sagen, worum es geht«, sagte Lita Abdala von den *Großmüttern* entschieden, ohne weitere Informationen herauszugeben.

»Wer ist es? Ist es das Mädchen aus Rosario?«

»Ja, das Mädchen aus Rosario«, räumte Abdala nun doch ein und beendete das Gespräch. Die Organisation zog es nach den vielen Fehlern vor, Lidio persönlich zu informieren.

María ihrerseits nahm das Gespräch im Erdgeschoss ihrer Wohnung entgegen. Als sie auflegte, wandte sie sich lächelnd ihrer Adoptivtochter zu, die auf der obersten Stufe der Treppe stand.

»Paula, du bist Laura!«, rief sie.

»Ich? Und was mach' ich jetzt?«

Lidio reiste sogleich nach Buenos Aires und übernachtete in der Wohnung seiner Anwältin Alcira Ríos, die mittlerweile eine gute Freundin geworden war. Am nächsten Tag stand er sehr früh auf, wusch und rasierte sich. Er nahm den Bus der Linie 152 bis zur Plaza Italia und fuhr von dort aus mit dem Taxi bis zum Hospital Durand weiter. Es regnete wieder einmal in Buenos Aires, und es war sehr kalt.

Als er ankam, wartete seine Tochter bereits in der Eingangshalle in Begleitung ihrer Adoptivmutter und ihres Verlobten Pablo.

Dr. Di Lonardo teilte ihnen als Erstes mit, dass es keine objektiven Gründe gäbe, die das Geschehene erklären könnten. Mit den üblichen Methoden hatten die genetischen Marker bei den ersten Tests nicht festgestellt werden können. Der Test mit den neuen Methoden hatte die Blutsverwandtschaft jedoch bestätigt, die DNS-Analysen ergaben, dass eine Vaterschaft zu 99,9999 Prozent wahrscheinlich war. Mit größter Sorgfalt und dem Wissen, dass die Untersuchungen der DNS hinsichtlich der HL-Antigene nahezu absolute Sicherheit gaben, analysierte Di Lonardo daraufhin noch einmal die Blutproben aller Kinder und Jugendlicher, die ihre Identität vor Laura Acosta zurückerhalten hatten. So konnte sie bestätigen, dass Lauras komplizierter Fall der Einzige war. Die Ärztin sagte auch, dass mit der Zeit die Methoden zur Untersuchung der DNS perfektioniert würden.

Alle Anwesenden im Raum applaudierten an jenem Tag, an dem sich Vater und Tochter endlich wiederfanden. Die Mitglieder der Nationalen Gendatenbank Argentiniens, die Repräsentanten der CONADI, Vertreter der *Großmütter der Plaza de Mayo*, die Anwältin, María und Pablo – alle waren ergriffen. Außer »Paula«, die das Gefühl hatte, als ob es nicht sie selbst sei, die dort stand.

»Und nun?«, dachte sie, sagte aber nichts.

»Wollt ihr alleine sein?«, wurden sie gefragt. Das Mädchen schmiegte sich an ihren Freund und bat ihn, nicht zu gehen. Der Gedanke, mit diesem vierzigjährigen Mann, der ihr völlig fremd war, alleine in einem Raum zu sein, machte sie verlegen. »Er ist noch so jung. Er ist so alt wie Sting. Wie soll ich ihn als Vater ansehen?«, dachte sie. Schließlich setzten sie sich in ein Café in der Nähe des Krankenhauses. Lidio umarmte sie herzlich und gab ihr einen Brief ihrer Mutter und ein paar Erinnerungsstücke. Er erzählte ihr von ihrer Geburt, von ihrer Mutter, der Suche nach ihr und wie sehr sie sich geliebt hatten.

»Hast du sie wirklich geliebt? Du hast danach so schnell wieder geheiratet.«

Lidio spürte einen Stich im Herzen. Das klang nach einem Vorwurf. Sie aber vergaß sofort wieder, was sie ihn gefragt hatte, und stellte weitere Fragen, weil sie nicht wusste, wie sie die unangenehme Stille sonst hätte füllen sollen. Lidio erzählte ihr, dass ihr Geburtstag am 15. September sei, am selben Tag, an dem ihre Mama Geburtstag hatte, und dass er sie an diesem Tag bei sich zu Hause in Santa Fe erwarte, mit der ganzen Familie Molinas.

Er bereitete eine große Feier vor und rasierte sich seinen Schnauzbart ab – als Einlösung eines alten Versprechens. Seine Frau erkannte ihn kaum wieder. Er war unsagbar glücklich und zeigte allen »Verwandten« seiner Tochter sämtliche Umbaumaßnahmen, die er zu Hause vorgenommen hatte, damit jeder Platz fand. Als alle das Geburtstagslied anstimmten, sang die Familie Acosta an der Stelle, wo man den Namen einsetzt, »Laura« und die Familie Molinas »Paula«. Die Gefeierte verfolgte das Geschehen ein wenig gedankenverloren. Sie war gerührt von der Zuneigung, die ihr richtiger Papa ihr entgegenbrachte, aber ebenso traurig, weil sie ihm nicht mit derselben Zuneigung begegnen konnte.

Kurze Zeit später erhielt sie auch offiziell ihre wahre Identität zurück: Ihr Geburtsdatum und ihre Ausweispapiere wurden berichtigt. Doch das Gesetz des Alltags war ein anderes, und so zog Laura es vor, dass alle sie weiterhin bei ihrem bisherigen Namen nannten oder dass sie beispielsweise Paula Laura Acosta sagten – eine Mischung aus beiden Namen.

Die Familie Molinas hatte sich mittlerweile längst daran gewöhnt, dass zwei Paulas zu ihr gehörten, die sie mit den Zusätzen »aus Rosario« oder »aus Córdoba« auseinanderhielt. An dem Tag, als »Paula« zum ersten Mal das Mädchen sah, dessen Platz sie zuvor eingenommen hatte, war sie tief bewegt. »Das ist das Mädchen auf den alten Fotos, das ist sie und nicht ich!«, erkannte sie.

Das fehlende Bild

Der Geburtstag im Haus von Lidio war der letzte, den seine Tochter feierte. Nach diesem Tag entschied sie sich, weder am 12. März, so wie sie es seit Jahren getan hatte, noch am 15. September, an ihrem richtigen Geburtstag, ein Fest zu veranstalten. Bei den gelegentlichen Besuchen in Santa Fe behandeln Vater und Tochter sich wie zwei Freunde im gleichen Alter. Er nennt sie *Negra*, weil er es nicht fertigbringt, sie bei einem Namen zu nennen, den er ihr nicht gegeben hat, aber seine Tochter auch nicht kränken will. Sie hat nicht aufgehört, María und Eugenio »Mama« und »Papa« zu nennen. Nachdem sie die Wahrheit herausgefunden hat, empfindet sie außer der Zuneigung einer Tochter auch tiefe Dankbarkeit: »Sie gaben mir alles. Alles, was ich bin, und alles, was ich besitze, habe ich ihnen zu verdanken. Ich liebe sie sehr und bin so glücklich, dass sie mir so viel geboten haben, ohne mich zu irgendetwas zu verpflichten.«

1997 heiratete sie Pablo. Lidio und seine Frau feierten mit ihnen und saßen zusammen mit María, Eugenio und Pablos Eltern an der Ehrentafel. Die wunderschöne, strahlende Braut hatte die Kirche am Arm von Eugenio betreten. Lidio sagte ihr nicht, wie sehr er sich gewünscht hätte, sie zum Altar zu führen. Er sagte ihr auch nicht, dass er geweint hatte, als er sie in die Kirche hereinkommen sah.

Die Geburten ihrer Töchter Julieta und Justina und ihres Sohnes Jerónimo gaben Laura dann endlich das Gefühl, etwas zu haben, was nur ihr gehörte: »Sie sind mein eigen Fleisch und Blut.« Jahrelang ist ihr mehr genommen als gegeben worden. Und es gibt Lücken in ihrer Lebensgeschichte, die noch nicht gefüllt werden konnten. Eine dieser Lücken wird womöglich immer bleiben: Es gibt kein Bild ihrer Mutter María, auch Lidio hat kein einziges, da er alle verbrannte, als sie sich zum ersten Mal verstecken mussten. Es gibt nicht einmal irgendein Dokument oder eine Registrierung bei einer öffentlichen Behörde.

Laura ist immer noch auf der Suche – wie ihr Vater. Sie wüsste zu gerne, ob sie nicht nur ihm, sondern auch ihrer Mutter ähnlich sieht oder wem ihre Kinder ähneln. Jahrelang hatte sie irrtümlicherweise die Bilder von María Guadalupe, der Mutter von Paula, wie einen Schatz gehütet. Nun sucht sie ein Bild, das ihr diese Bilder ersetzen kann. Als kürzlich eine neue Ausgabe des Buches über die Enkel der Verschwundenen erschien, herausgegeben von den *Großmüttern der Plaza de Mayo*, zeigte sie das Foto auf der Seite, auf der ihre Geschichte erzählt wird, sofort Lidio.

»Lidio, ist sie das?«

Lidio schüttelte den Kopf, das sei wieder einmal ein Fehler. Die Frau sei eine ihrer Tanten, eine seiner Schwestern.

Laura hofft weiterhin auf ein Bild, das ihr das Gesicht von María Dolores Vargas ins Gedächtnis zurückruft. Dann wird sie sich vielleicht endlich an ihre Mutter erinnern können.

»Ich werde euch nie wieder alleine lassen«

Die Geschwister Marcelo, María de las Victorias und Laura müssen getrennt voneinander groß werden und als junge Erwachsene erfahren, dass ihre Eltern sie in einem kubanischen Kinderheim unterbrachten, um im Libanon für den argentinischen Widerstandskampf ausgebildet zu werden

Zwei Kinder und ein Baby

Der Fotograf Víctor Basterra wurde bereits seit sieben Monaten in der ESMA gefangen gehalten und musste dort als Fotograf für seine Unterdrücker arbeiten. Der Chef der Marine, Admiral Emilio Eduardo Massera, war von der utopischen Vorstellung besessen, Präsident Argentiniens und der Nachfolger von General Jorge Rafael Videla zu werden. Er plante, Zivilisten und Soldaten in einer »Bewegung für soziale Demokratie« zu vereinen, sobald er dem bewaffneten Widerstand ein Ende gesetzt hätte. Der Fregattenkapitän Jorge *El Tigre* Acosta, zum damaligen Zeitpunkt Geheimdienstchef der ESMA, hatte sich daher einen Plan zur »Rehabilitation« einiger Häftlinge ausgedacht. Er zwang sie, ihre politische Überzeugung im Tausch gegen ihr Leben aufzugeben, und nutzte sie als billige Arbeitskräfte oder vielmehr als Sklaven. Es wurden ihnen je nach Ausbildung oder Begabung, momentanem Bedarf und der politischen Laufbahn, die der Armeechef für sie avisiert hatte, spezielle Aufgaben übertragen. Einige Häftlinge verfassten oder übersetzten Dokumente und Publikationen, andere verfertigten nationale und internationale politische Analysen, andere wiederum bedienten nur den Fernschreiber.

Auch Carlos Gregorio Lordkipanidse, Mitglied der Peronistischen Jugend (JP), der am 18. November 1978 zusammen mit seiner Frau, seinem Sohn Rodolfo und seinem Cousin Cristian gefangen genommen worden war, nahm an diesem »Rehabilitationsprogramm« teil. Wie die meisten war auch er zu Beginn seiner Haft lange gefoltert worden. Mit Fahrradschläuchen hatte man ihn an ein Metallbett gefesselt und auf ihn eingeschlagen. Aus dem Nachbarzimmer waren die Schreie seiner Frau und anderer Häftlinge zu hören. Ihn forderten sie zur Kollaboration auf. Er jedoch erklärte, er habe nichts zu erzählen, so schlugen sie weiter auf ihn ein. Als ihm einmal die Kapuze abgenommen wurde, sah er sein drei Wochen altes Baby Rodolfo auf dem Arm eines Mannes, den alle *Piraña* oder auch *Claudio* oder *Fredy* nannten und der später als Polizeipräfekt Juan Antonio Azic identifiziert werden würde. Mit einer Hand stützte dieser Mann den Kopf des Babys, mit der anderen hielt er dessen Füße.

»Wenn du nicht redest, schlagen wir seinen Kopf auf den Boden«, drohte *Piraña*.

Auch Leutnant Alfredo Astiz, der die Verhaftung von Lordkipanidses Familie angeordnet hatte, war anwesend. Das Kommando führte Acosta: »Legt ihm den Jungen auf die Brust.« Der Befehl wurde ausgeführt, während Acosta den Stromkreis über den Armen des Gefangenen schloss, bis dieser heftig zuckte. »Schauen wir mal, ob du uns wirklich nichts zu erzählen hast.« Lordkipanidse hatte nichts zu sagen, und schließlich glaubten sie ihm. Nach einer kurzen Diskussion brachten sie das Baby aus dem Raum, nur um dann mit der Prozedur fortzufahren. Lordkipanidse wurde noch tagelang gefoltert, bis man schließlich von ihm abließ und seinen Cousin Cristian und den kleinen Rodolfo freiließ.

Basterra und Lordkipanidse hatten sich während ihrer Gefangenschaft in der zweiten Hälfte des Jahres 1979 angefreundet. Die Marineoffiziere befahlen ihnen, Dokumente zu fälschen. Mit deren Hilfe verließen sogenannte Einsatzgruppen das Land inkognito, um im Ausland geheime Operationen durchzuführen. Sie reisten in Länder, in die politisch verfolgte Argentinier geflüchtet waren, unter anderem nach Mexiko, Peru, Italien und Spanien, spürten diese dort auf, ermordeten sie oder brachten sie nach Argentinien zurück.

Fotograf Basterra machte gerade eine Pause von seiner Arbeit – er entwickelte Passbilder und kopierte Ein- und Ausreisestempel –, als er auf dem Gang vor dem Labor zwei Kinder rennen sah. Der Junge lief so schnell er konnte, das Mädchen folgte ihm mühsam in ihren Lackballerinas. In dem flüchtigen Moment, in dem Basterra die Kleine unter seiner Augenbinde, die er während der Pausengänge tragen musste, hervor erblickte, fand er sie trotz ihrer zerzausten und schmutzigen Haare schön. Das Bild der Kinder würde er nie wieder vergessen. Er schätzte das Mädchen auf zwei und den Jungen auf etwa vier Jahre. Sie sahen sich so ähnlich, dass er sie für Geschwister hielt. Basterra ahnte, dass in einem Raum am Ende des Ganges ihre Eltern gefoltert wurden. Später erfuhr er, dass man die ganze Familie, das heißt den Vater, die zwei Kinder und die schwangere Mutter, entführt und inhaftiert hatte. Den Ort, an dem die Folterungen stattfanden, nannten sie »Eierschachtel«, da die Wände zur Schalldämmung mit Eierkartons verkleidet waren, um die Schreie der Opfer nicht nach draußen dringen zu lassen.

Basterra dachte an seine eigene Folter und vermutete, dass sich die Mitarbeiter der Präfektur, die Männer des Heeres, der Marine und womöglich auch der Bundespolizei im Folterraum befanden. Er erinnerte sich daran, wie er den ganzen Tag lang auf dem »Rost« gelegen und die Stromschläge am ganzen Körper gespürt hatte, auch an den Hoden und den Brustwarzen, wo es am meisten schmerzte. Beim ersten Mal wusste er nichts von denen, die ihn folterten, aber er prägte sich Stimmen und Gesichter ein. Als die Kontrollen gelockert wurden, lernte er nach und nach seine Peiniger kennen. Er vermochte, ihre Rollen und Funktionen zu unterscheiden, und prägte sich jedes einzelne Gesicht ein. Als er im Zuge der »Rehabilitation« mit Besuchen bei seiner Familie belohnt wurde, schmuggelte er Fotos heraus, die er während der Arbeit versteckt hatte. Viele Jahre später, als er wieder in Freiheit war, übergab er diese Aufnahmen der Justiz.

Basterra ahnte, dass *Selva*, der später als Héctor Febrés identifiziert werden würde, und *Piraña* in dem Zimmer waren, während die Kinder auf dem Gang entlangrannten. Der eine hatte bestimmt gerade den Elektroschlagstock in der Hand, und der andere schlug auf Beine und Arme des Gefangenen, um die Muskeln zu lockern, bevor weitere Stromschläge folgten. Während der drei Jahre seiner Gefangenschaft sah er *Selva* und *Piraña* häufig die »Eierschachtel« betreten. Die Gesichter der beiden lösten bei ihm, bei den anderen Häftlingen und sogar bei manchen der Unterdrücker Angst aus.

»Wage es bloß nicht, dir dieses Foto anzuschauen. Weißt du, wie viele der umgebracht hat, weil die erfahren haben, wer er war?«, hatte ein Marineoffizier dem Fotografen einmal gedroht, als er ihm einen Pass mit einem Foto von *Piraña* Azic brachte und ihn beauftragte, die Ein- und Ausreisestempel zu fälschen. Trotzdem riskierte Basterra einen Blick und machte sogar eine Kopie vom Foto des Polizeibeamten, die er aus der ESMA herausschmuggelte.

Im Frühjahr 1980 betrat ein Arzt des Folterlagers, Carlos *Tomy* Capdevilla, gemeinsam mit der Gefangenen Nora Irene Wolfson, genannt Mariana, das Labor. Mariana, die wie Basterra Mitglied der *Obreros Peronistas*, der Vereinigung der Peronistischen Arbeiter, war, gilt bis heute als verschwunden. Die Männer im Labor gingen weiter still ihrer Arbeit nach, ohne den Blick vom Arbeitstisch zu heben. Erst als Capdevilla sie beinahe euphorisch ansprach, sahen Basterra und Lordkipanidse auf. In den Armen des freundlich lächelnden Arztes lag ein neugeborenes Baby, bei dessen Geburt Mariana als Hebamme assistiert hatte.

Capdevilla bot den Männern an, das Baby auf den Arm zu nehmen. Basterra war angesichts einer solch freundschaftlichen Geste sprachlos und biss die Zähne aufeinander, um dem Arzt, der zudem noch Pressesprecher der ESMA und an einigen Einsätzen außerhalb der ESMA beteiligt gewesen war, nicht zu sagen, was er von ihm hielt. Es kam ihm so vor, als zeige Capdevilla das Baby wie eine Trophäe herum, als sei es eine Kriegsbeute. Dennoch nahm er es schließlich auf den Arm. Ein Zittern durchlief seinen Körper, als er die Wärme des kleinen Körpers spürte. Er wagte es nicht, einen Blick unter die Kleidung zu werfen, um herauszufinden, ob es ein Mädchen oder ein Junge war. Genauso wenig traute er sich, nach der Mutter zu fragen. Silvia Dameri hieß sie, im Lager bekannt unter dem Namen Victoria. Sie war auch die Mutter der zwei Kinder, die Basterra den Gang hatte entlangrennen sehen.

Aufgrund des »Rehabilitationsplans« gab es in der ESMA wesentlich mehr Überlebende als in den anderen geheimen Folter- und Haftzentren der Militärzeit. Laut deren Zeugenaussagen blieb dieses Baby das einzige, das dort im Jahre 1980 zur Welt kam. Vor Silvia Dameri waren mindestens zwanzig Frauen kurz nach der Entbindung ihre Kinder weggenommen worden. Unrechtmäßig wurden die Neugeborenen den Unterdrückern, deren Angehörigen oder Bekannten, die sich auf einer Liste hatten vormerken lassen, übergeben. Zu der Zeit, als Silvia Dameri ihr Kind bekam, gab es die Räume nicht mehr, die speziell für die schwangeren Frauen eingerichtet worden waren. 1980 rechnete man nicht mehr mit Geburten, da es auch bedeutend weniger Entführungen gab.

Basterra wird noch heute von den Bildern aus seiner Gefangenschaft verfolgt, besonders eine Reihe von Fotos, die er eines Tages entwickeln musste, kann er nicht vergessen. Wer sie gemacht hatte, weiß er nicht. Er vermutet, es war Unteroffizier Willy. Dieser beaufsichtigte die inhaftierten Kinder, und er brachte Häftlingen, die unter Aufsicht der ESMA an andere Orte verlegt wurden, ihre Sachen nach. Im schwachen Rotlicht des Kellerlabors erblickte Basterra unter der Flüssigkeit des Entwicklers die zwei Geschwister und das Neugeborene, das von seiner Mutter gestillt wurde. Auf anderen Fotos sah er die spielenden und rennenden Kinder und die Mutter, ihre Kinder umarmend, in einem Garten mit einem Schwimmbecken im Hintergrund. Er erkannte das Landgut Quinta Pacheco im Norden der Provinz Buenos Aires wieder, auf dem die Marineoffiziere gelegentlich Gefangene auslagerte. Auch Basterra war dort gewesen, als man alle Gefangenen 1979 kurzfristig verlegt hatte, damit sie in der ESMA während einer Inspektion der Interamerikanischen Kommission für Menschenrechte (IACHR) nicht entdeckt wurden.

Basterra wusste weder, wer die Mitglieder dieser Familie waren, noch woher sie kamen und wie man sie gefangen genommen hatte. Aber er würde sie nie vergessen und war sich sicher, dass er eines Tages dieses Rätsel lösen würde.

Entschlossen zum bewaffneten Kampf

Das Baby, das Basterra auf dem Arm gehalten hatte, war ein Mädchen – Laura. Seine Geschwister hießen Marcelo und María de las Victorias – die Kinder, die er auf dem Gang beobachtet hatte. Die Eltern waren Silvia Dameri und Orlando Ruiz, bei den *Montoneros* unter den Decknamen Victoria und Chicho beziehungsweise Carlos bekannt.

Die Mitglieder bewaffneter Organisationen wie der *Montoneros* tauschten keine persönlichen Daten aus, nicht einmal während ihrer Gefangenschaft, weshalb oft viele Jahre vergingen, bis jeder die echten Namen der anderen kannte. Heute wissen alle Protagonisten in dieser Geschichte und auch die zufälligen Zeugen, wer Silvia Dameri gewesen ist: eine Lehrerin, die zum Zeitpunkt ihres Verschwindens achtundzwanzig Jahre alt war. Sie hatte eine eher kleine Statur, lockiges Haar und ein sehr fröhliches Wesen. Ihr Mann, Orlando Ruiz, war zwei Jahre älter und ein ernsterer Typ, konnte aber die Menschen um sich herum trotzdem mit seinen Späßen immer wieder zum Lachen bringen. Als Silvia und Orlando sich kennenlernten, hatte er aus einer früheren Ehe bereits zwei Kinder. Er sollte sie nicht mehr wiedersehen, nachdem er mit seiner neuen Partnerin und dem gemeinsamen Sohn Marcelo, der am 31. Oktober 1976 geboren worden war, zum ersten Mal das Land verlassen hatte.

Silvia hatte sich dem bewaffneten Kampf verschrieben, nachdem im Juni 1975 ihr jüngerer Bruder Marcelo Dameri plötzlich verschwunden war. Er war eines der vielen Opfer der paramilitärischen Organisation *Triple A*, die noch während der Regierungszeit von Juan Domingo Perón gegründet und damit beauftragt worden war, mit Gewalt gegen politische Gegner vorzugehen.

Silvia und Orlando überquerten mit mit ihrem Sohn Marcelo die Grenze nach Brasilien in der Flussregion im Norden Argentiniens. Zunächst blieben sie in São Paulo, wo sie sich in einem Hotel einquartierten. Da sie jedoch kein Geld hatten, mussten sie schnellstens woanders unterkommen und gelangten auf Umwegen nach Rio de Janeiro. Sie wussten von einem Haus dort, das die Caritas argentinischen Flüchtlingen zur Verfügung gestellt hatte. An dessen Tür begrüßten sie Flaco Valentín und Carlos Falaschi, genannt El Profe, ehemalige Mitglieder der *Montoneros*. Misstrauisch betrachteten die beiden die Neuankömmlinge, die ihnen keine Einzelheiten über ihre Flucht aus Argentinien erzählen wollten. »Wir kommen aus São Paulo und sind per Anhalter gefahren. Ein Typ in Uniform hat uns bis hierher mitgenommen«, erklärte der Mann, der sich als Chicho Ruiz vorstellte.

»Mach keine Witze! Und was hast du ihm über euch erzählt?«, fragte einer der Gastgeber.

Nachdem sie eine Weile lang jedes Wort sorgfältig abgewogen hatten aus Angst, vor einem möglichen Spion zu viel preiszugeben, brachen alle in Gelächter aus. Silvia und Orlando gestanden, dass sie seit dem gestrigen Tag nichts mehr gegessen hatten. Flaco, El Profe und andere Mitarbeiter des Caritas-Hauses legten ein bisschen Geld zusammen, um in der kleinen Bar gegenüber etwas essen gehen zu können. Zuvor stillte Silvia noch schnell den kleinen Marcelo. Die Männer schauten mitleidig zu, wie sie aus einer Handtasche die Reste eines Handtuchs herausholte, das sie aus dem Hotel in São Paulo mitgenommen hatte, und daraus eine Windel bastelte.

Im Dezember 1977 brach die Familie Ruiz Dameri mit vielen anderen argentinischen Flüchtlingen schließlich in die Schweiz auf, wo ihnen das Privileg des vorläufigen Asyls gewährt worden war. Dies verdankten sie den Anstrengungen von *Amnesty International* und dem Schweizerischen Arbeiterhilfswerk (SAH) sowie der Solidarität bereits dort im Exil lebender Argentinier, unter ihnen mittlerweile auch El Profe Falaschi. Die Familie landete zuerst in Zürich, lebte eine Weile in Winterthur, bevor sie in den französischsprachigen Teil der Schweiz zog. Sie mietete eine kleine Wohnung im Süden von Neuchâtel an den Ufern des gleichnamigen Sees. Am 25. März 1978 bekam Silvia im Krankenhaus Pourtalès ihr zweites Kind: María de las Victorias.

Alles, was ihnen in der Schweiz widerfuhr, war angenehm, ganz im Gegensatz zu den Nachrichten, die aus Argentinien kamen. Nach Angaben des Internationalen Währungsfonds verzeichnete das Land damals mit einer Jahresinflation von 170,3 Prozent die höchste Teuerungsrate weltweit, während die Reallöhne um 45 Prozent fielen. Vielleicht kam ihnen das Leben in der Schweiz zu ruhig vor. Möglicherweise waren es aber auch die Argumente, die der *Montoneros*-Gründer Roberto Perdía vorbrachte, als er auf einer Versammlung in einem Lokal der Kommunistischen Partei Spaniens zu den Exilanten sprach in der Absicht, *Montoneros*-Soldaten für die heißersehnte Gegenoffensive von 1979 zu rekrutieren. Es kann ebenso sein, dass Silvia und Orlando angesichts der immer neuen Nachrichten von Gefallenen und Verschleppten einfach Schuldgefühle bekamen, schließlich waren sie selbst wohlauf. Sicherlich gab es in ihnen einen idealistischen Wunsch, zurückzukehren und den Kampf gegen die Wirtschaftselite fortzuführen. Und vielleicht waren sie dort, wo sie lebten, auch einfach nicht glücklich, weil sie dort nicht hingehörten.

Was immer der Grund war, eines Tages beschloss die Familie Ruiz Dameri, auf die Picknicks an den Ufern des Sees, die Kurztrips nach Paris, die Treffen mit anderen Exilanten, das gemeinsame Mateteetrinken mit Kameraden, die Spaziergänge und auch auf die Fußballspiele zu verzichten, bei denen der kleine Marcelo wie kein anderer hinter dem großen Ball herzurennen vermochte. »Komm vorbei, wir müssen miteinander reden.« Chichos Stimme klang hart am Telefon. El Profe Falaschi, der für sie im Exil wie ein Bruder ge-

Exil in der Schweiz, Oktober 1978: Marcelo (am Tisch) bei der Feier zu seinem zweiten Geburtstag mit seinem Vater Orlando Ruiz und seiner Mutter Silvia Dameri, die seine Schwester María de las Victorias auf dem Arm trägt.

worden war, ließ alles stehen und liegen und fuhr eilig nach Boudry, dem vierten und letzten Aufenthaltsort der Familie in der Schweiz. »Wir reisen ab. Wir kehren nach Argentinien zurück. Du bist der Einzige, der davon weiß«, erklärte Chicho.

Falaschi war wie versteinert. Die Rückkehr nach Argentinien kam einer Reise in den sicheren Tod gleich. Silvia machte ihm einen Matetee, während die Kinder spielten. Den Blick starr auf seine Tasse gerichtet, versuchte Falaschi, Argumente zu finden, um sie von ihrem Vorhaben abzubringen. Er erinnerte an die Berichte des argentinischen Journalisten und Schriftstellers Rodolfo Walsh sowie die Kontroversen angesichts der Militarisierung der *Montoneros*-Bewegung und erklärte, dass seines Erachtens die Zeit für eine Gegenoffensive noch nicht gekommen sei, dass alle diesbezüglichen Nachrichten aus Argentinien entmutigend seien und dass selbst innerhalb der Führungsriege der *Montoneros* keine Einigkeit über die Einschätzung der Lage herrsche. Sie könnten den Kampf nicht gewinnen. Aber Silvia und Orlando ließen sich nicht umstimmen, sie hatten ihre Entscheidung bereits getroffen.

Sie aßen zusammen zu Mittag und diskutierten weiter, den ganzen Nachmittag lang. »Was erwartet ihr denn von mir?«, fragte Falaschi resigniert. »Dass du dieses Geheimnis für dich behältst.«

Silvia und Orlando teilten Falaschi mit, an welchem Tag sie abreisen würden, und er, der es gewohnt war, nicht mehr Fragen zu stellen als nötig, war ihnen dankbar für ihr Vertrauen und ihre Freundschaft und versprach zu schweigen. Viele Jahre lang wusste er nichts Genaues über ihren Verbleib, bis auf die wenigen Informationen, die der eine oder andere Argentinier ins Schweizer Exil mitbrachte. So erfuhr Falaschi nicht, dass Silvia und Orlando zunächst Mitte März 1979 nach Spanien reisten und ihre Kinder dort den *Montoneros*-Kameraden Pancho und Laura übergaben, die die Aufgabe hatten, die beiden zusammen mit anderen Kindern nach Kuba zu bringen. Dies geschah entsprechend den Anweisungen, die von der Spitze der *Montoneros*-Bewegung im Quartier der Organisation in Madrid kamen. Dann verbrachten Silvia und Orlando zusammen mit anderen *Montoneros* zwanzig Tage in einem abgelegenen Ort in der Sierra de Guadarrama in der Region Madrid, ohne selbst genau zu wissen, wo sie sich befanden. Die Gruppe trainierte dort Kampfeinsätze, bis der Befehl zum Aufbruch kam. Erst am Flughafen Barajas wurde ihnen das Ziel ihrer Reise mitgeteilt: der Libanon, wo die *Montoneros* 1977 dank ihrer Verbindungen zur Palästinensischen Befreiungsorganisation (PLO) hatten Fuß fassen können. In den Trainingslagern der PLO im zwanzig Kilometer von Beirut entfernten Damur und in der syrischen Hauptstadt Damaskus bereitete sich die Gruppe auf die Rückkehr nach Argentinien vor. Laut einer Analyse ihrer Führung hatte die Militärdiktatur weder den bewaffneten Widerstand noch den Kampf der Gewerkschaften beenden können. Die Proteste der Fabrikarbeiter in den Außenbezirken von Buenos Aires hätten so bedeutende Ausmaße angenommen, dass ein Eingreifen der *Montoneros* den raubreißerischen Wirtschaftsplan der Diktatur zum Scheitern bringen würde.

In Damur trainierten die Kämpfer über zwei Monate unter der Führung palästinensischer Ausbilder. Neben körperlicher Ausdauer ging es um den Umgang mit Waffen und Sprengstoff sowie das Erlernen militärischer Befehle. Bereits in Spanien hatten sie die Sicherheitsvorkehrungen verschärft, keiner gab seinen wahren Namen oder seine Herkunft preis. Es war jedoch unvermeidlich, dass

Orlando und Silvia alias Carlos und Victoria in Gesprächen, die sie in ruhigeren Momenten führen konnten, die Namen ihrer Kinder entschlüpften. In Spanien hatten die beiden noch voller Freude über sie gesprochen, in Damur bemerkten einige, dass sich Victorias Augen mit Tränen füllten, sobald die Namen ihrer Kinder fielen. Nachdem die Gruppe zum ersten Mal von israelischen Flugzeugen bombardiert worden war, wirkte Victoria noch niedergeschlagener. Sie hielten sich in einem Land auf, das sich im Kriegszustand befand, und obwohl ihnen dies ein Training unter realen, extrem harten Bedingungen ermöglichte – sogar auf ihren Märschen durch die Stadt trugen sie ihr Gewehr über der Schulter –, führten die Explosionen ihnen auch deutlich vor Augen, in welcher existentiellen Gefahr sie sich befanden.

Während einer der Übungen verweilte Victorias Blick lange am Horizont. Sie sprach kein Wort, sondern summte ein Kinderlied und wiegte ihre Kalaschnikow im Arm.

Da der Anführer der Gruppe, Osvaldo Olmedo alias Miguel, seine Kamera mitgenommen hatte, gibt es Bilder aus der Zeit in Damur. Die *Montoneros* fotografierten sich gegenseitig am steinigen Strand des Mittelmeers, wo sie ihr Ausdauertraining absolvierten. Miguel ließ die Fotos in einem Labor in Beirut entwickeln, trotz der Gefahr, dadurch von den Geheimdiensten identifiziert zu werden.

Nach dem Ende ihrer Kampfausbildung teilte sich die Truppe in kleine Gruppen von zwei bis drei Personen auf, die von Beirut nach Europa flogen. Dort hatte der jeweilige Leiter der Gruppe ohne jegliche weitere Rücksprache zu entscheiden, wie die Rückkehr nach Argentinien verlaufen sollte. Alle reisten im Juni 1979 nach Argentinien ein, allerdings desertierten einige vor der Ausführung ihrer Mission dort. Nicht so das Ehepaar Ruiz Dameri. Dieses war Teil der Sondereinheit der *Montoneros*-Infanterie TEI 2, die am 7. November in Buenos Aires einen Anschlag auf den argentinischen Finanzminister Juan Alemann verübte. Dabei feuerten die Angreifer mit Gewehren auf das Auto des Ministers und schossen einen selbstgebauten Sprengkörper ab, der durch die zersplitterten Scheiben des Wagens flog, aber nicht wie geplant detonierte. In dem Glauben, ihre Mission erfüllt zu haben, traten die *Montoneros* den Rückzug an, Silvia und Orlando verließen bald das Land, Richtung Kuba. Der Chauffeur und der Leibwächter wurden bei dem Anschlag verletzt,

Alemann blieb unversehrt. Bei weiteren Anschlägen der Sondereinheiten sprengten diese unter anderem das Haus des Staatssekretärs für Wirtschaftsplanung und Zusammenarbeit, Guillermo Walter Klein, in die Luft, und sie ermordeten den Unternehmer Francisco Soldati sowie seinen Leibwächter.

Von den sechstausend aktiven Mitgliedern, die die *Montoneros*-Bewegung im Jahr 1974 gezählt hatte, waren zu Beginn der Gegenoffensive kaum noch hundert übrig. Nach den Anschlägen auf Klein, Alemann und Soldati versammelte sich im Dezember 1979 der Zentralrat der *Montoneros* in Havanna und beschloss, die zweite Phase der Gegenoffensive einzuleiten. Der Rat fand die bisherigen Resultate trotz aller Rückschläge zufriedenstellend. Es sollte eine neue Truppe rekrutiert, ausgebildet und nach Argentinien geschickt werden mit dem Ziel, regimetreue Wirtschaftspolitiker und Unternehmer zu ermorden.

Nicht alle aus der Führungsriege der *Montoneros* waren mit dieser Strategie einverstanden, sie verließen unter Protest die Bewegung. Die Verbliebenen hielten eisern an ihren Plänen fest, selbst als am 21. Februar 1980 argentinische Soldaten einen Guerilla-Kämpfer festnahmen, als dieser versuchte, aus einem Möbellager die dort versteckten Waffen zu holen, die bei dem Anschlag auf Klein verwendet worden waren. In der Folge fielen alle Kameraden seiner Einheit, die nach Argentinien eingereist waren, und zwei weitere in Brasilien den Streitkräften in die Hände.

Als Marcelo und María de las Victorias von Pancho und Laura von Spanien in das kubanische Kinderheim gebracht wurden, war er zweieinhalb Jahre und sie fast ein Jahr alt. Amor Perdía, die Tochter des *Montoneros*-Anführers Roberto Perdía, war eines der ältesten Kinder im Heim und betrachtete die Neuankömmlinge mit kindlichem Neid. Sie selbst ging bereits in die Grundschule, wo sie von ihren Lehrern stets zu hören bekam, dass sie die Bücher und Hefte, die sie bekam, Fidel Castros Revolution zu verdanken hatte und sie auch nur dank der Revolution in die Schule gehen durfte. So vermochte sie die Traurigkeit zu ertragen, die über sie kam, als ihr Vater und ihre Mutter sagten, dass sie weggehen müssten, um für eine Revolution in Argentinien zu kämpfen. Amor war oft einsam und wünschte sich von ganzem Herzen einen Bruder wie Marcelo.

María de las Victorias (unten auf dem Schoß links) und ihr Bruder Marcelo (rechts mit Latzhose) im Kinderheim in Kuba

Marcelo ging in eine Art Vorschule für die jüngeren Kinder berufstätiger Mütter. Jeden Tag, wenn er zurück zum Heim kam, lief er, so schnell er konnte, die Treppenstufen zum Haus hinauf und rannte den Gang entlang bis zum Zimmer der Babys. Der Schlafsaal blieb stets geschlossen und abgedunkelt, um zu verhindern, dass Moskitos in das Zimmer gelangten und tropische Krankheiten übertrugen. Trotz regelmäßiger Impfungen waren die argentinischen Kinder nicht gegen diese Krankheiten gefeit. Marcelo schenkte dem Anschlagbrett vor dem Zimmer, an dem Fotos seiner Eltern und der Eltern anderer Kinder hingen, keine Aufmerksamkeit. Leise schlüpfte er hinein und schlich bis zur Wiege seiner Schwester. Wenn sich seine Augen an das Halbdunkel gewöhnt hatten, betrachtete er sie lange Zeit.

Anfang des Jahres 1980 kamen ihre Eltern endlich, nach über einem Jahr Abwesenheit, zu ihnen zurück. Als María de las Victorias ihre Mutter sah, erkannte sie diese nicht. Marcelo hingegen stürmte ihr entgegen und umarmte sie. An diesem Tag schwor Silvia: »Ich werde euch nie wieder alleine lassen.« Sie berichtete den Kindern von ihren Ängsten: »Ich hatte gehört, dass ein Orkan ausgebrochen war, und bekam Alpträume. Ich träumte, ihr würdet über die Karibik gewirbelt.«

Wie es in der Bewegung Vorschrift war, verschwieg Silvia, dass die Familie nun nach Mexiko gehen sollte, wo sie und Orlando sich den TEA, Spezialeinheiten für Agitation, anschließen würden. Als Mitglieder dieser Einheiten sollten sie später in Argentinien Presseaktionen durchführen, Fernsehsender stören und gezielt in Stadtvierteln und Vororten intensive Aufklärungsarbeit leisten. Daraus wurde nichts.

Der Geheimdienst des argentinischen Militärs erhielt jedoch Informationen über die geplanten Vorhaben der *Montoneros* und konnte alle Pläne für das Jahr 1980 durchkreuzen. Das Scheitern der Operationen in den Jahren 1978, 1979 und Anfang 1980, die fehlenden Sicherheitsvorkehrungen, die mangelnde Bereitschaft der *Montoneros*-Führungsriege, die Verantwortung zu übernehmen, und die Kollaboration einiger Führungsmitglieder mit dem Militär wurden im Jahr 2003 Gegenstand von Untersuchungen, die der argentinische Bundesrichter Guillermo Bonadío einleitete. Der Richter fragte sich, wie viele andere auch, warum trotz der Anfang 1980 erlittenen Verluste so viele *Montoneros*, zu denen auch das Ehepaar Ruiz Dameri zählte, erneut nach Argentinien einreisen sollten.

Dieses Mal gab es kein Entkommen. Orlando, Silvia und ihre Kinder wurden am 4. Juni 1980 bei ihrem Grenzübertritt nach Argentinien entdeckt. Silvia sah man bereits an, dass sie zum dritten Mal schwanger war. Der Sonderbericht Nr. 2 des Polizeieinsatzkommandos 3.3 der ESMA besagt konkret: »Die gesamte Familie wurde gegen 17:15 Uhr im Grenzgebiet aufgegriffen.« Von der Grenze aus wurde die Familie direkt in das geheime Folterlager ESMA gebracht. Dort sah der Fotograf Víctor Basterra die Geschwister Marcelo und María de las Victorias über den Gang rennen, während die Eltern gefoltert wurden.

Einige Jahre später, als bereits die Demokratie wiederhergestellt worden war, berichteten Basterra und sein Freund Lordkipanidse, der ebenfalls überlebt hatte, vor Gericht von den Kindern damals und von einem überraschenden Besuch im Folterkeller der ESMA. An jenem Tag war ungewöhnlich viel passiert. Ein Wächter war auf sie zugekommen und hatte ihnen befohlen: »Sperrt euch im Labor ein und kommt auf gar keinen Fall raus.«

Lordkipanidse hörte nicht auf den Wächter. Er ging den Gang entlang und sah, wie Juan Alemann in Begleitung zweier Marineoffiziere die »Eierschachtel« betrat. Er schwor vor Gericht, dass er ebenso gesehen habe, wie Silvia Dameri und Orlando Ruiz dort hineingebracht wurden.

Schenkt mir einen Bruder!

Victoria war immer wütend auf ihre Mutter gewesen. Ende November 1980 hatte man das Mädchen neben einem großen schwarzen Hund auf der Treppe des Kinderheimes von Rosario gefunden, mit einem Zettel, auf dem geschrieben stand: »Ich heiße Victoria. Meine Mutter kann mich nicht großziehen. Gott segne Sie.« Mehr wusste Victoria lange Zeit nicht von ihrer Mutter.

Nachdem ihre Identität trotz einer Anzeige in den städtischen Zeitungen nicht geklärt werden konnte, wurde sie zur Adoption freigegeben. Bald sollte beinahe jeder in Fighiera, einem Dorf in der Region Gran Rosario, ihre Geschichte kennen. Humberto Torres war der einzige Arzt dort. Seine Frau Norma Butto half ihm, so gut sie konnte, in der viel besuchten, aber nicht besonders gewinnbringenden Praxis. Norma und Humberto standen bereits seit zehn Jahren auf der Adoptionswarteliste. Sie wollten möglichst kein Baby, weil sie sich selbst zu alt fühlten, um es von klein auf großzuziehen. Zwanzig Tage nach der Adoptionsfreigabe bestellte der Richter, der Victoria vorläufig bei sich in Rosario untergebracht hatte, das Ehepaar Torres zu sich.

Der Anblick des Mädchens brach den beiden fast das Herz. Sie hatte zerlumpte Kleidung und kaputte Schuhe an. Sie trug Windeln, und man konnte nicht verstehen, was sie sagte. Wenn sie gefragt wurde, was sie essen wolle, antwortete sie nur: »Nudeln«.

Die Frau des Richters stellte sie einander vor: »Das ist deine Mama, und das ist dein Papa.«

»Mama, Papa«, wiederholte Victoria und nannte sie von nun an immer so. Von Rosario aus fuhren Norma und Humberto direkt nach Fighiera. Als sie den Fluss Pavón überquerten, hielten sie kurz an, um die kaputten Schuhe des Mädchens ins Wasser zu werfen. Zehn Minuten später kauften sie ihr in Fighiera neue Kleidung.

Norma kümmerte sich in den folgenden Monaten fürsorglich um das Kind. Ihr Mann versuchte unterdessen zusammen mit einigen Spezialisten, das Alter von Victoria zu bestimmen. Die Röntgenbilder ließen darauf schließen, dass sie zwei, höchstens drei Jahre alt sein konnte. Sie legten den 17. Dezember, den Tag ihres Kennenlernens, als »Geburtstag« fest und berechneten ihr Geburtsjahr auf 1977. Um den vorgeblichen Willen der Mutter zu respektieren, gab man ihr keinen neuen Namen. Erst sehr viel später würde Victoria erfahren, dass sie mit vollem Namen María de las Victorias hieß.

Humberto unternahm auch noch andere Dinge, um etwas über die Identität von Victoria zu erfahren: Er brachte das Kind zum Krankenhaus und in verschiedene Gegenden von Rosario, da er dachte, ihre Familie könnte irgendwo in der Nähe leben und das Kind sich womöglich an etwas erinnern.

Jahre später stritt eine Mitschülerin sich mit Victoria: »Sei still, du bist nur ein beschissenes Adoptivkind.« Das Mädchen beleidigte sie mit aller Grausamkeit, die ein achtjähriges Kind aufzubringen vermochte. Die Wut darüber hielt tagelang an. Obwohl sie die Zuneigung ihrer Adoptivmutter genoss, war es sehr verletzend, zu wissen, dass ihre echte Mutter sie verlassen hatte.

»Du warst zwar nicht in meinem Bauch, aber ich liebe dich von ganzem Herzen.« Norma setzte das Mädchen auf ihren Schoß und streichelte ihr Haar. »Ich habe dich zu mir geholt, weil ich selbst keine Kinder bekommen konnte.« »Dann bist du meine Stiefmutter?« »Ich bin nun deine Mutter«, sagte Norma. Sie vermied schmerzhafte Details, die sie für ein so kleines Mädchen nicht geeignet fand.

Es kostete Norma auch in Folge viel Mühe, Victoria einige ihrer Ängste zu nehmen. Als sie einmal César Luis Menotti, den ehemaligen Trainer der argentinischen Fußballnationalmannschaft, im Fernsehen sah, begann sie unvermittelt zu weinen und zu schreien. Offenbar erinnerte er sie an jemanden, und sie versteckte sich unter dem Tisch. »Lasst nicht zu, dass er mich holt, er soll nicht kommen. Das ist *Tomy*, bitte, Mama, er soll mich nicht mitnehmen.« Das Ehepaar Torres wusste damals nicht, dass mindestens zwei Ärzte der ESMA diesen Spitznamen trugen. Beide hatten illegal bei Geburten assistiert. Einigen Augenzeugenberichten zufolge war einer der beiden dafür zuständig gewesen, festzustellen, ob die Gefangenen weiteren Folterungen standhalten würden.

Einmal erzählte Victoria, sie habe geträumt, am Fuß eines Bettes angekettet zu sein und dass es da einen sehr langen Gang und hohes Gras gab. Sie wurde in ihren Träumen auch von Männern in Stiefeln und vom Geräusch ihrer Absätze verfolgt. Sie konnte sich aber nicht an die Menschen erinnern, die diese Stiefel trugen. Sie sah nur ihre Beine.

»Victoria, was sollen wir dir schenken?«, fragten Norma und Humberto, um sie zu trösten.

»Einen Bruder.«

»Einen Bruder?«

»Ja, ich möchte, dass ihr einen älteren Bruder für mich adoptiert.«

Später, als Teenager, fing sie an, sich ihre Adoptionsdokumente genauer anzusehen, die sie als NN Victoria auswiesen. Sie fragte sich, wie eine Mutter ihre dreijährige Tochter verlassen konnte. Obwohl ihre Adoptiveltern ihr die Papiere zugänglich machten, wollte sie mit ihnen nicht über ihre Wut sprechen, auch nicht mit ihren Freundinnen.

»Ich kann verstehen, dass eine Mutter ihr neugeborenes Kind verlässt, weil sie vielleicht nach der Geburt unter Schock steht oder weil sie kein Geld hat. Aber ein dreijähriges Mädchen … Hatte sie es nicht lieb? Wenigstens ein bisschen müsste sie das Mädchen geliebt haben, und es müsste ihr doch schwergefallen sein, es zu verlassen. Also hat sie mich nicht geliebt, und wenn sie mich nicht geliebt hat, werde ich auch nicht nach ihr suchen.«

Mit achtzehn fing Victoria ein Lehramtsstudium an. Kurz vor ihrem Abschluss bereitete sie sich einmal mit ihrer Freundin Mónica zusammen auf eine Prüfung vor. Die beiden plauderten und lernten – in dieser Reihenfolge – bis zum Morgengrauen. Ihre Freundin, die viele Geschwister hatte und fünf Jahre älter war als sie, fragte:

»Hast du Geschwister?«

Victoria schaute sie an. Es war das erste Mal, dass eine Freundin dieses Thema ansprach.

»Das will ich nicht wissen. Ich wurde von meinen Eltern verlassen.«

»Ja, gut, aber wenn du Geschwister hättest, dann hätten die keine Schuld daran. Denk mal darüber nach. Deinem Geburtsdatum nach könntest du die Tochter von Verschwundenen sein.«

Victoria wusste nicht, was sie sagen sollte. Sie hatte nur eine vage Vorstellung davon, wer die *Desaparecidos,* die Verschwundenen aus der Zeit der Diktatur, waren. Kurz darauf fuhr sie zu ihrem »Onkel« und ihrer »Tante« nach Santa Fe und befragte »Tante« Nelba:

»Eine Freundin hat mir gesagt, dass ich vielleicht nicht von meinen Eltern ausgesetzt worden bin. Glaubst du, ich könnte die Tochter von Verschwundenen sein?«

»Vielleicht … Wer weiß? Ich habe die Anzeige aufbewahrt, die in der Zeitung erschienen ist, als du gefunden wurdest, und eine Mitteilung aus der Zeitung *Clarín* aus dem letzten Jahr.«

Die »Tante« durchsuchte die Schubladen und Ordner, aber sie fand nichts. Als sie die Suche schon aufgeben wollte, fiel eine andere, neuere Anzeige aus einem Buch.

»Das bin ich, das bin ich!«, rief Victoria, als sie das Foto eines Babys sah, das laut Text gesucht wurde. Sie las die Bildunterschrift »María de las Victorias«, und weinend rief sie nochmals: »Das bin ich!«

Sie war zweiundzwanzig Jahre alt.

»Onkel« Rafael kontaktierte sogleich die *Großmütter der Plaza de Mayo,* die Organisation HIJOS, in der sich die Nachkommen der Verschwundenen für ihren Kampf um Aufklärung und Gerechtigkeit zusammengeschlossen hatten, und sogar die Zeitung, in der die Anzeige erschienen war, während Victoria nach Hause zurückkehrte, um mit ihren Adoptiveltern über ihren Verdacht zu sprechen. Norma weinte, und Humberto sagte ihr seine volle Unterstützung zu: »Eigentlich ist ja deine ganze Identität erfunden, dein Geburtsdatum, dein Alter, vielleicht sogar dein Name. Aber wenn du nicht die Tochter von Verschwundenen bist, wenn du nicht das Mädchen auf dem Foto bist, was machen wir dann?«

Am nächsten Tag vereinbarten sie mit Estela Carlotto, der Vorsitzenden der *Großmütter der Plaza de Mayo,* dass sie nach Buenos Aires reisen würden, damit Victoria einen DNA-Test machen konnte und sie die Gelegenheit zu einem Gespräch bekämen. Nach der Blutentnahme im Hospital Durand gingen Victoria und ihr »Vater« zum Hauptsitz der *Großmütter.* »Sie war schlank und zierlich …«, las Estela Carlotto aus den Unterlagen vor. Sie betrachtete ein Bild im Ordner, das sie Victoria jedoch nicht zeigte. Dann schaute sie das Mädchen an und lächelte.

Da Victoria über den ganzen Themenkomplex kaum Bescheid wusste, las sie in den nächsten Wochen zahlreiche Bücher über die Zeit der Militärdiktatur. Ab und zu rief sie bei den *Großmüttern* an, wo man ihr immer wieder geduldig erklärte, dass sie keine Schlussfolgerungen ziehen könnten, solange die Ergebnisse des DNA-Tests nicht vorlägen. Es dauerte lange, bis sie ihren Freundinnen zu erzählen vermochte, was geschehen war. Dann fuhr sie zu ihrer »Großmutter« Balbina nach Santa Fe, um Urlaub zu machen. Sie war gerade im Schwimmbad und zog ihre Bahnen, als ihr »Cousin« aufgeregt herbeigelaufen kam: »Estela Carlotto ist am Telefon.«

Victorias Verdacht bestätigte sich. Die Tests waren positiv. Kaum hatte sie die Nachricht gehört, legte sie auf. Estela Carlotto rief nochmals an, weil sie dachte, die Verbindung sei unterbrochen worden. Sie vereinbarten ein weiteres Treffen in Buenos Aires. Dort würde auch Marcelo, ihr Bruder, sein.

»Weiß er schon Bescheid?«

»Ja.«

Eine glückliche Kindheit

Marcelo hatte schon immer leise die Wahrheit geahnt. Auch heute noch, als Erwachsener, erinnert er sich an jenen Tag im Dezember 1980, als er vor dem Kinderheim von Córdoba zurückgelassen wurde. Das Bild prägte sich dem Vierjährigen ein, und er vergaß es nie mehr. Willy, der in der ESMA und der Quinta Pacheco auf ihn aufgepasst hatte, fuhr ihn mit dem Auto hin. Ob noch jemand im Auto saß, weiß er nicht mehr. Von Willy hatte der Fotograf Víctor Basterra jenen Film bekommen, der die Kinder spielend auf der Quinta Pacheco zeigte.

»Bleib hier. Wir holen dich gleich wieder ab«, sagte Willy zu Marcelo, doch das Kind wusste genau, dass das nicht stimmte. Wie María de las Victorias wurde er mit einem Zettel ausgesetzt, auf dem eine angeblich von der Mutter verfasste Nachricht stand. Auch wenn er noch klein war, spürte Marcelo, dass seine Eltern nicht mehr da waren, dass sie entweder tot oder verschwunden waren. Allerdings vergaß der Junge mit der Zeit die Gesichter von Silvia und Orlando und auch die von allen anderen aus jener Zeit.

Bis heute hat er vage Erinnerungen daran, wie die Nonnen des Kinderheims ihn in das Haus holten und ihn duschten. Er weiß nicht mehr, wie viel Zeit er dort verbrachte, es kam ihm sehr lange vor. Nach seiner Ankunft in Córdoba sprach Marcelo nie über seine Eltern, aber er fragte immer wieder, wo seine Schwestern Vicky und Laura waren. Eines Tages rief der Leiter der Einrichtung bei seiner Schwägerin Yolanda an und schlug ihr vor, dass sie sich um das Kind kümmern sollte. Yolanda war kurz davor, sich scheiden zu lassen. Sie machte sich gemeinsam mit ihren fünfzehn und sechzehn Jahre alten Söhnen sogleich auf den Weg, um den Jungen kennenzulernen. Als sie Marcelo dann sahen, waren sich alle sofort einig, dass er Teil ihrer Familie werden sollte. So wurde er von der Familie Heinzmann adoptiert.

Marcelo hatte, wie er selbst sagt, eine glückliche Kindheit. Yolanda kümmerte sich um ihn, und seine neuen Brüder unterstützten ihn, als er schließlich von seiner leiblichen Familie gefunden wurde. Das Ganze war kein Drama für ihn, denn er hatte mit seiner Vergangenheit abgeschlossen und lebte sein neues Leben.

»Man darf immer nur die gute Seite des Lebens sehen, denn für die schlechte Seite hat man keine Zeit. Ich hatte viel Glück.« Das Einzige, was ihn gestört habe, so sagt er heute, waren die Unannehmlichkeiten seiner Identifikation. Als die *Großmütter der Plaza de Mayo* in Córdoba anfingen, nach einem bestimmten Kind zu suchen, war er im Grundschulalter. Eine der Großmütter war überzeugt, dass er ihr Enkel sei, und folgte ihm, um zu sehen, wie er lebte und wie die Familie ihn behandelte. Dann kam die Justiz ins Spiel: »Mir wurde ständig Blut abgenommen, und meine Mutter musste oft mit mir nach Buenos Aires. Ich verstehe immer noch nicht, warum die so viel Blut brauchten. Mich hat das total genervt, aber ich konnte ja nichts dagegen sagen.«

Dass er wegen seiner ungeklärten Identität das Land nicht verlassen durfte, empfand er auch nicht als besonders angenehm. Ansonsten kann er sich an nichts erinnern, denn er war zu jung, und man erzählte ihm auch nicht alles. Erst viel später, im Februar 1989, hatte Marcelo die Gewissheit, dass er nicht der Enkel jener Frau war, die ihn damals sogar zu Hause aufgesucht hatte, sondern Marcelo Ruiz Dameri. Damit wurde auch seine vage Erinnerung an zwei Schwestern bestätigt, die weiterhin als verschwunden galten.

María del Carmen Ruiz, eine seiner Tanten väterlicherseits, hatte als erste Anzeige erstattet und gemeinsam mit dem Rest der Familie 1982 begonnen, unermüdlich nach den Kindern zu suchen. Nachdem Marcelo als ein Ruiz identifiziert worden war, lernte er sehr bald seine Verwandten, Onkel, Tanten, Cousins und Cousinen sowie seine Großmutter väterlicherseits, Clementina Ruiz, kennen. Und er fragte sich, wie so häufig, wo wohl seine Schwestern waren. Er hatte sie nicht vergessen und würde sie auch nicht vergessen, obwohl er zugibt, sie nie gesucht zu haben. Er war davon überzeugt: Sollte das Schicksal es wollen, so würden sie eines Tages wieder zueinanderfinden.

»Ich habe nie richtig nach ihnen gesucht; aber nicht etwa, weil ich kein Interesse hatte, sondern weil ich an das Schicksal glaube. Man sollte sich keine falschen Hoffnungen machen. Es kann passieren, dass man dann irgendwann gegen eine Wand rennt.«

Konfrontationen

Anfang Januar 2000 bekam Marcelo einen Anruf seines Rechtsanwalts Elvio Zanotti, der ihn im Auftrag der *Großmütter der Plaza de Mayo* in Córdoba vertrat. Zanotti lud ihn auf einen Kaffee ein und eröffnete ihm, dass man seine Schwester María de las Victorias gefunden habe.

»Wo ist sie?«

»In Buenos Aires. Wir müssen am Freitag hinfahren.«

Nachdem Victoria ihrerseits in Santa Fe die Nachricht über ihren Bruder erhalten hatte, machte sie sich gleich auf den Weg nach Fighiera. Ihre Adoptiveltern wussten bereits Bescheid und warteten an der Endstation auf sie. Nach einem kurzen Gespräch mit ihnen ging sie mit ihren Freundinnen einkaufen. Für das erste Treffen mit ihrem Bruder, das am 7. Januar 2000 im Büro der *Großmütter* stattfinden sollte, wollte sie sich etwas Hübsches zum Anziehen kaufen. Eine Freundin glättete ihr am Abend vor ihrer Reise nach Buenos Aires die Haare, und damit ihr das Warten nicht so lange wurde, leisteten ihr die Freundinnen bis zum Morgengrauen Gesellschaft.

Marcelo dagegen bereitete sich nicht sonderlich auf das offizielle Treffen vor. Er erzählt, dass er nur etwas Wäsche zum Wechseln einpackte. Unmittelbar vor der Begegnung bereute Victoria plötzlich ihre Entscheidung.

»Papa, lass uns nach Hause gehen, bring mich nach Hause, ich möchte nicht dahin.«

»Beruhige dich, Schätzchen.«

»Nein, Papa, lass uns nach Hause gehen.«

»Nein, jetzt sind wir schon hier, jetzt bleiben wir auch.«

Marcelo war noch nicht da. Sie setzten sich und warteten. Victoria rauchte. Alle Blicke waren auf sie gerichtet.

Mit ein wenig Verspätung betrat Marcelo den Raum. Er hatte eine Sonnenbrille auf und wirkte auf Victoria selbstbewusst, »cool und hübsch«.

»Ich wäre fast gestorben«, erzählt sie heute.

»Als ich sie sah, empfand ich keine Angst, sondern etwas ganz Seltsames ... Und außerdem schämte ich mich, weil in dem Raum viele Leute waren und ich außer zwei, drei Personen niemanden kannte. Alle sahen mich an«, erinnert er sich.

Die beiden waren einander ähnlich. Marcelo ging um den Tisch herum, an dem Victoria saß, begrüßte sie und gab ihr einen Kuss auf die Wange. »Als ich ihre Hand nahm, hatte ich ein merkwürdiges Gefühl. Ich kann es nicht erklären, aber ich fühlte, dass sie meine Schwester war«, sagt Marcelo heute noch gerührt.

Beiden war die Situation unangenehm. Marcelo schlug seiner Schwester vor, im nahegelegenen Einkaufszentrum etwas trinken zu gehen. Dort las er ihr einen Brief vor, den ihre Mutter am Tag ihrer Geburt im Krankenhaus Pourtalès geschrieben hatte, um ihre Gefühle und die Einzelheiten der Geburt festzuhalten. Ein Familienangehöriger hatte ihn für die beiden gemeinsam mit vielen Fotos aufbewahrt, die Marcelo ihr ebenfalls gab.

»Ich habe nie gewusst, wer ich war, und genau in diesem Moment, als mein Bruder den Brief zu Ende gelesen hatte, habe ich es dann erfahren. Es war sehr hart, die vielen Dinge auf einmal zu verarbeiten, dass ich einen Bruder und eine Schwester habe und dass ich geliebt worden bin ... Denn der Brief meiner Mutter war voller Liebe ... Ich erfuhr auch, wann und wo ich geboren wurde – am 25. März 1978 in der Schweiz –, wie viel ich bei der Geburt gewogen habe und wie groß ich gewesen bin.«

Sie erfuhr außerdem, dass ihre Mutter sie nicht verlassen hatte

Victoria und Marcelo im Februar 2008 in Córdoba, einen Tag vor Marcelos Hochzeit

und dass Onkel, Tanten und ihre Großeltern sie während all der Jahre verzweifelt gesucht hatten. Unter den Fotos, die Marcelo ihr gab, befand sich eines, auf dem ihre Mutter an einem steinigen Strand sitzend zu sehen ist. Victoria glaubte, dass es sich bei dem Gewässer im Hintergrund um den Nahuel Huapi-See im Süden Argentiniens handelte. Ihre Mutter schaute auf diesem Foto Richtung Horizont, sie wirkte im Vergleich zu anderen Bildern kräftiger.

Als die Geschwister in das Büro der *Großmütter* zurückkehrten, lud Humberto Torres, Victorias Adoptivvater, Marcelo herzlich ein, sie in Fighiera zu besuchen. Der nahm die Einladung gerne an und blieb einen ganzen Monat bei seiner Schwester. Danach nahm er sie mit zu sich nach Hause nach Córdoba und stellte ihr seine Adoptivfamilie vor. Später reisten sie zusammen nach San Carlos de Bariloche, um ihre dort lebende Großmutter väterlicherseits und eine Tante kennenzulernen. Als Victoria und ihre Großmutter sich trafen, weinten beide. Sie mochten sich auf Anhieb, es war, als ob sie sich schon immer gekannt hätten.

Marcelo genügt heute das, was er weiß. Victoria dagegen wollte sich von Anfang an näher mit der Vergangenheit beschäftigen. Sie gibt zu, dass sie immer noch ein unersättliches Bedürfnis nach Aufklärung und Informationen hat und wie sehr sie sich danach sehnt, dass ihre Wunden endlich heilen. Sie würde keine Ruhe finden, bis sie nicht ihre jüngere Schwester Laura gefunden hätte. Manchmal verlässt sie bei ihren Nachforschungen die Kraft. So hatte sie noch nicht den Mut, Falaschi kennenzulernen, jenen Freund ihrer Eltern, der diese während ihres Exils in Brasilien empfangen und ihnen später geholfen hatte, sich in der Schweiz niederzulassen. Falaschi seinerseits hatte nie aufgehört, die Kinder zu suchen, und als er erfuhr, dass Marcelo gefunden worden war, schrieb er all seine Erinnerungen über die Kinder und ihre Eltern nieder und schickte Marcelo diesen Text.

Als auch Victoria identifiziert worden war, erhielt sie eine Kopie dieses Textes. Mit Falaschi sprach sie aber lediglich am Telefon, genauso wie mit einigen weiteren Zeugen, denen sie dabei gestand, dass ihr der Mut fehle, um sie persönlich zu treffen.

Mitten in der Nacht holte das Klingeln des Telefons den Fotografen Víctor Basterra aus dem Schlaf.

»Hier ist Victoria.«

»Victoria?«

»María de las Victorias Ruiz.«

Zwanzig Jahre, nachdem er das Mädchen zuletzt gesehen hatte, überlief ihn wieder jener Schauder. In dieser Nacht sprachen sie eine ganze Weile miteinander, wobei beide sehr aufgeregt waren.

Über die Erzählungen von Falaschi und Basterra hinaus bekam Victoria dank des Materials, das sie im Archiv der *Großmütter* erhielt, weitere Informationen über ihre Eltern. Es handelte sich um Dokumente und Beweisstücke, die für jedes wiedergefundene Kind individuell zusammengestellt werden, darunter digitalisierte Fotos und Interviews mit Verwandten und Bekannten der Verschwundenen.

»Es hat mir gutgetan, auch normale Dinge über meine Eltern zu erfahren, beispielsweise, dass meine Mutter gerne Tango tanzte. Anfangs konnte ich nicht begreifen, warum sie sich solchen Gefahren aussetzten. Ich litt sehr unter der Vorstellung, dass meine Eltern Menschen getötet haben könnten. Deshalb half es mir, wenn man mir etwas über die beiden erzählte. Über meinen Vater erfuhr ich auch sehr viel Gutes, aber er hat mir nie gefehlt.«

»Warst du nicht böse auf ihn?«

»Ich weiß nicht warum, aber ich war immer nur auf meine Mutter böse. Damals gab ich immer ihr die Schuld für das, was mir zugestoßen war. Zunächst einmal, weil ich dachte, dass meine Mutter mich ausgesetzt hatte. Ich hasste sie, empfand Ablehnung und Schmerz. Heute, nachdem viel Zeit vergangen ist, fühle ich das Gegenteil. Ich kann mittlerweile ihren Kampf nachvollziehen, ich kann verstehen, dass es andere Zeiten waren. Das Land befand sich in einer anderen Lage. Aus heutiger Sicht sind meine Eltern für mich sehr tapfere Menschen. Ich würde meine Kinder wahrscheinlich nicht alleine lassen, um kämpfen zu gehen ... Aber wenn ich damals an ihrer Stelle gewesen wäre ...«

Victoria Torres erfuhr in wenigen Tagen die Wahrheit, die ihr während ihres gesamten Lebens zuvor gefehlt hatte. Dennoch wollte sie auf keinen Fall ihren Namen und Nachnamen ändern, auch wenn sie sich manchmal mit María de las Victorias Ruiz Dameri vorstellt, andere Male mit María de las Victorias Torres Ruiz. Auch Marcelo behielt die von seinen Adoptiveltern festgelegten persönlichen Daten.

Am 13. Mai 2003 kam Victorias Tochter Constanza zur Welt, am 24. April 2007 ihre Tochter Paloma. »Endlich habe ich etwas, das mir gehört, von Anfang an«, sagt Victoria. Beide sind ihr sehr ähnlich – wie Victoria ihrer eigenen Mutter.

Während unseres Gesprächs holt sie ein Foto aus ihrem Portemonnaie, auf dem das melancholische Gesicht ihrer Mutter zu sehen ist. Auf der Rückseite des Fotos befindet sich eine Nachricht, die Silvia selbst geschrieben hatte: »Für meine Kleinen, Schönen, die ich sehr liebe und vermisse.« Mittlerweile weiß Victoria, dass dieses Foto nicht am Nahuel Huapi-See im Süden Argentiniens aufgenommen wurde, sondern am Strand im Libanon, während einer Trainingspause.

»Ich werde auf sie warten!«

Drei Jahre, nachdem sie ihre Identität wiedererlangt und ihre eigene Geschichte erfahren hatte, bekam Victoria die Nachricht, dass möglicherweise ihre Schwester gefunden worden sei. Die junge Frau verweigerte jedoch einen DNA-Test. Das Gerichtsverfahren war langwierig, im Jahr 2008 konnte schließlich über alternative Methoden – das heißt, nicht anhand von Blutproben, sondern anhand von genetischem Material, das von Gegenständen des alltäglichen Gebrauchs der betreffenden Person stammt – eine Untersuchung durchgeführt werden. Am 26. Mai 2008 wurden die beteiligten Parteien über das Ergebnis benachrichtigt.

Es sorgte für Gewissheit: Laura Ruiz Dameri war unter dem Namen Carla als Tochter des ehemaligen Polizeipräfekten Juan Antonio Azic – in der ESMA bekannt als der schreckliche *Piraña* – aufgewachsen. Er hatte wegen seiner Verbrechen bereits im Jahr 2003 eine richterliche Vorladung bekommen und danach versucht, sich das Leben zu nehmen. Seitdem befindet er sich in einer psychiatrischen Klinik. Er wird in Argentinien gerichtlich belangt wegen begangener Entführungen und Folterungen in der ESMA sowie wegen der illegalen Adoption zweier kleiner Mädchen, die in Gefangenschaft geboren wurden: Laura Ruiz Dameri und Victoria Donda Pérez.

Am 27. Mai trafen sich die beteiligten Parteien auf Vorladung bei der zuständigen Richterin. Laura hörte sich die Ausführungen an, vermied jedoch jeglichen Blickkontakt mit ihrer Schwester. Victoria wünschte sich dagegen sehnlichst und von ganzem Herzen, dass ihre Schwester Laura ihr erlauben würde, sie kennenzulernen. »Ich werde auf sie warten, egal wie lange es dauert«, erklärte sie, überwältigt von der Ähnlichkeit der jungen Frau mit ihrer Mutter und sogar mit einer ihrer eigenen Töchter.

An jenem Dienstag, kurz bevor sich in Buenos Aires die Schwestern Ruiz Dameri zum ersten Mal gegenüberstanden, wurde ihr Bruder Marcelo in Córdoba Vater einer Tochter. Als Victoria ihn anrief, erzählte sie ihm von dem Treffen und wie verschlossen Laura erschien. »Du musst ihr Zeit lassen, versetz dich in ihre Lage«, meinte auch Marcelo. »Sie hat das alles erst mit 28 Jahren erfahren, sie braucht Zeit.«

Victoria klammert sich an diese Hoffnung, und trotz der Zurückweisung spürt sie genau, dass die Menschen, die meinten, die Geschwister für immer trennen zu können, gescheitert sind. Denn jetzt kennen alle drei die Wahrheit.

Das Herz lässt sich nicht zwingen

Die politische Aktivistin Sara Méndez aus Uruguay kämpft, um ihren Sohn Simón (Aníbal) in Argentinien wiederzufinden, der gar nicht so gern gefunden werden möchte

Der Unantastbare

Er ließ seine Wut zuerst an der Trommel und danach am Tamburin aus. Nach und nach spürte er, wie sich sein Körper entspannte, er ließ sich von den Rhythmen treiben. Durch seine Adern floss uruguayisches Blut, daran bestand nicht der geringste Zweifel. Was er allerdings nicht wusste, war, ob durch seine Adern auch das Blut von Sara Méndez floss. Er weigerte sich strikt, auch nur daran zu denken, dass sie seine Mutter sein könnte. Sie hingegen war fest davon überzeugt. Und sie war nicht die Einzige, die das glaubte. Irgendjemand rief sogar bei ihm zu Hause an und jagte seiner Familie Angst ein. Daran erinnerte er sich seit seiner Kindheit: an das Klingeln des Telefons, an seine ihm vertraute Mutter, wie sie den Hörer abnahm und nach dem Auflegen weinte: »Sie werden ihn mir wegnehmen.«

Wie wild trommelte er auf das Instrument ein, jedes Mal, wenn er sich daran erinnerte. Die Musik berauschte ihn, beim Spielen fühlte er sich mächtig, unantastbar. Genauso wie an jenem Tag, an dem er sich dazu entschloss, vor Gericht zu gehen und sich dieser Frau ohne jeglichen juristischen Beistand zu stellen. Die Frau, die einklagte, seine Mutter zu sein, war aktives Mitglied einer linken Gruppierung und eine Kämpferin für die Menschenrechte: Sara Méndez. Ihr Name hat bis heute in Uruguay eine besondere Bedeutung. 1981 war sie aus der Militärhaft entlassen worden.

Den jungen Mann schüchterte ihre Bekanntheit überhaupt nicht ein. Er beharrte stur auf seiner Position und verweigerte den DNA-Test, wie es schon seine Adoptiveltern getan hatten, als er noch ein kleiner Junge war. Später, als er älter wurde, erfuhr Geraldo die ganze Geschichte unvermeidlicherweise aus den Zeitungen, dem Fernsehen und aus Briefen, die er und seine Adoptivfamilie von Sara Méndez und Mauricio Gatti, seinem angeblichen Vater, erhielten.

Stärker als jede Angst

Kaum hatte sie im Mai 1981 ihre Freiheit wiedererlangt, begann Sara Méndez die kräftezehrende Suche nach ihrem Sohn Simón. Mauricio, der Vater, befand sich zu dieser Zeit in Spanien im Exil. Simón würde bald seinen fünften Geburtstag feiern bei Menschen, die nicht seine leiblichen Eltern waren.

Im April 1973 war die damals neunundzwanzigjährige Sara nach Argentinien ins Exil gegangen, weil uruguayische Militärs und Polizeibeamte die Festnahme zahlreicher Oppositioneller wie sie gefordert hatten. Sie war Lehrerin und hatte sich im politischen Widerstand und in der Anarchistischen Föderation Uruguays (FAU) engagiert, inspiriert von den Idealen der kubanischen Revolution, von Che Guevara und der Dritte-Welt-Bewegung. Zwischen Aktivismus und Kampf verliebte sie sich unsterblich in Mauricio, den Bruder von Gerardo Gatti, dem damaligen Anführer der *Resistencia Obrero Estudiantil* (ROE), einer Widerstandsorganisation der Arbeiter und Studenten.

Während sie im Untergrund in Buenos Aires lebten, wurde Sara schwanger mit Simón. Im Juni 1976, kurz vor der Entbindung, erfuhr sie von der Ankunft einer Gruppe uruguayischer Militärs und Paramilitärs in der Stadt. Zusammen mit María del Pilar Nores, einer Mitstreiterin, versteckte sie sich in einem Zimmer, das von der ROE als Wohn- und Arbeitsraum und zu Versammlungszwecken gemietet worden war. Sie fühlte sich sicher und dachte, dass ihr riesiger Bauch sie vor jeglichen Verdächtigungen schützen würde – bis sie eines Tages heimkam und eine Notiz ihrer Kameradin fand, in der stand, man habe sie beide zur Post bestellt, wo sie ein Postfach gemietet hatten. Diese Verabredung schien Sara eine Falle zu sein. Ihre Ängste wurden bestätigt, als María del Pilar nicht wieder auftauchte. Auch von ihrem Schwager Gerardo Gatti hörte sie nichts. Am 9. Juni meldete sie ihn als vermisst. Es bestand kein Zweifel: Die erste Entführungsserie von Uruguayern hatte begonnen, nur wenige Tage, nachdem Uruguays Regierungschef Juan Carlos Blanco mit seinem argentinischen Amtskollegen ein Gespräch in Buenos Aires geführt hatte. Die »Operation Condor« kam in Gang: Ab sofort kooperierten die militärischen Streitkräfte Argentiniens, Chiles, Paraguays und Uruguays eng miteinander.

Sara, Mauricio und ihre verbliebenen Mitstreiter räumten schnellstmöglich die Wohnung. Sie versteckten sich einige Nächte lang in Hotels, bis sie schließlich ein Haus im Stadtviertel Núñez mieten konnten. Dort zogen Sara, Mauricio und eine uruguayische Kameradin ein, die Sara bei der Geburt beistehen sollte.

Bei der übereilten Flucht hatte Sara fast ihre gesamte Kleidung und sogar die medizinischen Unterlagen ihrer Schwangerschaft vergessen. Sie bat die Organisation um neue Papiere, laut denen sie nun Stella Maris Riquelo hieß. Unter diesem Namen ließ sie sich Ende Juni, als die Wehen einsetzten, in der Klinik Bazterrica aufnehmen. Glücklich und gerührt, wie sie später in Briefen an Gerardo, den Onkel des Kindes, schreiben sollte, ließ sie ihren neugeborenen Sohn als Simón Antonio Riquelo eintragen, obwohl er in Wirklichkeit Simón Gatti Méndez hätte heißen müssen.

Sara hatte eine natürliche Entbindung erleben dürfen, sogar das ganze Zimmer war voll Blumen, wie bei jeder anderen Mutter unter normalen Bedingungen auch. Der Zauber des Glücks dauerte jedoch nur knapp einen Tag. Aus Sicherheitsgründen bat sie um vorzeitige Entlassung und kehrte mit dem Neugeborenen in ihr neues Zuhause zurück.

Simón weinte in den ersten Tagen seines Lebens kaum, und so blieb er Sara auch immer in Erinnerung. Winzig klein und wehrlos, lebte er friedlich in jener besonderen Welt, die Babys mit ihren Müttern teilen, als würde alles mit den Blicken zwischen ihnen seinen Anfang und auch sein Ende nehmen. Simón schlief und trank und schlief und bekam dabei nichts von der nervösen Unruhe im Haus mit, wo man in erster Linie von gefallenen Kampfgenossen sprach und davon, wie man sich selbst am besten schützen könnte.

In jener Zeit waren die politischen Überzeugungen stärker als jede Angst. Das uruguayische Militär forderte ein Lösegeld für die Freilassung von Gerardo Gatti, Simóns Onkel, das seine Kampfgenossen jedoch nicht akzeptierten. Sie waren davon überzeugt, dass man ihren Anführer niemals freilassen würde, auch nicht gegen Bezahlung. Während Mauricio aktiv bei den Verhandlungen mitwirkte, die letztendlich scheiterten, war Sara einerseits um Gerardo besorgt, andererseits von ihrem kleinen Sohn vollkommen in den Bann gezogen.

In der Nacht des 13. Juli stürmte ein Einsatzkommando das Haus.

Ein Dutzend Männer in Zivilkleidung, von denen einige mit uruguayischem Akzent sprachen, fiel über die beiden Frauen her, die allein mit Simón im Haus waren. Die Männer schrien herum, schlugen wütend und voller Hass auf die Frauen ein und fragten nach Waffen, nach Mauricio und nach Informationen über die Organisation. Sie fanden ein Foto von Gerardo Gatti, das die Entführer als Lebensbeweis geschickt hatten. Daraufhin demolierten sie Möbel, zerrissen Matratzen und Plakate und zertrümmerten selbst das Körbchen von Simón. Der uruguayische Anführer stellte sich formell als José Gavazzo vor. *El Jovato*, wie man ihn auch nannte, war noch jung, hatte aber einen Blick, der einem das Blut in den Adern gefrieren ließ. Den Namen seines Begleiters erfuhr Sara nicht, sie konnte ihn jedoch später identifizieren, denn wie alle anderen auch war er unvermummt. Es war Aníbal Gordon, Mitglied des argentinischen Geheimdienstes (SIDE) und vermutlich Leiter der rechtsextremen Vereinigung *Triple A*.

»Nimm das Kind!«, schrie Gordon Sara an, während er selbst einem Plüschbären gewaltsam den Kopf abriss. Für Sara waren dies die letzten Minuten mit ihrem Sohn – das sollte sie später immer wieder erzählen. Gavazzo sagte ihr, sie solle das Kind wieder loslassen, ihm würde nichts geschehen:

»Diesen Kampf führen wir nicht gegen Kinder.«

In jenem Moment wollte Sara glauben, was der Kommandant sagte. Sie schlugen wieder auf sie ein und rissen ihr Simón aus den Armen. Ihre Nase blutete, die Schläfen pochten und ihre mit Milch gefüllten Brüste schmerzten. Sie wollte einfach glauben, dass Mauricio später kommen und ihren Sohn finden würde. Das dachte sie immer noch, während man ihr Füße und Hände fesselte und ihr eine Plastiktüte über den Kopf stülpte. Das dachte sie auch an den folgenden dreizehn Tagen, in jenen Momenten, in denen sie überhaupt Kraft zum Denken hatte, zwischen Folter und Folter im Gebäude der *Automotores Orletti*, einer ehemaligen Autowerkstatt, die als ein geheimes Folterzentrum genutzt wurde und den Geheimdiensten der Nachbarländer als Stützpunkt in Argentinien diente.

Es war für Sara schier unmöglich, an etwas anderes zu denken als an das eigene Überleben, während fremde Hände ihren Kopf unter Wasser drückten, bis sie keine Luft mehr bekam und beinahe das Bewusstsein verlor. Sie hielt dieser sogenannten »U-Boot-Methode«, den Prügeln und den Stromschlägen stand und überlebte. Man überführte sie schließlich nach Uruguay. Fünf Jahre nach ihrer Verhaftung kam Sara frei und setzte trotz anhaltender Überwachung all ihre Kraft daran, Simón wiederzufinden. Sie lehnte sogar Mauricios Vorschlag ab, mit ihm nach Spanien ins Exil zu gehen. Mehrmals umging sie die Grenzkontrollen und setzte ihr Leben aufs Spiel, um nach Buenos Aires zu reisen. Sie traf sich mit Vertretern von Menschenrechtsorganisationen und durchforstete die Archive der *Großmütter der Plaza de Mayo*, auf der Suche nach Zeugen, die die Adoptivfamilie von Simón kennen könnten.

Im festen Glauben, man habe den Kleinen ausgesetzt, suchte sie unermüdlich alle Krankenhäuser, Kinderheime und Kliniken ab. Sie beobachtete sogar einige Jungen, die bereits als Kinder von Verschwundenen identifiziert worden waren und Simón hätten sein können. Ihr Sohn hatte als Baby wie sein Vater helle Haut und rotblondes Haar gehabt.

Eines Tages nahm Chicha Mariani, eine der Gründerinnen der *Großmütter*, Sara spontan mit zu sich nach Hause. Sie knieten zusammen auf einem Flecken Erde im Hinterhof nieder, wo Chicha einige Dutzend kleiner Blechdosen vergraben hatte. Chicha erinnerte sich an eine Frau, die bei einer Demonstration auf der Plaza de Mayo zu ihr gekommen war und ihr von einem adoptierten Jungen mit rotem Haar erzählt hatte. Wie alle anderen Informationen, die sie damals während der Militärdiktatur erhielt, hatte Chicha auch diese aufgeschrieben und das Papier in einer Dose in der Erde versteckt, aber nun konnte sie sie nicht mehr wiederfinden. Zusammen mit Sara grub Chicha all ihre Schätze aus. Als sie fertig waren, war die gesamte Fläche umgegraben, doch das gesuchte Döschen nicht zum Vorschein gekommen.

Eine falsche Spur

Eines Tages erhielt Sara Informationen über einen Jungen namens Gerardo, der in Uruguay möglicherweise illegal von einer Familie namens Vázquez adoptiert worden sei. Seine Familie konnte nicht glaubhaft erklären, wie die Adoption zustande gekommen war. Sara erhielt einen Brief ohne Absender. Sie öffnete ihn, betrachtete das

Mit einem Foto von Simón kurz nach dessen Geburt (vorn auf dem Plakat) suchte ihn seine Mutter 26 Jahre lang. Kundgebung der *Großmütter der Plaza de Mayo* in den 1980er Jahren.

Foto, das Unbekannte geschickt hatten, und war sich sicher, dass ihre Suche ein Ende und sie Simón gefunden hatte. Auf dem Foto war unter anderem auch Oberst Juan Antonio Rodríguez Buratti zu sehen, Ehemann der Cousine von Gerardos Adoptivmutter. Sein Name sagte ihr nichts, aber sein Gesicht sprach für sich: Er war einer der Männer, die bei ihrer Verhaftung dabei gewesen waren. Geschockt nahm Sara sofort Kontakt zu anderen Überlebenden auf. Sie zeigte ihnen das Foto. Niemand hatte Zweifel daran, dass es sich um den Offizier handeln musste, dem Major Gavazzo ausdrücklich die Verantwortung für Simóns Schicksal übertragen hatte, während Sara verhaftet wurde. Alle Puzzleteile passten perfekt zusammen.

Die Familie Vázquez jedoch verweigerte die Aufklärung, und auch der Oberste Gerichtshof Uruguays untersagte Sara jegliche Schritte, die Wahrheit über Gerardo herauszufinden und zu überprüfen, ob er ihr Kind sei. Die Parteien lagen daraufhin fünfzehn Jahre lang im Streit. Zusammen mit den fünf Jahren, die Sara in Gefangenschaft gewesen war, verbrachte sie zwanzig Jahre lang ohne ihren Sohn. Und Gerardo wollte, dass es so blieb. In den Zeitungen wurde Sara als eine liebende Mutter beschrieben, die ihren Sohn zweiundzwanzig Tage lang gestillt, warm gehalten und für ihn in schlaflosen Nächten gesorgt hatte. Diese Mutter, die gegen ihren Willen von ihrem Sohn getrennt worden war, flehte ihn nun an, dem DNA-Test zuzustimmen.

Zu einem Wendepunkt in der Geschichte kam es erst im Jahr 2000, als sich der damalige uruguayische Präsident Jorge Batlle einschaltete und den jungen Mann überredete, die Blutuntersuchung freiwillig durchführen zu lassen. Gerardo gab schließlich nach und verkündete öffentlich, dass er sich nichts sehnlicher wünsche als ein negatives Ergebnis: »Dann hören sie endlich auf, mir auf die Nerven zu gehen.«

Am 26. Mai 2000 klingelte Saras Telefon. Die Blutprobe, die ein Bevollmächtigter des Gerichts Gerardo in Uruguay abgenommen hatte, war im Hospital Durand in Buenos Aires untersucht worden. Nun meldete sich der uruguayische Präsident höchstpersönlich. Er hielt das Ergebnis der Genanalyse in seinen Händen: »Es tut mir leid, er ist nicht Simón.«

Sara hatte nicht die Kraft zu antworten, sie war unglaublich wütend auf die Justiz und die Politik ihres Vaterlandes. Sie hatte so viele Jahre und so viel Energie verloren. Wo nur war Simón?

Kurze Zeit später bestellte Carlos Ramela, der Berater des Präsidenten, Sara zu sich und verkündete ihr eine weitere schreckliche Nachricht. Die Friedenskommission, deren Aufgabe es war, Hinweisen auf Verschwundene nachzugehen, hatte angeblich herausgefunden, dass Simón am Eingang einer Klinik in Buenos Aires ausgesetzt worden und wenige Tage später gestorben sei.

Es war, als hätte man Sara den Boden unter den Füßen weggezogen. Sie fühlte sich schlechter behandelt als in allen Foltersitzungen. Einmal mehr wurde aus der sanften kleinen Frau eine wütende Furie, die dem Präsidentenberater ins Gesicht schrie, dass sie eine derart abwegige Version der Geschichte auf keinen Fall akzeptieren würde. Und das tat sie auch nicht.

In der kältesten Nacht des Jahres

Mit einer Hand stieß Parodi die Tür der Bar auf, mit der anderen presste er die Ausgabe der Tageszeitung *Clarín* an sich, die er unter dem Arm trug. Draußen war es sehr heiß, drinnen zu kalt. Er kam pünktlich, wie er es versprochen hatte. Ihre Blicke trafen sich, und sie erkannten sich.

Er selbst kam allein. Der andere wurde von einer hübschen Frau begleitet, die noch keine dreißig Jahre alt war. »Was zum Teufel will er von mir?«, fragte Parodi sich immer wieder. Er hatte nicht gezögert, ein Treffen zu vereinbaren, als er den Anruf erhalten hatte. Das Amt und die Herkunft des Sprechers hatten ihn beeindruckt, noch nie, nicht einmal in seiner Zeit im Dienst, war Osvaldo Armando Parodi, ein ehemaliger Polizist, von einem Politiker persönlich angerufen worden.

Es war der uruguayische Senator Rafael Michelini, der ihn gebeten hatte, die Tageszeitung als Erkennungsmerkmal mitzubringen. Die Begleiterin des Senators hatte sich über ihn lustig gemacht. »Weißt du, wie viele Leute in Buenos Aires mit dem *Clarín* unter dem Arm herumlaufen?«, hatte sie ihn gefragt. Und da saßen sich die drei nun gegenüber und schauten sich an, ohne zu ahnen, was der eine vom anderen wusste oder wollte. Es war der letzte Februartag des Jahres 2002, und in Buenos Aires war es brütend heiß. Michelini machte schließlich den Anfang: »Es gibt immer einen, der seine Taten bereut.«

Er erzählte Parodi davon, dass der uruguayische Journalist Roger Rodríguez einen der früheren Folterknechte interviewt habe, der im Lager *Automotores Orletti* sein Unwesen getrieben hatte. Dort arbeiteten in der Militärzeit Agenten des argentinischen Geheimdienstes (SIDE) und der uruguayischen Organisation zur Koordinierung der Maßnahmen gegen Aufständische (OCOA) zusammen. Der Reumütige war bereit, einige Geheimnisse preiszugeben.

Michelini hatte über Rodríguez Kontakt zu ihm aufgenommen, weil er Informationen über den Mord an seinem eigenen Vater suchte. Der Informant redete zwar viel, offenbarte jedoch nichts Neues zu diesem Fall. »Ich weiß aber, was mit dem Kind von Sara Méndez passiert ist. In der Nacht, als seine Mutter entführt wurde, wurde der Säugling am Eingang eines Krankenhauses abgelegt.«

Michelini wusste nicht, ob er das glauben sollte oder nicht. Warum zeigte sich jemand, der einmal gefoltert und getötet hatte, plötzlich so kooperationsbereit? Vorsichtshalber teilten er und Rodríguez die Angaben des Reumütigen der uruguayischen Friedenskommission mit, die mit ihren Nachforschungen jedoch nicht weiterkam. Sie sprachen auch mit Sara Méndez, die sich keine falschen Hoffnungen mehr machen wollte, aber dennoch jeder Spur nachging. Michelini erzählte Parodi, dass die Geschichte von Sara Méndez in ganz Uruguay bekannt und Simón eine nationale Angelegenheit sei. »Sara sucht Simón. Wir alle suchen Simón«, lautete die Parole in allen Medien damals.

Parodi erklärte dem Senator im Gegenzug, dass er keine Ahnung habe, wer Sara Méndez sei und nichts über ihre über zwanzig Jahre dauernde Suche wisse. Er hatte noch nie gehört, dass diese Uruguayerin die Einzige von drei überlebenden Müttern aus dem aktiven Widerstand gegen die letzte Diktatur war, die ihr Kind nicht wiedergefunden hatte. »Am 22. Juni letzten Jahres«, fuhr Michelini fort, »dem Tag, an dem Simón fünfundzwanzig Jahre alt geworden ist, wurden Demonstrationen für Simón organisiert, und die Trommeln im ganzen Land erklangen, um diejenigen aufzurütteln, die vielleicht etwas über Saras Kind wissen. Sara hat sich unterdessen auf den Weg nach Europa gemacht und dort erreicht, dass fünfzehn EU-Abgeordnete ihre Suche unterstützen.«

Parodis Schweigen ermunterte Michelini, mit seinen Schilderungen fortzufahren. Als Polizist erinnere Parodi sich doch bestimmt daran, wie das uruguayische Militär im März 1975 an die Macht gekommen sei. Bereits einige Zeit zuvor, im April 1973, hatten die Streitkräfte und Polizeibehörden Uruguays Sara Méndez' Festnahme gefordert. Michelini erzählte ihm von Saras Exil, ihrem politischen Engagement und ihrer Liebe zu Mauricio Gatti.

»Der reumütige Täter«, nahm der Senator die Geschichte von Simón wieder auf, »war an der Entführung von Sara und ihrem Sohn beteiligt und wusste daher, dass Simón am Eingang eines Krankenhauses ausgesetzt worden ist. Er trug warme Kleidung und lag in einem Körbchen.«

»Und was habe ich damit zu tun?«, meldete sich Parodi erstmals wieder zu Wort.

Michelini wurde deutlicher in seiner Erzählung. Obwohl er an den Aussagen des »reumütigen« Täters zweifelte, hatte er beschlossen, der Spur auf eigene Faust nachzugehen, und seine Assistentin, die Frau, die ihn auch jetzt begleitete, gebeten, ihm einige Informationen zu beschaffen, zum Beispiel über das Polizeirevier, unter dessen Zuständigkeit 1976 das Krankenhaus fiel, sowie die Namen der dortigen Leiter ausfindig zu machen. Es bedurfte monatelanger komplizierter Nachforschungen, bis sie schließlich die Namen von Kommissar Matone und zwei Unterkommissaren in Erfahrung bringen konnte, die damals im Bezirk 33 Dienst hatten. Die weiteren Nachforschungen führte Michelini selbst fort. Er bat telefonisch um Geburtsurkunden von Jungen, die mit einem der drei Nachnamen zwischen Juni und Juli 1976 offiziell eingetragen worden waren, und wandte sich an die staatliche Meldebehörde und das argentinische Wählerregister. Letztendlich war es jedoch viel einfacher als erwartet, denn die ehemaligen Polizisten standen im Telefonbuch: darunter auch Parodi.

»Und was kann ich nun für Sie tun?«, fragte ihn Parodi.

»Vielleicht können Sie uns helfen. Haben Sie während Ihres Dienstes im Kommissariat im Bezirk 33 je eine Meldung über einen ausgesetzten Säugling mitbekommen? Hat einer Ihrer Kollegen so etwas womöglich erwähnt?«

»Nein, nein. Ich darf nichts über meine Kollegen sagen, auch nicht über die Institution.«

»Bitte, versuchen Sie sich zu erinnern. Hier geht es um eine menschliche Tragödie, eine Mutter sucht ihren Sohn.«

Es war jedoch offensichtlich, dass der ehemalige Polizist nicht kooperieren wollte oder konnte. Michelini bat gerade um die Rechnung, als Parodi sich noch einmal eine Zigarette anzündete und mit monotoner Stimme überraschend zu sprechen begann.

»Es war die kälteste Nacht des Jahres. Suchen Sie nicht weiter, dieser Junge ist mein Sohn.«

Michelini traute seinen Ohren nicht und hakte nach.

»Senator, wenn Sie mir sagen würden, dass in jener Nacht des 13. Juli am selben Ort ein anderer Junge in derselben Situation zurückgelassen wurde, könnten mir Zweifel kommen. Aber der Junge, den Sie suchen, ist mein Sohn.«

Eine wahre Mutter verzichtet

Die Geschichte von Simóns Entdeckung wurde später in verschiedenen Zeitschriften rekonstruiert. Was jedoch niemand erzählte, war Simóns eigene Version – oder besser gesagt, die Geschichte jenes Mannes, zu dem er sich entwickelt hatte und der sich zunächst systematisch weigerte, seine Identität und seine Erlebnisse preiszugeben. Diese Aussicht war für mich als Journalistin entmutigend. Ich wusste, dass Simón den Vornamen, der ihm von Unterkommissar Parodi gegeben worden war, behalten hatte und niemand in seiner Umgebung bereit war, diesen zu enthüllen. Ich gab mir jede erdenkliche Mühe, den Namen herauszufinden, bis ihn dann jemand versehentlich Aníbal statt Simón nannte.

Ich wählte die Nummer, die ich mit dieser Information herausfand. Eine weibliche Stimme antwortete, und ich legte sofort wieder auf. Wie sollte Simóns Geschichte erzählt werden, wenn er sie nicht erzählen wollte? Diejenigen, die ihn kannten, entmutigten mich noch mehr. Es vergingen einige Monate, bis ich genug Kraft gesammelt hatte, ihn erneut anzurufen. Dieses Mal meldete sich eine junge männliche Stimme, sanft und klar. Ich stellte mich als Journalistin vor, die ein Buch über Geschichten »wie seine« schrieb.

»Sind Sie Simón?«

»Ja, ich bin es«, antwortete er und fragte mich, ob ich Argentinierin sei. Wir verabredeten uns zwei Tage später in einer Bar nur wenige Straßen von seiner Wohnung entfernt – nahe dem Haus, aus dem er als Säugling entführt worden war.

»Wir werden uns erkennen«, versprach er.

Als ich dort ankam, wartete er bereits auf mich. Ich erkannte ihn sofort, als ich eintrat. Man sah, dass seine Haare einmal richtig rot gewesen waren. Er war schmal, klein und dünn wie seine Eltern. Wenn er lächelte, nahmen seine Augen die gleiche längliche Form an wie die von Sara Méndez.

»Wie hast du mich gefunden?« Seine Fragen wie später seine Antworten waren kurz und bündig. Ich konnte ihn nicht belügen, ich hätte mich schuldig gefühlt, wohl wissend, dass er der Lügen überdrüssig war. »Ich habe von deiner Geschichte in einem Gerichtsverfahren gehört.« Er wollte wissen, ob ich auch verschwundene Familienangehörige habe. »Ja, einen Onkel und einen Großcousin.«

Ich traute mich erst nicht, ihn meinerseits zu befragen, aber dann tat ich es doch, dafür hatten wir uns schließlich getroffen. »Darf ich deine Geschichte veröffentlichen? Würdest du sie mir erzählen?« Er lächelte flüchtig. Seine Augen waren irgendwie traurig, aber er schien mir ein warmherziger Mensch zu sein. Er machte eine Geste, als ob er sagen würde: »Dann frag' halt!«

Was hier folgt, ist also die Erzählung, die ich an jenem Mittag hörte, an dem ich zum ersten Mal den Mann traf, der es weiterhin vorzieht, sich Aníbal und nicht Simón zu nennen. Ein Mann, der sich aber trotz dieses Namens als Sohn von Sara Méndez fühlt.

Er hatte nie gewusst, dass er adoptiert worden war. Es war ihm noch nicht einmal klar geworden, als seine Freundin Emilce ihn um seine Geburtsurkunde bat, um ihn an der Universität einzuschreiben.

»Liebling, hast du das Datum von deiner Geburtsurkunde gesehen? Sie ist von 1979. Wieso wurde sie erst drei Jahre nach deiner Geburt ausgestellt?«

»Das wird irgendein bürokratischer Fehler sein, was weiß ich.«

Emilce hatte es vorgezogen, nicht weiter in ihn zu dringen, und die Einschreibung ohne weiteres für ihn vorgenommen.

Aníbal wurde auch nicht misstrauisch, als er einen Anruf der *Großmütter der Plaza de Mayo* erhielt, die mit ihm über seine Identität sprechen wollten. Sie beschäftigten sich mit drei Adoptionsfällen, die der ehemalige Jugendrichter Wagner Gustavo Mitchell autorisiert hatte, dem nun neben weiteren Richtern vorgeworfen wurde, nicht die nötigen Recherchen betrieben zu haben, um die leiblichen Familien der Kinder zu finden. »Sie irren sich, das bin ich nicht«, sagte er der Anruferin und legte den Hörer auf. Er kontrollierte die angezeigte Nummer, da er alles für einen Scherz hielt.

Am 3. März 2002, als Emilce und Aníbal gerade aus einem Urlaub zurückgekehrt waren, erwartete sie zu Hause eine Familienversammlung. Keiner der Parodis redete üblicherweise viel, aber wenn, dann redete auch niemand lange um den heißen Brei herum. So erfuhr er innerhalb von nur fünf Minuten, dass er als Baby ausgesetzt worden war.

»Es war die kälteste Nacht des Jahres«, sagte ihm Parodi. »Ich rief deine Mutter an, und sie sagte mir, ich solle dich nach Hause mitbringen, weil die Kinderheime kalt und hässlich seien.«

»Wir baten deine Geschwister, es für sich zu behalten«, fügte er hinzu. »Wir haben dir nie etwas gesagt, weil wir nicht wussten, wie du es aufnehmen würdest, doch wir wussten, dass wir dir irgendwann die Wahrheit sagen müssten. Ein uruguayischer Senator hat mich vor einer Woche aufgesucht, anscheinend bist du der Sohn einer Uruguayerin, die dich seit fast einundzwanzig Jahren sucht.«

Aníbal schaute sie an, während Emilce seine Hand drückte und auf eine Reaktion wartete. Doch er zeigte keinerlei Regungen, die seine Gefühle verraten hätten. Er fragte nur, was als Nächstes passieren würde. »Morgen kommt der Uruguayer zum Abendessen«, verkündete Parodi.

Vierundzwanzig Stunden später klingelte Michelini an der Wohnungstür der Familie Parodi. Er hatte zwei Kilo Eis als Nachtisch mitgebracht. Sie setzten sich alle um den Wohnzimmertisch, der großzügig mit Häppchen, Limonaden und Wein gedeckt war. Aníbal fühlte sich unwohl und rührte sich kaum. Er lauschte geduldig der langen Erzählung des Senators, die mit der militärischen Aktion begann, bei der Sara und ihr Kind entführt worden waren. Als er zum Ende gekommen war, schaute Aníbal ihn immer noch fest an. Das Einzige, wonach er und seine Geschwister fragten, war, welche Konsequenzen auf das Ehepaar Parodi zukommen würden, wenn er sich dem DNA-Test unterziehen würde. Der Senator nahm an, dass ihnen nichts vorgeworfen werden konnte, da eine legal vollzogene Adoption vorlag.

»Was muss ich tun?«

»Du solltest einen DNA-Test bei der Gendatenbank des Hospital Durand machen. Dort wird jeweils eine Blutprobe von Sara Méndez und von deinem 1991 verstorbenen Vater, Mauricio Gatti, aufbewahrt.«

Der Senator dachte, es würde schwierig werden, den Jungen zu überzeugen. Für diesen Fall hatte er Sara vorgeschlagen, einen inoffiziellen Gentest an einem neutralen Ort zu machen, was Sara aber kategorisch abgelehnt hatte. Aníbal erklärte sich jedoch zur Überraschung aller sofort einverstanden. Keine achtundvierzig Stunden, nachdem er die Wahrheit über seine angebliche Herkunft erfahren hatte, erschien er in Begleitung von Senator Michelini und Emilce im Krankenhaus. Nach der Blutentnahme erklärte ihnen die Ärztin, dass sie das Resultat dem Richter Jorge Urso mitteilen würde. Danach gingen Michelini, Aníbal und Emilce zusammen zum Frühstücken in ein Einkaufszentrum, von wo aus der Senator Sara in Uruguay anrief. Auch wenn er noch nicht das endgültige Ergebnis hatte, empfand er eine fast vollständige Gewissheit, dass Aníbal der Sohn dieser Frau war. Sie hatte gerade ein Interview für eine TV-Sendung beendet, als ihr Handy klingelte.

»Ich bin es, Rafael. Hier ist jemand, der mit dir sprechen möchte.«

»Hallo, ich bin Aníbal Parodi.«

»Hallo. Vielen Dank für das, was Sie tun«, sagte Sara.

»Ich habe gerade den DNA-Test gemacht.«

Sara wäre fast zu Boden gegangen, als ihr klar wurde, dass die Person am anderen Ende der Leitung womöglich ihr Sohn war und nicht der, der ihn aufgezogen hatte, wie sie zunächst angenommen hatte. Entgegen aller Empfehlungen bei noch ausstehenden DNA-Testergebnissen vereinbarten die beiden ein Treffen am folgenden Tag.

Mutter und Sohn begegneten sich distanziert. Er kannte sie nicht, und sie war immer noch skeptisch, nachdem sie Gerardo fünfzehn Jahre lang für Simón gehalten hatte. Außerdem machte sie sich Sorgen, dass die Nachricht sehr schnell öffentlich werden würde, und sie wollte den jungen Mann nicht verschrecken. Bevor sie aus Montevideo abgereist war, hatte sie Briefe an die uruguayischen Tageszeitungen geschickt, in denen sie dringlichst darum gebeten hatte, noch nichts über diesen Fall zu schreiben. Ein weiteres Mal verbündeten sich die uruguayischen Journalisten mit Sara Méndez und räumten der Privatsphäre von Mutter und Sohn Priorität ein. Erst achtundvierzig Stunden später verkündeten sie dann eine seit Jahren erwartete Nachricht: Das Ergebnis des DNA-Tests hatte ergeben, dass Aníbal wirklich Simón war.

Nur zwei Wochen später kamen ihr wiedergefundener Sohn und Emilce nach Uruguay zu Besuch. Zu dieser Zeit lebte Sara in einem Landhaus in der Nähe von Montevideo. Sie erwartete Aníbal/Simón zusammen mit vielen anderen Menschen, die ihn mit ihr gesucht hatten und nun endlich kennenlernen wollten. Für Anibál war die Situation alles andere als einfach. Etwa fünfzig Menschen wandten ihren Blick nicht von ihm ab. Einige kamen auf ihn zu, um ihn zu umarmen oder nur um ihm die Hand zu geben. Andere warteten in einiger Entfernung. Alle weinten, als sie ihn sahen. In diesem Moment war dem jungen Mann noch nicht wirklich bewusst, wer er war und was er für die Uruguayer bedeutete.

Am 22. Juni 2002 reiste Aníbal wieder nach Uruguay. Begleitet wurde er, wie immer, von Emilce, seiner Lebensgefährtin, seiner Freundin und einzigen Vertrauten. Er würde zum ersten Mal seinen Geburtstag zusammen mit seiner leiblichen Mutter feiern und zum zweiten Mal innerhalb weniger Tage. Wie jedes Jahr hatte er am 6. Juni mit seiner Adoptivmutter und seinen Adoptivgeschwistern in Buenos Aires gefeiert. Er hatte auch wie immer mit seinen Freunden gefeiert, denen er nicht sagen konnte, dass er nicht derjenige war, der er zu sein glaubte, dass er einen anderen Namen, ein anderes Geburtsdatum und sogar eine andere Mutter hatte.

Eine Zeitlang führte er ein Doppelleben wie jemand, der eine Affäre hat. Auf der uruguayischen Seite des Rio de la Plata nannte man ihn Simón, auf der argentinischen Seite nannten sie ihn weiterhin Aníbal. Er hatte zwei Mütter. Eine nannte er Mama, weil er so fühlte, und die andere lernte er zu lieben, je besser er sie kennenlernte.

Es war noch immer am bequemsten für ihn, zwei Geburtsdaten zu haben, um so seine Zuneigung teilen und Konflikte vermeiden zu können. Es war unmöglich, Sara und seine Adoptivmutter Haydeé in einem Haus und an einem Tisch zusammenzubringen. Aníbal kämpfte um das Gleichgewicht, um keine von beiden zu verletzen. Eine Zeitlang täuschte er alle Menschen in seiner Umgebung. Sich selbst konnte er jedoch nicht täuschen.

»Eines Tages stellte ich fest, dass es einfach nicht gesund ist, ein Doppelleben zu führen. Es gibt keine zwei Geburtstage. Ich weiß jetzt, dass ich am 22. Juni geboren wurde, so dass ich ab dem nächsten Jahr nur noch an diesem Tag feiern werde. Ich brauchte lange, um es allen aus meiner Familie und meinen Freunden zu erzählen. Ich sprach mit niemandem von meinen Reisen nach Uruguay, bis mir klar wurde, was mit mir geschah, und bis ich in der Lage war, allen die Wahrheit zu sagen.« Seine Selbstzweifel versuchte er durch eine Therapie zu lösen. Nach kurzer Zeit brach er die Behandlung jedoch ab.

Gegenüber Sara blieb er aufrichtig und bemüht. Er fing an, regelmäßig nach Uruguay zu reisen, und fuhr sogar mit seiner Mutter in Urlaub. Trotzdem konnte er sein Herz nicht dazu zwingen, etwas zu fühlen, was es nicht fühlen kann.

»Ich denke immer mehr an die anderen als an mich selbst. Das passiert mir mit meinen beiden Familien. Ich bin so, seit ich ein kleiner Junge war. Ich war verhätschelt und eigensinnig, vielleicht, weil ich der Jüngste war, aber genauso habe ich immer daran gedacht, niemandem etwas Böses zu tun. Als ich die Wahrheit erfuhr, versuchte ich die ganze Zeit, es allen recht zu machen. Ich merkte nicht, dass ich derjenige war, der am wenigsten etwas dafür konnte.«

Er machte Emilce einen Heiratsantrag und vertraute ihr seine Zweifel und Ängste an: »Nur mit ihrer Unterstützung konnte ich alles einigermaßen ertragen. Ihr gegenüber habe ich mich am meisten geöffnet. Sie ist die Einzige, der ich alles erzähle. Meine Hochzeit hat viele Konflikte hervorgerufen. Ich bin immer noch hin- und hergerissen, in diesem Moment mehr als je zuvor. Ich weiß, dass Sara nichts mit meiner Adoptivfamilie zu tun haben möchte. Ich dachte früher immer, ich würde einmal in einer Kirche heiraten und ein großes Fest feiern, aber nach allem, was passiert ist, hatte ich keine Lust mehr dazu. Mein Vater hätte Emilce zum Altar geführt, weil sie keine gute Beziehung zu ihrem eigenen Vater hat. Das war ein weiteres Konfliktthema. Jetzt denke ich, Emilce und ich hätten einfach beide zusammen zum Altar gehen sollen und fertig.«

Schließlich heirateten sie am 21. März 2003 standesamtlich, ein Jahr und einen Monat, nachdem Aníbal von seiner Mutter gefunden worden war. Die Feier war nichts weiter als ein einfacher Umtrunk, an dem Sara, die ihren Platz als Mutter und Schwiegermutter während der Zeremonie abgelehnt hatte, nicht teilnahm.

Als Aníbal mir das erzählte, musste ich an eine andere Mutter denken: an jene aus der Bibel, die vor König Salomon auf ihren Sohn verzichtete. Als Lösung für einen Streit zwischen zwei Frauen um ein Kind schlug der König vor, dass Kind in der Mitte durchzuschneiden, damit sie es teilen könnten. Die wahre Mutter schlug dies aus, worauf der König sie als solche erkannte.

Drei Monate später feierte Aníbal seinen Geburtstag zum ersten Mal nur am 22. Juni. Sara reiste aus Uruguay an und wohnte in der Wohnung ihres Sohnes. Aníbal rief Haydeé an, und es war das erste Mal, dass sie auf den Platz, den sie jahrelang besetzt hatte, verzichtete. Für Aníbal war es kein glücklicher Geburtstag, und er entschied, dass er ihn zum letzten Mal gefeiert hatte.

Aníbal mit seiner Frau Emilce, seinem Sohn Juan Ignacio und seiner Mutter Sara Méndez

Über den Rest seiner Gefühle und die »anderen Dinge«, die er lieber in seinem Herzen verwahren möchte und die sich nur in das Gespräch eingeschlichen haben, weil er immer noch aufrichtig ist, schweigt er.

Aníbals Einstellung seinem 1991 verstorbenen Vater gegenüber ist eine andere Sache. Für ihn gibt es nur einen Vater, den ehemaligen Unterkommissar Parodi, der kurz nach Aníbals Hochzeit starb. Mauricio Gatti, seinen richtigen Vater, empfindet er nicht als solchen, obwohl Sara ihm immer wieder erzählt, wie sehr sie Mauricio geliebt hat.

»Sie redet die ganze Zeit von ihm, weil er die Liebe ihres Lebens war ... Es interessiert mich nicht sonderlich. Für mich ist das sehr schwierig. Zunächst einmal ist er ein Mensch, den ich nie kennengelernt habe und auch niemals kennenlernen werde. Und es belastet mich, dass er mit einer anderen Frau verheiratet war, als ich geboren wurde. Dass Sara seine Geliebte war, gefällt mir nicht. Ihre Version ist vielleicht die typische Version einer Geliebten: dass er bald seine Frau verlassen würde und in sie verliebt gewesen sei. Der Satz, den jeder Kerl seiner Geliebten erzählt. Und so verliebt wie sie war – und man merkt, dass sie sehr verliebt war –, glaubte sie das auch. Deshalb wollte ich nichts von der Familie Gatti wissen.«

Als Simón von seiner wahren Identität erfuhr, bekam er auch erzählt, dass Gatti und seine Frau weniger als ein Jahr vor seiner Geburt einen Sohn, ihr zweites gemeinsames Kind, bekommen hatten: Felipe. Der wollte nun seinen Halbbruder kennenlernen und rief deswegen Sara an. Aber Aníbal sagte Sara, dass er sich nicht mit ihm treffen wolle, da es für ihn eine zu »komplizierte« Situation sei.

Eines Tages klingelte jedoch Aníbals Telefon. Es war Felipe, der ihn ohne Umschweife darum bat, ihn sehen zu dürfen. Aníbal konnte nicht ablehnen. »Trotz allem hatte er ja nichts mit dem zu tun, was seine Eltern getan hatten, und litt ebenfalls. Er war dabei, als die Eltern nach Argentinien ins Exil gingen und sein Vater später nach Spanien. Nach einiger Zeit kehrten er und seine Schwester nach Uruguay zurück, und als die Demokratie wieder eingeführt wurde, kam auch der Vater zurück und baute eine lockere Beziehung zu ihm auf.«

Bei einem der Besuche bei Sara in Uruguay vereinbarte Aníbal also ein Treffen mit Felipe. Sie teilten eine Stunde ihres Lebens, jeder von ihnen in Begleitung seiner Partnerin. Felipe erzählte Aníbal, dass seine Halbschwester ihn nicht kennenlernen wollte, weil sie glaubte, Sara habe ihr den Vater gestohlen und »ich sei das Produkt daraus«. Die Halbbrüder hatten sich nicht viel zu sagen. Jedoch gibt es zwischen zwei Jungs vom Río de la Plata mindestens ein Gesprächsthema, das sie entweder zusammenschweißt oder entzweit: Fußball. In ihrem Fall brachte es sie näher zusammen. Beide überwanden ihre Vorurteile und heilten ihre Wunden, indem sie über ihre Lieblingsmannschaften redeten.

Das Treffen weckte dann doch die Neugier von Felipes Schwester Paula. »Das nächste Mal begleite ich dich«, sagte sie zu ihrem jüngeren Bruder und kam dann auch mit.

»Es war uns beiden unangenehm. Es hätte andersherum sein müssen, aber ich war ja bereits Experte darin, mich mit Menschen zu treffen, die ich nicht kannte und die meine Verwandten waren. Obwohl ich sehr still bin, war ich derjenige, der das Gespräch in Gang hielt.« Paula lud ihn ein, ihren Sohn und ihren Ehemann kennenzulernen. Das war das letzte Mal, dass sie sich sahen. Wozu weitere Treffen erzwingen?

Das Verhältnis zu Felipe entwickelte sich hingegen problemlos. Sie verbrachten viele Wochenenden mit Fußballspielen, Spaziergängen oder gemeinsamen Essen. Der Höhepunkt war ein obligatorischer Besuch im *Estadio Monumental*, dem größten Fußballstadion von Buenos Aires, bei dem Aníbal als Gastgeber stolz das Trikot von Enzo *El Príncipe* Francescoli trug, dem besten uruguayischen Fußballspieler der achtziger Jahre, der Aníbal ein Autogramm gegeben hatte, damals, als alle versuchten, ihn aufzumuntern, kurz nachdem er seine wahre Identität wiedererlangt hatte. Außer bei ihrem ersten Treffen sprachen Aníbal und Felipe nie wieder über Mauricio Gatti.

Als Aníbal für sich entschieden hatte, selbst Vater werden zu wollen, begann er erneut eine Therapie, um seine Ängste zu besiegen. Nichts wünschte er sich mehr, als Vater zu sein, aber um ihn herum gab es dazu auch die verwirrendsten Ratschläge. Jemand prophezeite ihm, dass er sich an dem Tag, an dem sein Kind zweiundzwanzig Tage alt sein würde, so alt wie er, als man ihn von seiner Mutter trennte, aufgebracht und verletzt fühlen würde. Dies sollte jedoch niemals geschehen, und es waren auch nicht die schlimmen Vorahnungen, die Aníbal Angst machten, sondern die zu erwartenden neuen Spannungen in der Familie. Er war noch nicht dazu bereit, zwischen seiner wahren Mutter und der Frau, die ihn aufgezogen hatte, eine Großmutter für sein Kind auszuwählen.

Dem Therapeuten gegenüber sprach er von einem »Antagonismus zwischen den beiden Familien« und dass ein Kind »ein weiterer Grund für Streit sein würde. Und da ich immer mehr an die anderen denke …« Mit psychologischer Hilfe suchte er sein eigenes Glück.

Sein Sohn Juan Ignacio kam am 18. April 2007 zur Welt. Aníbal hatte keinerlei Zweifel: »Das ist mein Moment«, sagte er sich und genoss ihn in ausgiebig. Er teilte jeder der Großmütter einen Zeitplan zu und schenkte Beschwerden kein Gehör. »Wem es nicht gefällt, der hat eben Pech gehabt.«

Zwischen Sara und ihm gab es nur noch ein Thema zu klären: Sara nannte ihn immer noch Simón. In den ersten zwei Jahren hatte er Verständnis für seine Mutter gehabt und es ertragen, obwohl er sich nicht mit diesem Namen identifizierte. Sara bestand darauf, dass er den Vornamen benutzte, den sie ihm gegeben hatte. Aníbal argumentierte dagegen. Der Streit verletzte sie beide.

»Du bist die Letzte, die mir Vorwürfe machen sollte. Habe ich dir Vorwürfe gemacht? Also kannst du das auch nicht mit mir machen. Was ist das? Ein politischer Kampf oder ein Kampf um die Liebe deines Sohnes? Lass uns klarstellen, was wichtiger ist, deine Position oder meine.«

Eine Zeitlang waren sie zerstritten und redeten nicht miteinander. Dann gab die Mutter als Erste nach und schwor, dass er das Wichtigste in ihrem Leben sei, sie nichts anderes interessiere und sie nichts mehr tun wolle, was ihn verletzen könnte.

Weil ich in seinem Gesicht immer noch Spuren der Trauer sehe, frage ich ihn am Ende des Interviews:

»Wäre es dir lieber gewesen, sie hätten dich nicht gefunden?«

»Ich habe das einmal gesagt, ja.«

»Und jetzt?«

»Heute sage ich, dass es in Ordnung ist. So ist es einfach. Das ist mir passiert. Das bin ich.«

»Ich bin ein Opfer des Staates«

Evelin, Tochter ermordeter *Montoneros*-Aktivisten, weigert sich standhaft, ihre wahre Identität anzunehmen

Auf der Suche nach einer Geburtsurkunde

Die ganze Familie hielt gerade Siesta in ihrer Wohnung im siebten Stock eines Appartementgebäudes in der Küstenstadt Mar del Plata, als die Polizei an die Eingangstür klopfte. Policarpio Vázquez, ehemaliger Unteroffizier der argentinischen Marine, und seine Frau Ana María Ferrá, pensionierte Verwaltungsangestellte der Marine, schliefen fest. Die Identität ihrer Tochter Evelin, die fünf Monate zuvor einundzwanzig Jahre alt und damit nach argentinischem Recht volljährig geworden war, stand bei dieser Polizeiaktion im Zentrum des Interesses.

Policarpio Vázquez hatte bereits vor Beginn der argentinischen Diktatur den Dienst quittiert. Der Marinegeheimdienst (SIN) rief ihn jedoch erneut ein, und so arbeitete er nach dem Militärputsch am 24. März 1976 zunächst für den Prozess der Nationalen Reorganisation in Buenos Aires. Bald darauf wurde er an seinen endgültigen und letzten Arbeitsort versetzt, den Marinestützpunkt in Mar del Plata, wo er zu einem früheren Zeitpunkt schon einmal gearbeitet hatte. Die Familie zog nach, als die ältere Tochter sieben Jahre alt und die jüngere noch ein Baby war. Die Mehrheit der Bewohner jenes dreiteiligen Gebäudekomplexes, in dem sie eine Wohnung zugewiesen bekamen, arbeitete bei der argentinischen Marine. Viele von ihnen waren wie Policarpio auf dem Marinestützpunkt tätig, wo sich zwischen 1976 und 1978 eines der sechs Folterlager der Stadt befand.

In besagter Wohnung lebte die Familie seit einundzwanzig Jahren unbehelligt, bis an jenem Nachmittag des 4. März 1999 plötzlich die Polizei vor der Tür stand. Kriminalbeamte, Justizvertreter, eine Psychologin und mehrere Zeugen betraten die Wohnung mit einem Durchsuchungsbefehl, ausgestellt von der Vorsitzenden Richterin des Ersten Bundeskriminal- und Strafgerichts Argentiniens, María Romilda Servini de Cubría. Das Schreiben wurde verlesen und dann damit begonnen, das Appartement zu untersuchen.

»Bitte bringen Sie mir nicht die Schubladen durcheinander!«

Evelin war extrem verärgert, trotzig und widerwillig. Sie hatte einen starken Charakter und ließ die Polizeibeamten, die sich mit den Schränken und Regalen in der Wohnküche und in den beiden angrenzenden Zimmern befassten, ihren Zorn deutlich spüren. Schließlich fanden sie aber das Gesuchte: Evelins Geburtsurkunde. Sie nahmen auch einige weitere Papiere und ein Fotoalbum der Familie mit, und sie verhafteten den ehemaligen Marineunteroffizier Policarpio Vázquez.

»Ich hatte schon den ersten Satz des Durchsuchungsbefehls nicht kapiert, und von da an habe ich überhaupt nichts mehr verstanden. Ich wusste nicht, was sie meinem Vater vorwarfen. Später erklärte mir jemand, was los sei, und ich sagte nur: ›Ah, klar, was auch immer.‹ Das einzig Wichtige für mich war, für meinen Papa zu sorgen, und sonst nichts.«

Tatsächlich, wie Evelin selbst erzählt, lief sie die ganze Zeit aufgeregt hin und her, packte eine Tasche mit Kleidung für Policarpio und kümmerte sich um dessen Medikamente. Auf die Anwesenden wirkte sie so in Beschlag genommen durch diese Tätigkeiten, als könnten sie die anderen Vorgänge nicht berühren. Nur gegenüber ihrem Adoptivvater verhielt sie sich freundlich.

Standhaft verweigerte sie sich der anwesenden Psychologin der *Großmütter der Plaza de Mayo*, die sie um ein Gespräch unter vier Augen bat. Die Psychologin hatte den Eindruck, dass die junge Frau vielleicht eine Vorahnung hatte und die Wahrheit zu ihr durchgedrungen war, dass sie irgendwann in den einundzwanzig Jahren des Zusammenlebens Zweifel oder Bedenken bekommen hatte. Ana María Ferrá ergriff für Evelin das Wort:

»Wir haben ihr nie gesagt, dass sie nicht unsere Tochter ist, die Gelegenheit hat sich nie ergeben.« Und sie fügte noch schnell hinzu: »Sie ist kein Kind von Verschwundenen. Ich werde ihr erzählen, was damals geschehen ist.«

Bevor die Durchsuchung beendet war, konnte die Psychologin Evelin dann doch einmal beiseitenehmen. »Wir vermuten, dass du die Tochter von Verschwundenen bist. Um zu wissen, wer du bist, um deine wahre Identität zu klären, musst du einer genetischen Untersuchung zustimmen.« »Natürlich werde ich mich testen lassen, denn wenn das stimmt, dann weiß ich weder, wo ich geboren wurde, noch wer ich bin.« Diese Antwort notierte die Psychologin in ihrem Bericht. Evelin erinnert sich jedoch an eine ganz andere Version: »Machen Sie die DNA-Analyse, Sie werden sehen, dass ich die Tochter meines Vaters bin.«

Mit dem Rudel leben

Die kleine Evelin freute sich sehr darauf, Pfadfinderin zu werden. An jenem Samstag zog sie sich den blauen Hosenrock und die frisch gebügelte weiße Bluse an, die zur Uniform gehörten. Sie kämmte ihre blondgelockten Haare und band sie zu einem Pferdeschwanz zusammen. Ana María richtete die Frisur und machte ihr einen Haarknoten mit einem weißen Satinband. Dann brach das Mädchen zum ersten Treffen mit dem Wölflingsrudel auf, zu dem sie ab jetzt gehören würde.

All die Vorbereitungen waren jedoch umsonst gewesen: Die Nachricht traf sie wie ein Schlag: Sie durfte die Pfadfinderkluft nicht tragen, dieses Recht musste sie sich erst verdienen.

Von jenem Tag an lernte Evelin mit eisernem Willen die Pfadfinderregeln und bemühte sich Woche für Woche, ihre guten Eigenschaften unter Beweis zu stellen und sich neue anzueignen. Sie sammelte Dinge, an denen sie eigentlich kein Interesse hatte, backte sogar Kuchen, nur um weitere Abzeichen zu bekommen, und setzte sich neue Ziele, um sich selbst zu übertreffen.

Endlich war es soweit. Sie erinnert sich immer noch genau an diesen Tag. In Mar del Plata schüttete es wie aus Eimern. Die Pfadfinder konnten sich nicht im Pfadfinderhaus treffen, da dieses kein festes Dach hatte. Also fand das Treffen in dem Gebäudekomplex statt, in dem die Familie Vázquez Ferrá wohnte, in einem Appartement im achten Stock, welches das Ehepaar verwaltete. Evelin war weder vom gewählten Treffpunkt noch von der Tatsache überrascht, dass es Gebäck für alle gab.

Dann sprach Akela, die Gruppenleiterin ihres Rudels. »Evelin ist bereit, ihr Pfadfinderversprechen zu geben.« Stolz und sehr ernst

Evelin bei ihrer Erstkommunion

trat Evelin einen Schritt vor und blickte zu Policarpio und Ana María hinüber, ihrem »Papa« und ihrer »Mama«, die sie anlächelten und zum Klatschen bereit waren. Dem Mädchen zitterten vor Aufregung die Lippen. Sie hob ihre rechte Hand, legte den Daumen über den angewinkelten Ringfinger und beugte den Zeigefinger etwas. Trotz des Regens und des Winds, der gegen die Scheiben trommelte, hörte man klar und deutlich ihre Stimme:

»Ich, Evelin Karina Vázquez, verspreche auf meine Ehre und nach besten Kräften, meine Pflicht gegenüber Gott, der Kirche, meinem Vaterland, meinen Nächsten und mir selbst zu erfüllen, meinen Mitmenschen zu helfen und nach dem Pfadfindergesetz zu leben.«

Dann neigte sie ihren Kopf nach vorne, während Akela ihr das weiße Halstuch mit den roten und blauen Mustern um den Hals legte.

Die kleinen Pfadfinder und ihre Gruppenleiterin waren in ihren Spielen damals inspiriert vom »Dschungelbuch«, dem 1894 erschienenen Klassiker von Rudyard Kipling, der von Walt Disney als Zeichentrickfilm auf die Leinwand gebracht worden war. Evelin hat die Geschichte noch immer frisch in Erinnerung und ist noch heute gerührt, wenn sie sie erzählt. Aus ihrer Art, wie sie davon erzählt, ist aber auch ersichtlich, dass sie darin keine Parallelen zu ihrem eigenen Leben bemerkt. Evelin kann sich nicht an alle Details der Originalgeschichte erinnern, wohl aber an ihren Kern: Ein kleiner Junge hat sich im Dschungel verirrt und wird von Wölfen aus den Klauen des schrecklichen Tigers Shir Khan gerettet. Die Wölfe lehren ihn, im Dschungel zu überleben und mit den Tieren auszukommen. Der Teil der Originalgeschichte, an den Evelin sich nicht erinnert, ist das Wiedersehen von Mogli mit seiner leiblichen Mutter. Danach wird Mogli, der mehr Wolf als Mensch zu sein scheint, vom Rudel, mit dem er so viele Jahre zusammengelebt hat, verstoßen.

Evelin hütet ihre Pfadfinderabzeichen bis heute wie einen Schatz. Das kleine Mädchen, das bereits damals einen starken Willen unter Beweis stellte, wuchs zu einer rebellischen und unabhängigen Jugendlichen heran, die irgendwann nicht mehr zu den Pfadfindern gehen wollte. Und aus der Jugendlichen wurde eine schroffe und misstrauische Frau, die sich bis heute nicht vorstellen kann, Policarpio Vázquez und Ana María Ferrá als unrechtmäßige Eltern anzusehen. Sie nimmt die beiden immer noch mit dem Herzen jener kleinen Pfadfinderin wahr.

»Ob ich hier oder dort geboren bin ..., das hat doch überhaupt keinen Einfluss auf mich, das interessiert mich einfach nicht.« So verteidigt sie sich, denn jahrelang hat sie sich angegriffen gefühlt und stand wie ein Vulkan kurz vor dem Ausbruch. Wie heiße Lava fließen ihr noch immer die Worte aus dem Mund, während sie sich am Hals kratzt, bis die Haut gerötet ist. Sie findet, dass die Justiz in ihrem Fall alles andere als gerecht war.

»Sorry, ich bin Evelin, die Frau meines Ehemannes, die Tochter meiner Eltern, die Tante meiner Neffen, die Cousine meiner ganzen Familie und die Mama meines Hundes Aquiles.«

Wenn die Berechnungen von Ana María Ferrá korrekt sind und die Daten der Wahrheit entsprechen, muss Evelin an einem Donnerstag, dem 27. Oktober 1977, geboren worden sein, und nicht am Samstag, dem 29. Oktober, wie es in ihrer Geburtsurkunde steht. Diese wurde von der Hebamme gefälscht und führt das Ehepaar Vázquez Ferrá als Evelins leibliche Eltern auf.

Es waren die vielen signifikanten Donnerstage seit dem Jahr 1999, die dafür sorgten, dass Evelin dieser Wochentag verflucht zu sein scheint. Der erste dieser Donnerstage war jener 4. März 1999, als

Evelin mit ihrem Hund Aquiles
im Jahr 2007

Evelin ohne jegliche Vorwarnung durch einen Durchsuchungsbefehl die Wahrheit über sich erfuhr – auch wenn sie später stets sagen sollte, es wäre ihr eigentlich nicht wichtig. »Man kann ja nichts rückgängig machen, es ändert sich doch nichts«, erklärt sie jedes Mal, wenn sie gefragt wird, warum sie es akzeptiert, zu sein, wer sie ist, und nicht, wer sie hätte sein sollen.

Evelin hält sich für eine pragmatische Person, die im Hier und Jetzt lebt, ihre Gefühle nicht allzu tiefgehend erforscht und schon gar nicht gerne offen zeigt. Sie schreibt es diesem Wesenszug auch zu, ihre Berufung in der Informatik gefunden zu haben, dem Fach, das sie studierte. Obwohl sie sehr wohl weint, zieht sie es vor, dies allein zu tun und ihre schwachen Momente zu verbergen.

Es nervt sie, Tochter von Verschwundenen genannt zu werden. »Es ist einfach furchtbar. Ich wurde adoptiert, vielleicht nicht unter den besten Umständen, aber ich wurde adoptiert.« Sie lässt nichts anderes zu, so ist sie, so fühlt sie sich. Nach der Wohnungsdurchsuchung und der Festnahme ihres vermeintlichen Vaters bestätigte Ana María der jungen Frau, dass sie nicht ihre leibliche Mutter sei. Evelin griff sogleich zum Telefon und rief ihre bereits verheiratete Adoptivschwester an.

»Sie haben Papa verhaftet. Ich hole dich gleich mit dem Auto ab und erkläre dir alles. Du musst dann bei Mama bleiben.«

An einer Ecke hielt sie und erzählte ihrer Schwester, was geschehen war, danach brachte Evelin sie zu ihrer Mutter und ging selbst zu ihrem Freund Julián, Kommilitone und ebenfalls Sohn eines Angehörigen der Marine. Erst dort konnte sie endlich weinen, bis ihr die Augen brannten. Obwohl sie sonst gerne aß, um ihre Nerven zu beruhigen, brachte sie in dieser Nacht keinen Bissen herunter.

In den darauffolgenden Tagen erzählte ihr Ana Ferrá, dass ein Unteroffizier, den sie manchmal bei der Arbeit gesehen hatten und *El Turco* nannten, ihrem Mann ein Findelkind angeboten hatte. Sie hatten beschlossen, das Baby aufzuziehen, ohne zu fragen, woher es kam, wer seine leiblichen Eltern waren oder was mit diesen geschehen war.

»Das ist die ganze Wahrheit. Wir wissen nicht, woher du gekommen bist.«

»Schon gut, Mama. Jetzt müssen wir uns um Papa kümmern.«

Als Evelin ihren Vater im Gefängnis besuchte, wiederholte er vor ihr mehr oder weniger das, was er zuvor bereits der Richterin Servini de Cubría erklärt hatte. Der Mann, der nicht eine einzige Sonntagsmesse ausfallen ließ, hatte vor der Richterin die Entführung des Kindes gestanden: »Es war eine göttliche Fügung. Gott gab das Kind in meine Hände, also dachte ich, dass ich es behalten und aufziehen sollte.« Dasselbe hatte auch seine Frau gesagt: »Dass Evelin zu uns gekommen ist, war ein Segen Gottes.« Policarpio Vázquez fügte hinzu, dass er dienstlich im Rechenzentrum der Marine in Buenos Aires gewesen sei, wo sich *El Turco* mit ihm in Verbindung gesetzt habe. Diesen kannte er vom Sehen, da sie im Vorjahr, 1976, gemeinsam auf dem Marinestützpunkt in Mar del Plata gewesen waren. »Wenn wir sie nicht adoptiert hätten, hätten sie sie getötet«, erklärte er bei der Vernehmung seine Entscheidung und fügte hinzu, dass er die leiblichen Eltern des Babys nicht kannte und nicht sicher sagen könne, ob sie am Leben oder verschwunden seien.

Für Evelin war diese Erklärung ausreichend. »Ich könnte die beiden fragen, was vor meiner Ankunft passiert ist. Aber sie waren ja nicht dabei. Ich kann nur glauben, was sie erzählt haben, nicht mehr. Wem sonst kann ich denn glauben? Wenn mir jemand etwas sagen würde, woher soll ich wissen, ob es stimmt?« Also forschte sie nicht weiter nach und betrachtete die unglückselige Geschichte als abgeschlossen.

Das Einzige, was sie in diesem Jahr vor der Jahrtausendwende noch für wichtig hielt, war die Befreiung ihres »Vaters« aus diesem »dreckigen« Loch. Sie fühlte sich selbst wie eine Verbrecherin, wenn sie bei ihren Besuchen gezwungen wurde, sich durchsuchen zu lassen und sogar ihren Schmuck komplett abzulegen. Sie unterhielt sich mit Policarpio im Gefängnishof, der »widerlich und sehr hässlich« war. Jedes Mal, wenn sie sich daran erinnert, laufen ihr Schauer über den Rücken. Schließlich wurde er in ein Nebengebäude der Polizei im Viertel Retiro in Buenos Aires verlegt. Später wurde er in die Militärgarnison Campo de Mayo gebracht, wo etwas bessere Haftbedingungen herrschten und er sogar mit einem anderen Häftling, dem Oberstleutnant Ceferino Landa, der aus ähnlichen Gründen wie Vázquez in Untersuchungshaft saß (siehe Kapitel 1), lange Gespräche führen konnte.

Evelin schwor sich, alles Menschenmögliche zu tun, um ihren »Vater« zu befreien und zu verhindern, dass er je wieder verhaftet werden würde. Sie schloss einen Pakt mit sich selbst und ihrem Freund. Als sie von ihrem ersten Besuch im Gefängnis zurückkam, gönnte sie sich achtundvierzig Stunden, um deprimiert und verbittert zu sein und zu weinen. Danach nahm sie ihr normales Leben wieder auf. Immer, wenn der Kummer stärker als das Versprechen wurde, ging sie mit einer Freundin einkaufen. »Ich habe meine Kreditkarte glühen lassen«, lacht sie trotz allem, wenn sie daran denkt, wie viel Geld sie ausgegeben hat, um ihre Angst und ihren Schmerz zu kompensieren.

Eine Woche nach der Wohnungsdurchsuchung hatte Evelin ein Gespräch mit Richterin Servini de Cubría. Es war an einem weiteren dieser Donnerstage.

»Sie sollten den DNA-Test machen.«

»Das werde ich nicht tun.«

»Wie, das werden Sie nicht tun?«

»Vorerst nicht. Ich brauche ein bisschen Zeit, bis ich verstehe, was hier vorgeht.«

Evelin erzählt, dass ihre Antwort der Richterin nicht passte und diese ziemlich laut wurde. Die junge Frau wiederholte im gleichen Ton:

»Ich werde den DNA-Test nicht machen, mein Papa hat schon gestanden. Ich werde meinen Körper nicht dafür einsetzen lassen, dass man ihn weiter gefangen hält.«

Die zwei Frauen starrten sich an, niemand in dem Büro traute sich, ein Wort zu sagen. Evelin verlangte, dass schriftlich festgehalten würde, dass sie an diesem Tag ins Gericht gekommen war, um den DNA-Test zu verweigern, und dass man versucht hätte, sie dazu zu zwingen. Sie war kurz davor, über die Treppe des Haupteingangs auf die Straße zu laufen, um ihrer Wut vor den Mikrofonen Dutzender Reporter und Journalisten Luft zu machen, die dort auf sie warteten und über ihre mögliche Rückkehr zur leiblichen Familie berichten wollten. Einen solchen Skandal wollten die Beamten natürlich verhindern. Mit Mühe und Not schafften sie es, Evelin zu beschwichtigten.

Der dritte unheilvolle Donnerstag war, so Evelin, der 18. März 1999, eine Woche nach ihrer Diskussion mit der Richterin. Wieder klopften die Polizisten an die Wohnungstür, dieses Mal mit einem Haftbefehl für Ana María Ferrá.

»Ich empfand das als einen erneuten Angriff, es war wie ein Schlag ins Gesicht, als ob ich eine Ohrfeige nach der anderen bekommen sollte. Meine Freunde fragten mich: ›Wie geht es dir?‹ Und ich habe immer nur geantwortet: ›Wie soll ich darüber nachdenken, wenn ich ständig angegriffen werde?‹ Ich verstand gar nichts. Es schien, als wollten sie, dass ich einsam bin, als wollten sie mich unter Druck setzen und dazu bringen, das zu tun, was ich nicht wollte.« Evelin betont immer wieder, dass sie ihre Eltern noch genauso liebt und dass sich ihre Gefühle nicht ändern werden, egal, was man ihr erzählen sollte.

Sie zog zur Familie ihres Freundes, wo sie sechs Monate lang blieb, bis zur vorläufigen Freilassung der Frau, die sie wie eine Mutter liebte. Juliáns Familie nahm sie auf, unterstützte und beriet sie, als sei sie ihre eigene Tochter.

Sie setzte ihr Studium fort und begann, sich eine gerichtliche Strategie für die Verteidigung ihrer Eltern zurechtzulegen. Dazu suchte sie Hilfe, die weit über die Ratschläge des Pflichtverteidigers von Policarpio Vázquez hinausging. Der Bruder ihres Freundes, der gerade sein Jurastudium begonnen hatte, gab ihr eine Kopie des Artikels 242 der argentinischen Strafprozessordnung. Evelin las dort:

»Gegen den Angeklagten dürfen zur Vermeidung der Nichtigkeit des Urteils weder sein Ehepartner noch seine Vorfahren, seine Abkömmlinge oder seine Geschwister aussagen, es sei denn, das Verbrechen wurde gegen den Zeugen oder einen seiner Verwandten begangen, der zu dem Zeugen im gleichen oder in einem engeren Verwandtschaftsverhältnis als der Angeklagte steht.«

»Ich wurde adoptiert, und zwar illegal.«

»Ja, aber für dich sind es deine Eltern, oder?«

»Eben, für mich hat sich nichts geändert. Sie sind meine Eltern, und es ist mir egal, wo und wie ich geboren wurde.«

»Also, dieser Artikel dient dazu, die familiären Beziehungen zu schützen, und das ist es, was du sagen musst.«

Währenddessen machte Ana Ferrá eine nicht vereidigte Aussage, in der sie gestand, dass das Mädchen tatsächlich nicht ihre leibliche Tochter war. Sie wurde im Marinekrankenhaus inhaftiert, da sie gesundheitliche Probleme hatte. Obwohl Evelin Männer in Uniform grundsätzlich respektierte, betrachtete sie den, der das Zimmer der Frau bewachte, die sie aufgezogen hatte, mit großem Argwohn. »Ich litt, aber nicht darunter, dass ich nicht ihre Tochter bin, sondern weil ich ihn im Gefängnis und sie in einem Zimmer eingesperrt mit einem Polizisten vor der Tür sehen musste.«

Zehn Jahre später fragt sich Evelin oft, ob es nicht vielleicht eine bessere Idee gewesen wäre zu fliehen.

»Manchmal sagte ich mir, ich will hier weg. Aber ich will keine Reue empfinden für etwas, was ich gemacht habe. Heute kann ich glücklich sein, trotz alldem, was mir passiert ist. Damals hätte ich bis nach Hongkong fliehen müssen, und wer weiß, selbst da hätten sie mich wahrscheinlich gefunden und einen DNA-Test durchgesetzt.«

Sie floh nicht. Und jener Gesetzestext, den Evelin vom Bruder ihres damaligen Freundes bekommen hatte, wurde die Grundlage der Argumentation, die ihr Anwalt Juan Carlos Vigliero später anführen sollte. Vigliero, ehemaliger Partner des Staranwalts Mariano Cúneo Libarona und selbst Sohn eines Militärs, erklärte Evelin, dass er jenes Argument dazu brauchen würde, um zu verhindern, dass ihr Blut als Beweismittel gegen die Menschen verwendet wird, die sie als Mutter und Vater empfand. Das Vorhandensein dieses Gefühls machte für ihn in diesem Fall die gleiche Bindung aus, und darum sollte die Justiz diese auch schützen. Er verstand Evelins Weigerung, sich Blut abnehmen zu lassen, als eine Handlung zum Schutz ihrer Privatsphäre, ihrer physischen, psychischen und moralischen Integrität, da sie den Menschen, die sie wie ihre eigene Tochter aufgezogen hatten, nicht schaden wollte.

Eine unerfüllte Sehnsucht

Laura Bauer Pegoraro wurde wahrscheinlich Anfang November 1977 in der ESMA, dem geheimen Folterlager in der Mechanikerschule der Marine in Buenos Aires, geboren. Eine Gefangene, die zusammen mit Susana Pegoraro, der Mutter des Babys, im dritten Stock des Offizierskasinos der ESMA festgehalten wurde, berichtete später, wie sie Laura im Arm hatte, als der Präfekt Héctor Febrés, unter dem Spitznamen *El Selva* bekannt, mit einem kleinen Babykorb und frischer Kleidung für die Neugeborene hereinkam. Mit vorgetäuschter Freundlichkeit bat er Susana Pegoraro, einen Brief an ihre Verwandten zu schreiben, denen angeblich das Kind übergeben werden sollte. Er wies sie auch an, den Namen ihrer Tochter anzugeben. Am nächsten Tag nahm ihr der Präfekt das Kind weg, und kurz danach wurde Susana an einen anderen Ort gebracht und nie wieder gesehen.

Susana Pegoraro war die Erste aus einer Gruppe schwangerer Frauen, die ihr Kind in der ESMA zur Welt brachten. Sie wurde am 18. Juni 1977 am Bahnhof in Buenos Aires festgenommen, zusammen mit ihrem Vater, dem italienischen Staatsbürger Giovanni Pegoraro. Zu diesem Zeitpunkt war sie im fünften Monat schwanger. Für einige der Entbindungen in den Folterlagern gibt es Zeugen, die überlebt haben, die Mütter der Kinder jedoch sind bis heute verschwunden, ebenso die Väter.

Wie ihr Mann Rubén Santiago Bauer, der zwei Tage vorher in der Stadt La Plata entführt worden war, war Susana Mitglied der peronistischen Bewegung der *Montoneros*. Sie hatte ihre politischen Aktivitäten in der Peronistischen Universitätsjugend (JUP) begonnen, während Rubén ein aktives Mitglied der Peronistischen Arbeiterjugend (JTP) war.

Ende 1998 erhielt die Organisation der *Großmütter der Plaza de*

Mayo eine Anzeige, deren Einzelheiten der absoluten Geheimhaltung unterlagen und die mit dem 1986 begonnenen Prozess gegen den ehemaligen Kapitän Jorge Raul Vildoza wegen Kindesaneignung in Zusammenhang standen. Dank dieser Daten waren sich die Mitarbeiter der Organisation beinahe absolut sicher, Laura Bauer Pegoraro, die seit über zwanzig Jahren unermüdlich von ihren leiblichen Großmüttern gesucht wurde, gefunden zu haben.

Seit dem Jahr 1978 war ihre Großmutter väterlicherseits, Angélica Bauer, zweimal im Monat von Ayacucho nach Buenos Aires gereist, um an den Versammlungen der *Großmütter der Plaza de Mayo* teilzunehmen. Sie fuhr sogar per Anhalter, wenn sie nicht genügend Geld hatte. Noch heute kämpft die Siebzigjährige und ist immer noch an den Aktivitäten der Organisation beteiligt.

Am 15. Dezember 1998 wurde Angélica Bauer endlich mitgeteilt, dass ihre Enkelin gefunden worden sei, sie sich aber bis nach den Gerichtsferien im Januar gedulden müsse, bis sie Einzelheiten erfahren würde. Man bat sie, diese Nachricht nicht öffentlich zu machen, doch Angélica konnte die große Freude natürlich nicht für sich behalten und erzählte den engsten Verwandten, was sie erfahren hatte. Nachdem so viele Enkelkinder gefunden worden waren, hatte schließlich auch sie das Glück, und sie konnte es kaum erwarten, ihre Enkelin zu sehen, sie kennenzulernen, sie anzuschauen, fest in den Arm zu nehmen und ihr alles zu erzählen, wovon sie während all dieser Jahre des Suchens geträumt hatte.

»Wenn ich sie endlich treffe, werde ich ihr sagen, dass ich sie schon kannte, als sie noch im Bauch ihrer Mutter war«, sagte Angélica Bauer.

»Wird sie zu dir ziehen, Oma?«

Angélica Bauer antwortete einer ihrer kleinen Enkelinnen, die diese Frage gestellt hatte, dass das sicherlich schwierig wäre, weil Laura in ihrem Alter »bestimmt schon ihr eigenes Leben führt«. »Aber wir werden uns gegenseitig besuchen«, nahm sie vorweg.

In den darauffolgenden Monaten reiste sie dreimal nach Mar del Plata. Sie wollte unter anderem wissen, wem Laura ähnlich sah. Eines Nachmittags wartete sie vor deren Arbeitsstelle auf sie, doch ihre Enkelin kam nicht. Sie blieb mit ihrer Sehnsucht zurück, und es würde nicht das letzte Mal so sein. Nicht anders erging es Inocencia de Pegoraro, Lauras Großmutter mütterlicherseits.

Evelin erlaubte den Familien Bauer und Pegoraro nicht, endgültig festzustellen, ob sie Laura war oder nicht, obwohl sie glaubten, es bereits zu wissen. Die Großmütter begegneten einer fremden Frau mit einem Namen und einer Identität, an die diese sich mit aller Macht klammerte. Evelin war nicht in der Wohnung der Hebamme geboren worden, auch wenn ihre Geburtsurkunde dies besagte. Und auch der Name in ihrem Personalausweis war nicht ihr wahrer Name. Dennoch zog ihn Evelin jedem anderen vor. Sie verweigerte die Blutabnahme und die Aushändigung ihres Personalausweises und wollte nichts weiter über die Familien Pegoraro und Bauer lesen, wissen oder hören.

Für die Großmütter war dies eine schrecklich schmerzhafte Enttäuschung. Es war, als würde ihnen ihre Enkelin ein zweites Mal genommen, wenn nicht noch schlimmer. Um Evelin in ihrer Wut nicht noch mehr zu provozieren, beschlossen beide Familien jedoch einvernehmlich, ihren eigenen Schmerz in Zukunft für sich zu behalten. Sie äußerten sich nicht mehr in der Zeitung und legten die Klärung der Angelegenheit in die Hände des Gerichts.

Der Präzedenzfall

Vier Jahre lang lief Evelin Vázquez Ferrá durch die Straßen von Mar del Plata mit dem steten Gefühl, verfolgt zu werden. Sie befürchtete, dass die Polizei nach ihr fahnden und sie zwingen würde, eine Blutprobe abzugeben, um ihre Abstammung genetisch bestimmen zu können. Sie versteckte ihren Ausweis und gewöhnte sich daran, ohne diesen aus dem Haus zu gehen.

Das Gericht forderte nämlich dessen Aushändigung, da Evelins Adoptiveltern gestanden hatten, sich das Baby illegal angeeignet zu haben. Evelins Anwalt erklärte jedoch, dass man seiner Mandantin nicht ihre Identität, ihre Persönlichkeit und ihren Namen nehmen dürfe, weil sie ohne ihre Papiere ihre Rechte verlieren würde und beispielsweise weder reisen, arbeiten, finanzielle Transaktionen durchführen oder Immobiliengeschäfte abwickeln noch einen Führerschein besitzen und Auto fahren dürfe. Ohne ihren Ausweis wäre sie auf der Straße eine Namenlose, argumentierte er. Evelin hielt so lange stand, bis sie ihren Ausweis schließlich behalten durfte.

»Policarpio und Ana haben stets über mich gewacht und ich über sie. Sie zogen mich im Sinne gegenseitigen Respekts, der Ehrfurcht vor Gott und der Nächstenliebe groß, womit sie für die Bildung meiner Persönlichkeit sorgten. Über meine biologische Herkunft weiß ich momentan dagegen gar nichts, ich weiß aber, dass Policarpio und Ana für mich immer meine Eltern gewesen sind. Und heute, angesichts solch großer Ungewissheit, weiß ich, dass sie das aufgrund der bedingungslosen Zuneigung und der Liebe, die ich für sie empfinde, auch weiterhin sein werden.«

So gab Evelin als »die dritte Beteiligte« in dem Prozess gegen ihre Eltern ihre Stellungnahme in einem Schreiben ihres Anwalts ab. Dieser erreichte damit, dass das Gericht sie als Opfer der Straftat am Prozess teilhaben ließ. Heute kann sich Evelin nicht mehr an jene Worte erinnern. »Mein Anwalt hat das wohl geschrieben«, gesteht sie. Der Prozess, der nach dem alten argentinischen Strafgesetzbuch und somit ohne mündliche und öffentliche Verhandlung geführt wurde, zog sich immer länger hin. Im Gegensatz zu anderen Betroffenen war Evelin fest entschlossen, sich bis zur letzten Konsequenz zu verteidigen. Ihr Anwalt ging bis zum Obersten Gerichtshof Argentiniens.

Evelin wohnte weiterhin in Mar del Plata und stand kurz davor, ihr Informatikstudium abzuschließen. Der Gerichtsstreit hatte sie Zeit und Kraft gekostet und die Fertigstellung ihrer Abschlussarbeit um zwei Jahre verzögert. Eines Tages klingelte das Telefon, und am anderen Ende der Leitung meldete sich eine Freundin, die stets aufmerksam die Nachrichten verfolgte und auf dem neuesten Stand war.

»Evelin, sie haben deinen Fall abgeschlossen.«

»Im Ernst?«

»Ruf sofort deinen Anwalt an.«

Evelin rief ihn in Buenos Aires auf seinem Handy an.

»Juan Carlos, eine Freundin hat mir erzählt, dass sie meinen Fall abgeschlossen haben.«

»Was? Ich bin gerade bei den *Großmüttern der Plaza de Mayo*. Ich überprüfe das und rufe dich zurück.«

Tatsächlich konnte er ihr eine Weile später die Details mitteilen: Am 30. September 2003 hatte der Oberste Gerichtshof, die höchste richterliche Instanz Argentiniens, nach einer langen Diskussion unter seinen Mitgliedern mit sieben zu einer Stimme zugunsten der jungen Frau entschieden. Das Gericht stellte das Recht auf Privatsphäre über das Recht der vermutlichen biologischen Familie auf die Feststellung ihrer Identität. Es verkündete, dass der Staat Evelin nicht zwingen könne, zur Ermittlung ihrer wahren Identität beizutragen, wenn sie dies nicht wolle. Das Gericht fügte hinzu, dass man angesichts des Geständnisses von Policarpio Vázquez und seiner Frau »eine Blutabnahme nicht für notwendig hält, um in dieser Strafsache ein Urteil zu fällen«.

Die *Großmütter der Plaza de Mayo* kritisierten das Urteil, da ein Präzedenzfall geschaffen worden sei, und sie erklärten, bei internationalen Gerichtshöfen Berufung einzulegen. Sollte Evelins Strategie von anderen Enkelkindern übernommen werden, hätten die Familien keinerlei Möglichkeit, die Herkunft eines möglichen Enkels, der sich weigerte, gefunden zu werden, festzustellen und somit die Verantwortlichen für die illegale Aneignung, Identitätsverheimlichung und -fälschung eines Kindes zur Rechenschaft zu ziehen.

Evelin hingegen spürte die Erleichterung sofort am ganzen Körper. Sie nahm ihre Tasche und fuhr direkt ins Fitnessstudio. Als sie nach ihrem Training ihr Handy wieder einschaltete, sah sie, dass ihr SMS-Speicher voller Nachrichten war. Familienangehörige und Freunde wollten wissen, wo sie war, was vor sich ging und wie sie sich fühlte. Und sie tat wieder einmal so, als wäre nichts gewesen.

Gegenüber sich selbst und vor ihren engsten Freunden war sie jedoch ehrlich: »Das war's, jetzt werden sie mir nicht mehr auf die Nerven gehen, ich werde keine Erklärungen mehr abgeben müssen. Endlich!«

In einem Bericht der Tageszeitung *La Nación*, veröffentlicht am 1. Oktober 2003, gab sich Evelin etwas zurückhaltender: »Ich habe Verständnis für ihren Kampf, aber für mich war es ein schlechter Zeitpunkt. Ich bin kein böser Mensch, aber ich kann keine Liebe für Menschen empfinden, die ich nicht kenne. Sie glauben, meine biologische Familie zu sein, aber ich habe bereits meine Eltern, meine Schwester, Onkel und Tanten, Nichten und Neffen. Ich hatte meine Familie schon mein ganzes Leben lang. Ich kann nachvollziehen, wie schmerzhaft das sein mag, aber dieser Platz ist besetzt.« Und sie fügte hinzu: »Ich bin befreit.«

Hochzeit mit Hindernissen

In den darauffolgenden Jahren entspannte sich Evelin und vergaß die ganze Angelegenheit. Sie verschwand aus den Medien, die für sie nur ein Hilfsmittel unter anderen gewesen waren, um ihren Kampf auszutragen. »Die Leute sagen, wenn ich einmal Kinder habe, werde ich das Bedürfnis verspüren, zu erfahren, woher ich komme. Anfangs habe ich das geglaubt und gedacht, vielleicht werde ich es wirklich wissen wollen, wenn ich mich erst einmal beruhigt habe. Aber ich habe mich beruhigt und will es immer noch nicht wissen.«

Trotz allem hat Evelin nie angezweifelt, dass die Familie, die sie gefunden hat, ihre Blutsverwandten sind: »Das ist die einzige Version meiner Geschichte, die ich habe.« Dennoch wahrt sie Distanz: »Ich bin nicht für den Schmerz der anderen verantwortlich. Sie sprechen immer nur von dem, was sie erlitten haben. Aber ich habe ihre Schmerzen nun einmal nicht verursacht, damit habe ich nichts zu tun. Welche Schuld trifft mich? Ich bin das Ergebnis einer Geburt zum falschen Zeitpunkt, ich bin, wer ich bin. Alle sehen nur die Rechte der anderen. Ich bin Opfer der Vergangenheit, das ist klar. Sie haben mich entführt, wofür der Staat verantwortlich war, und jetzt ist es wiederum der Staat, der mich verfolgt.«

Evelin und ihr Freund Pato zogen im August 2006 zusammen nach Buenos Aires, wo beide einen vielversprechenden Arbeitsplatz gefunden hatten. Sie mieteten eine Wohnung in einem Hochhaus mit Schwimmbad, Waschküche und Mehrzweckraum im selben Stadtviertel, in dem sich die ehemalige ESMA befunden hatte. Obwohl aufgrund ihres Umzugs das Geld knapp war, begannen sie damit, ihre Hochzeit zu planen. Nach vierjähriger Beziehung legten sie das Datum fest: Die Hochzeit würde am Abend des 1. Dezember 2006, einem Donnerstag, in Mar del Plata stattfinden. Zur Feier würden sich wenige Verwandte, nämlich die Familienangehörigen, mit denen Evelin aufgewachsen war, und die engsten Freunde in einem Sommerhaus einfinden. Sie verschickten die Einladungen, bestehend aus zwei Püppchen und einem lustigen Spruch, und bestellten kistenweise Kekse als Geschenke für ihre Gäste.

Evelin hatte den zurückliegenden Kampf um ihre Identität bereits verdrängt. In Buenos Aires wähnte sie sich in Anonymität, und das gefiel ihr. Nicht einmal ihre Arbeitskollegen wussten, dass sie ein entführtes Kind war und dass sie sich der DNA-Analyse verweigert hatte. Sie war zur Ruhe gekommen. Dies ließ sich von ihren Großmüttern nicht sagen. Sie bestanden vor Gericht weiterhin auf ihrem Einspruch. Richterin Servini de Cubría unterstützte ihre Forderungen und beabsichtigte, die durch den Obersten Gerichtshof gesetzten Grenzen zu umgehen. Wie sie suchten auch andere Richter der ersten Instanz nach einer Lösung, um die wahre Herkunft der Kinder von Verschwundenen zu ermitteln, die ihre Mitarbeit verweigerten und, obwohl sie Opfer einer Straftat waren, die Täter – ihre unrechtmäßigen Adoptiveltern – verteidigten.

Kurz vor der Hochzeit meldete sich Evelins Anwalt. »Es ging um die Angelegenheit mit der Zahnbürste«, fasst Evelin zusammen. Jeder Mensch hinterlässt DNA-Spuren auf persönlichen Gebrauchsgegenständen des Alltags wie Kämmen, Kleidern und Zahnbürsten. Diese Spuren konnte man nun durch eine spezielle, neu entwickelte Technik entschlüsseln und eindeutig einer Person zuordnen. Im Zusammenhang mit den Fällen der entführten Kinder hatten mehrere Richter festgestellt, dass diese Technik deren wahre Abstammung bestimmbar mache und gleichzeitig dennoch den Willen der jungen Menschen respektiere, die keine Blutuntersuchung vornehmen lassen wollten. Sie wurden von dem Schuldgefühl, das viele belastete, und von der Verantwortung gegenüber ihren widerrechtlichen Adoptiveltern befreit.

Am 9. Oktober 2006 ordnete die Richterin in Evelins Fall die Anwendung dieser von der Anklage geforderten Maßnahme an. Evelin wollte sich dem natürlich nicht beugen. Ihr Anwalt beantragte Einspruch bei der Bundesgerichtskammer, da es sich um eine bereits abschließend verhandelte Rechtssache handele. Einen Monat später jedoch erklärten die Richter den Einsatz dieser Methode im Fall Vázquez Ferrá für zulässig.

Evelin raste vor Wut und beteuerte wieder einmal, dass sie sich das nicht gefallen lassen würde.

»Wenn mein Papa nicht auf meiner Hochzeit ist, werden sie mich kennenlernen. Meinen Papa nehmen sie mir nicht weg. Ich habe mich korrekt verhalten, war brav, habe versucht, nach vorne zu blicken, habe nach einem alternativen Weg gesucht und hasse niemanden. Aber wenn sie glauben, ich sei ein schlechter Mensch, kennen sie mich nicht. Sie haben mir meinen Papa schon einmal weggenommen. Wenn sie ihn mir zu meiner Hochzeit wegnehmen, werden sie einen schlechten Menschen kennenlernen.«

Das Gerichtsverfahren auf der ersten Instanz zog sich allerdings noch länger hin, und wie geplant betrat Evelin die Kirche am Arm des Mannes, den sie weiterhin Papa nannte. Nach der Hochzeit verging ein Jahr, bis die beiden »Parteien« endlich ein vertrauliches Treffen vereinbarten, zu dem Evelin, ihre beiden aller Wahrscheinlichkeit nach leiblichen Großmütter und die jeweiligen Anwälte kommen sollten. Die junge Frau wartete im Konferenzraum der Kanzlei, als ihr Anwalt hereinkam und sie mit einer Nachricht überraschte.

»Sie sind alle gekommen, Evelin, ich wusste es nicht, das war so nicht abgesprochen.«

»Alle?«

»Ja, neben den zwei Großmüttern und ihrer Anwältin Alcira Ríos auch noch Onkel, Tanten und Cousins.«

»Na gut ... wir können sie nicht draußen stehen lassen. Sie sollen hereinkommen.«

Es waren dann tatsächlich so viele, dass es Evelin ein wenig schwindelig wurde. Sie bemerkte, dass viele sehr blond waren, so wie sie selbst, als sie klein war. Die Familien Bauer und Pegoraro stellten sich einzeln vor: die zwei Großmütter, Onkel und Tanten, die Frau eines Onkels, ein Großonkel und Cousins mütter- und väterlicherseits. Sie sahen es als Tatsache an, dass Evelin Laura war, und Evelin sah das auch so, auch wenn sie sich zurückhielt.

»Ich passe auf, ich werde nicht anfangen, diese Leute gerne zu haben, von denen sich nachher womöglich herausstellt, dass sie gar nicht meine Verwandten sind. Nach meiner Geburt wurde ich entführt, dann wurde mein Vater verhaftet, mein Zuhause auf den Kopf gestellt, und jetzt fange ich womöglich an, diese Leute zu mögen, und dann haben sie sich doch vertan, und ich bin die Tochter von jemand anderem.«

Sie konnte keine Gefühle zulassen, als sie ihrer biologischen Familie gegenüberstand. Trotz des Drucks erklärte Evelin ganz kühl und sachlich gemeinsam mit ihrem Anwalt ihren Vorschlag: Sie bot an, die DNA-Analyse zu machen, wenn diese nicht als Beweismittel gegen Policarpio Vázquez und Ana María Ferrá verwendet würde. »Wenn Sie meine biologische Herkunft bestätigt haben wollen, mache ich den Test, aber wir werden ihn nicht gegen meine Eltern verwenden. Ich will nicht den Rest meines Lebens damit verbringen, darüber nachzudenken, dass ich der Grund dafür war, dass es den Menschen, die ich liebe, schlecht geht«, sagte sie.

Sowohl die eine als auch die andere Seite schien eine Versöhnung zu wollen, doch am Ende siegte doch das Misstrauen. Wenn die Großmütter ihre Forderung nach einer DNA-Analyse zurückzogen, wer garantierte ihnen dann, dass Evelin den Test machen und ihnen endlich die beruhigende Gewissheit darüber verschaffen würde, dass sie ihre Enkelin Laura gefunden hatten? Und wenn Evelin die Analyse machen ließe, bevor die Großmütter darauf verzichteten, sie als Beweis gegen ihre Eltern zu verwenden, wer garantierte ihr dann, dass sie nicht betrogen würde und ihre Eltern nicht doch erneut ins Gefängnis müssten? Außerdem würden Staatsanwälte und Richter die Ergebnisse dennoch berücksichtigen müssen, selbst wenn die Anklage darauf verzichtete.

Bei diesem Treffen ließ Evelin nicht zu, dass sich ihr Herz öffnete. Bis heute versteht sie nicht, dass ihre wahrscheinlich biologische Familie sie lieben kann, ohne sie zu kennen. »Das geht doch nicht automatisch, eine Beziehung kann sich entwickeln, aber ich drücke nicht auf einen Knopf und sage, meine Schwester ist nicht mehr meine Schwester oder meine Neffen sind nicht mehr meine Neffen. Das ist Unsinn. Für sie ist es auch nicht einfach, es sind dreißig Jahre vergangen, sie wissen nichts von mir.«

Über die vielen Wendungen in dem Rechtsfall war viel Zeit vergangen. So beantragte die Verteidigerin von Policarpio Vázquez die Verjährung der Rechtssache und Einstellung der Anklage. Sie argumentierte wie folgt: »Es konnte nicht gezeigt werden, wer zu dem Zeitpunkt, als Evelin Karina Vázquez Ferrá meinem Mandanten Policarpio Vázquez übergeben wurde, unrechtmäßig das Sorgerecht für diese innehatte. Durch diesen Umstand lässt es sich nicht als bewiesen ansehen, dass Evelin Vázquez Ferrá nach ihrer Geburt von ihren biologischen Eltern ohne deren Einwilligung getrennt wurde, wobei noch heute ihre genaue Abstammung unbekannt ist. Ebenso besteht keine Gewissheit darüber, dass mein Mandant zum vermutlichen Zeitpunkt der Geburt von Susana Pegoraros Tochter in der Ausbildungsstätte für Mechaniker und Ingenieure der Marine arbeitete oder dass er auf irgendeine Art und Weise an der mutmaßlichen Entführung der Minderjährigen beteiligt war.«

Die Staatsanwälte hielten ihrerseits diese Tatsachen für bewiesen und forderten Strafen von neuneinhalb Jahren für Policarpio Vázquez, neun Jahren für seine Ehefrau und sechs Jahren für die Hebamme Justina Cáceres.

Die Bloßstellung

Der fünfte jener scheinbar mit einem Fluch belasteten Donnerstage war der 14. Februar 2008. Zuerst bellte Evelins Hund Aquiles. Gleich darauf klingelte es an der Tür des Apartments. Ihr Mann Pato wälzte sich verschlafen zwischen den Laken. Panik erfasste Evelin, als sie aus dem Bett sprang. Sie schaute durch den Spion und sah grün gekleidete Männer und eine Frau vor ihrer Tür stehen, die ihr sagten, dass sie von der Polizei seien und einen Durchsuchungsbefehl hätten, der von Richterin Servini de Cubría unterzeichnet worden sei. Sie schaute auf die Uhr: Es war fünf Uhr morgens. Sie zog sich das Erstbeste über, was sie finden konnte, und redete über die Gegensprechanlage mit dem Wachmann des Hauses, der ihr bestätigte, dass er die Ausweise aller Personen kontrolliert habe.

Evelin öffnete die Tür, während Pato in der Küche versuchte, Aquiles zu beruhigen.

»Kommen Sie herein.«

Einer der Polizisten telefonierte mit dem Handy im Hausflur.

»Bitte blamieren Sie mich nicht hier im Haus. Wenn Sie reden wollen, dann in der Wohnung, oder gehen Sie ganz raus, aber dort nicht.« Sie war wütend und zeigte das auch ganz unverblümt.

»Wir müssen Ihnen den Durchsuchungsbefehl vorlesen.«

»Schon gut, kommen Sie herein, ich kann mir schon vorstellen, was darin steht.«

»Wir sind dazu verpflichtet, ihn zu verlesen.«

Dieses Mal verstand Evelin. Sie hörte sich die Liste der Dinge an, die die Polizei mitnehmen wollte: Zahnbürste, Pinzette, eine getragene Unterhose. Außerdem hatten sie auch vor, ihr Auto zu durchsuchen. Evelin drehte sich um und sah, wie jemand ins Bad ging und anfing, die schmutzige Wäsche aus dem Korb zu holen.

»Hey, was machen Sie da? Wollen Sie echt einen Tanga von mir mitnehmen?«

»Ja, wir haben einen Befehl.«

Die Polizistin packte Evelins Zahnbürste ein.

»In Ordnung, nehmen Sie die Zahnbürste, aber meine Unterwäsche nicht. Nehmen Sie meine Haarbürste, schauen Sie, wie viele Haare ich verliere, da ist ein ganzes Büschel.«

»Wir werden die Wäsche mitnehmen.«

»Das ist doch lächerlich, entschuldigen Sie, ich weiß, dass Sie nur Ihre Arbeit machen, aber wenn das Gericht doch meine Privatsphäre schützen wollte, wie können Sie dann meinen dreckigen Slip mitnehmen? Es ist echt furchtbar, schauen Sie, ich reiße mir Haare aus, und Sie können sie mitnehmen, das ist mir egal. Ich bitte Sie, ich kann mir auch einen Finger abschneiden, und Sie nehmen das Blut mit, aber die Unterhose nicht.«

Evelin fiel ein, dass ihre schmutzige Wäsche gar nicht im Korb war, sondern in ihrer Sporttasche, weil sie am Abend zuvor nach dem Training zu müde gewesen war, alles auszupacken. »Suchen Sie nicht weiter, machen Sie nicht noch mehr Unordnung. Hier ist meine Unterhose, nehmen Sie sie.« Evelin holte sie aus der Tasche und gab sie einem der Polizisten. Die Hausdurchsuchung war bereits seit zwei Stunden im Gange, die Polizisten wollten jedoch noch ihr Auto untersuchen. »Ich bitte Sie, Sie haben schon alles, was Sie brauchen, stellen Sie mich nicht noch mehr bloß. Die Nachbarn müssten jetzt bald zur Arbeit aufbrechen, ich will nicht, dass man Sie dabei sieht, wie Sie mein Auto durchsuchen, als sei ich eine Kriminelle.«

Die Polizei gab schließlich nach und ging. Evelin verspürte große Lust, irgendetwas kaputt zu machen. Vorsichtshalber wartete sie eine Stunde, bis sie in Mar del Plata anrief und alles am Telefon erzählte, bevor die Familie dort auf andere Art und Weise davon erfuhr.

Dann duschte sie sich und wusch sich die Haare, wobei sie fest die Fingerkuppen gegen ihre Schläfen presste. Sie trocknete ihre Haare sorgfältig, und während die Bürste durch ihr Haar fuhr, beruhigte sie sich langsam. Sie schaltete das Glätteisen ein und bearbeitete Strähne für Strähne, bis das Haar makellos glatt war, so, wie sie es mochte und wie sie es immer tat, wenn sie sich schlecht fühlte. Sie machte sich mit besonderer Sorgfalt zurecht. Als Evelin ins Büro kam, war sie so hübsch wie noch nie.

Sie ging zu ihrem Chef und bat ihn um ein Gespräch unter vier

Augen. Sie musste ihm endlich erzählen, wer sie war und wer sie sein wollte.

Zwei Monate später, am 22. April 2008, informierte die Leiterin der Nationalen Gendatenbank Argentiniens Richterin Servini de Cubría darüber, dass die als Evelin Karina Vázquez eingetragene Person mit einer Wahrscheinlichkeit von 99,999 Prozent zu ihrer vermuteten biologischen Familie gehöre, was bedeutete, dass Evelin die Tochter von Susana Beatriz Pegoraro und Rubén Santiago Bauer ist.

Der Tag, an dem man Evelin bestätigte, dass sie Laura ist, war kein Donnerstag. Vielleicht ist wenigstens das ein gutes Zeichen.

»Jetzt setze ich etwas fort, statt immer nur gegen alles zu sein«

Während Victoria den politischen Weg ihrer ermordeten Eltern einschlägt, bekennt sich ihre Schwester Daniela zum Onkel, der die Eltern verraten hat

La Donda

Victoria Donda, ein rebellisches Mädchen, war bereits sehr früh in ihrem Leben politisch aktiv. Schon als junger Mensch entwickelte sie eine unverkennbare eigene Identität und baute sich eine eigene Welt auf, die sich um ihre politischen Aktivitäten drehte. Vielleicht hatten ihre genetischen Erbanlagen oder die Erlebnisse ihrer Kindheit dazu beigetragen, dass sie das Bedürfnis hatte, sich neu zu erfinden, und zwar schon lange bevor sie erfuhr, dass sie nicht diejenige war, die sie zu sein glaubte. Später, als bekannt wurde, dass sie eines der Kinder von Verschwundenen war, die ihre Großeltern nach dem Ende der Diktatur wiedergefunden hatten, stand Victoria ständig im Mittelpunkt. Ihre komplexe und schwierige Geschichte wurde in der Öffentlichkeit diskutiert, bevor sie selbst die unermesslich schmerzliche Wahrheit wirklich hatte verarbeiten können.

Wir trafen uns zum ersten Mal am 11. September 2007 in einem Café an der Avenida de Mayo, mitten in Buenos Aires. Sie kam mit anderthalb Stunden Verspätung, hatte mir aber Bescheid gegeben. Während ich auf sie wartete, hatte ich in der Tageszeitung *Clarín* gelesen, um die sie mich sogleich bat, als sie mich damit sah. In einer der Beilagen stand ein Interview mit ihr und ihrer Freundin Victoria Grigera, Schauspielerin und wie sie Tochter von Verschwundenen, die in dem Stück *Vic y Vic* des *Teatro por la Identidad* die Rolle der Victoria Donda spielte. Victoria, in der Öffentlichkeit oft *La Donda* genannt, war allmählich berühmt geworden, allerdings noch nicht in dem Ausmaß, wie sie es nach der Wahl zur Nationalabgeordneten im Dezember desselben Jahres werden sollte.

Als Erstes stellte Victoria klar, dass sie grundsätzlich nicht über ihre Beziehung zu den Menschen sprechen wolle, bei denen sie aufgewachsen war. Im Bericht in der Zeitung *Clarín* wurden diese nicht einmal erwähnt. Ich fragte sie warum. Sie schwieg. Sie spricht nicht über ihre Gefühle. So ist es ihr lieber. Alles andere ist noch zu schmerzlich, es gehört noch zu ihrer Privatsphäre. »Eines Tages werde ich es tun«, versprach sie.

»Ich habe gesündigt, weil ich rebellisch war«

Pater Juan war etwa dreißig Jahre alt, als er an die katholische Mädchenschule *Instituto de Señoritas Sagrada Familia* kam. Die Nonnen, am Rande eines Nervenzusammenbruchs, vertrauten ihm die aufgeregten Seelen ihrer Schülerinnen an. Insbesondere schickten sie ihm Analía – wie Victoria damals hieß –, ein Mädchen, das sich von Anfang an in der Schule widerspenstig verhielt, mehrmals in der Woche zur Beichte.

Klein, brünett und mit sinnlichen Lippen, machte Analía die Jungen verrückt, sie schielten förmlich nach ihren Brüsten unter ihrer Schuluniform. Analía hielt sich nicht an die Hausordnung der Nonnen, die hielt sie für lächerlich. Sie tat alles Menschenmögliche, um dies zu dokumentieren: Sie krempelte den Bund ihres grauen Uniformrocks so weit um, dass er zum Minirock wurde, lackierte sich die Nägel in grellem Rot, überlud ihre Wimpern mit Mascara, umrandete ihre Augenlider dick mit Eyeliner und ließ ihre Haare offen und ungekämmt. Analía nutzte jede Gelegenheit, um gegen die Nonnen und die militärische Disziplin, die jene den Schülerinnen aufzwangen, zu protestieren. Mit ihrem Verhalten gewann sie die Bewunderung ihrer Freundinnen. Und sogar die Erwachsenen schauten voller Respekt auf sie an jenem Tag, an dem sie sich als Fünftklässlerin an dem Sitzstreik der Mädchen aus der zehnten Klasse beteiligte, um eine allseits beliebte Lehrerin zu verteidigen, die ungerechterweise entlassen worden war. Schritt für Schritt wurde sie so zur Anführerin, nicht nur in ihrer Klasse, sondern in der gesamten Schule. Wenn sie eine unangekündigte Prüfung schreiben sollten, überzeugte Analía ihre Freundinnen zu streiken. Sie verlangte die Gründung eines Schülerparlaments, um für die Rechte ihrer Kameradinnen zu kämpfen. Und wenn ihre eigenen revolutionären Ideen ausgeschöpft waren, ließ sie sich von irgendeiner Filmheldin zu neuen Taten inspirieren.

Die Oberin bestellte Analía regelmäßig in ihr Büro. Dann zwang sie das Mädchen, ihre Haare hochzustecken, den Gürtel zu lockern und den grauen Rock wieder über die Knie zu ziehen. Eine halbe Stunde lang hielt sie ihr einen Vortrag über ihre Disziplinlosigkeit, ungebührlich für eine Schülerin, die zu den Besten der Schule gehörte, und für ein Mädchen aus einer ausgezeichneten Familie. »Du wirst niemals Gruppenführerin oder Tutorin sein können«, warnte die Nonne, während Analía sich bemühte, nicht zu lachen. Sie war in ihren eigenen Gedanken versunken und nahm das Gebrabbel der Direktorin kaum wahr.

Strafen bändigten Analía immer nur für ein paar Tage, dann stellte sie die Geduld der Nonnen erneut auf die Probe. Beispielsweise sammelte sie eine Woche lang während der Unterrichtszeiten Geld für eine Kameradin, die an der Ecke der Schule einen Verkehrsunfall gehabt hatte. Das Mädchen konnte nicht mehr laufen, und Analía hatte die Idee, ihr einen Rollstuhl zu kaufen. Sie vergaß jedoch ein nicht gerade unwichtiges Detail: Sie hatte nicht um Erlaubnis für die Sammlung gebeten.

Empört befahl ihr die Oberin einmal mehr, bei Pater Juan die Beichte abzulegen. Der Pater beschloss, mit Analía einen Spaziergang im Innenhof der Schule zu machen, weit entfernt von indiskreten Blicken und Ohren. Nachdem er sie gefragt hatte, was passiert sei (»Ich habe gesündigt, weil ich rebellisch war«, antwortete Analía), wies er sie an, die Bußformel laut zu beten. Weitere Strafen stellte er nicht in Aussicht. Pater Juan war neugierig auf Analía geworden und wollte wissen, was sie beschäftigte. So setzten sie die Spaziergänge fort, und ihre Gespräche gingen zu politischen Fragen über. Besonders die jüngere Geschichte Argentiniens interessierte sie, und mit der Zeit wurde Analía in politischen Gesprächen zunehmend geübter. »Der Typ ist in Ordnung, ein Revisionist, aber mit Klasse«, erklärte sie ihren Freundinnen nach den langen Spaziergängen, die allen verdächtig erschienen.

Der Pfarrer der Kirchengemeinde Belén war ganz anders als Pater Juan, sehr viel weniger verständnisvoll. Analía und ihre Freunde aus ihrem Heimatort Quilmes, einem Städtchen in der Provinz Buenos Aires, gingen regelmäßig in seine Kirche. Sie trafen sich jeden Samstagnachmittag, übten Gitarre, diskutierten, gaben den kleinen Kindern aus der Pfarrei Religionsunterricht und musizierten in

Victoria im Alter von zwei Jahren

Waisenhäusern oder Seniorenheimen. Das gefiel Analía am besten. Am wenigsten gefiel es ihr, abends in die Messe zu gehen, wenn sie zurückkamen. Wenn sie überhaupt teilnahm, dann gezwungenermaßen, oder weil sie ihren Freund begleitete, der Leiter einer Jugendgruppe war. Er war ein bisschen älter als sie, groß, schlank, blond, mit grünen Augen. Außerdem war er ein ausgezeichneter Student der Ingenieurwissenschaften, ziemlich seriös, man könnte fast sagen, zu konservativ.

Eine Zeitlang ging die Gruppe samstags in ein Seniorenheim, in dem unter anderen eine alte Spanierin wohnte, die die jungen Leute lieber aus dem Hintergrund beobachtete und dabei irgendwie verärgert dreinblickte. Analía störte es, dass diese Frau sich so zurückzog, und es reizte sie sehr, ihre Sympathien zu gewinnen.

»Warum kommen Sie nicht zu uns? Warum verziehen Sie so ihr Gesicht?«, fragte Analía.

Die alte Spanierin, die Rosa hieß, machte große Augen, als sie das Mädchen so reden hörte, war aber um eine Antwort nicht verlegen: »Sobald ihr euch hier langweilt, werdet ihr nicht mehr kommen. Also ist es mir lieber, euch zu hassen, als euch liebzugewinnen und dann später zu vermissen.« Es versteht sich von selbst, dass die beiden Frauen Freundinnen wurden. Rosa erzählte Analía Anekdoten aus ihrem Leben, und Analía brachte ihr Bonbons mit.

Eines Tages jedoch trat Rosas Befürchtung ein: Die Gruppe kam nicht mehr in das Heim. Analía besuchte Rosa dennoch weiterhin. Sich mit den Bedürfnissen anderer zu beschäftigen war ihr lieber als zu Hause rumzuhängen. Sie trafen sich bis zu Rosas Tod, Analía war damals noch nicht einmal fünfzehn Jahre alt.

Kurz danach wurde sie gezwungen, aus der Jugendgruppe auszutreten, weil sie die Messe zu oft versäumt hatte. In dieser Zeit fing Analía an, ihre »Eltern« anzulügen. Sie erzählte ihnen, dass sie bei einer Freundin schlafen würde, obwohl sie in Wahrheit zu einem Konzert ging oder das Nachtleben von Buenos Aires erkundete. Und sie machte wegen eines öffentlichen Streits mit dem Pfarrer von sich reden. Es schien, als ob es im tiefsten Innern ihrer Seele nicht nur das Gefühl gab, helfen zu wollen und um Gerechtigkeit zu kämpfen, sondern immer auch ein unstillbares Bedürfnis nach Auseinandersetzung und Konfrontation.

Die Gemeinde hatte einen Vortrag über Drogenabhängigkeit organisiert. In seiner Predigt kündigte der Pfarrer an, dass die Kinder daran nicht teilnehmen dürften. Analía hatte bis zu diesem Punkt der Predigt nicht so genau zugehört, aber jetzt stand sie wie von einer unsichtbaren Kraft gezogen auf und schrie:

»Sie wollen doch nur Ihre Autorität ausspielen. Wieso dürfen wir nicht an der Diskussion teilnehmen? Wir sind doch die, die Drogen nehmen. Sie sollten uns da hingehen lassen.«

Der Pfarrer, der Analía wegen ihres wiederholten Schwänzens der Messe bereits unter vier Augen getadelt hatte, blickte sie wütend an.

»Du bist ein unverschämtes kleines Mädchen.«

»Ich bin kein kleines Mädchen mehr, und ich werde nie wieder in diese Messe kommen. Sie zwingen uns zu kommen und drohen damit, uns nicht ins Seniorenheim gehen zu lassen, wenn wir nicht an der Messe teilnehmen. Ich werde trotzdem weiter ins Seniorenheim gehen, aber nie mehr zu Ihrer langweiligen Messe.«

»Du bist dann aber auch nicht mehr Mitglied dieser Gemeinde«, verwies sie der Pfarrer, der genau wusste, dass Analía für die Gerüchte verantwortlich war, die über ihn verbreitet wurden, unter anderem für die absurde Behauptung, dass er Jugendlichen Drogen verkaufe.

Analía rannte hocherhobenen Hauptes aus der Kirche. Schamrot folgte ihr Freund und bat sie mit leiser Stimme, das Gesagte zurückzunehmen. Eine Gruppe von Jugendlichen, die Analía recht gab, folgte ebenfalls nach draußen, während der Pfarrer seine Messe fortsetzte. Die anderen Gemeindemitglieder hatten dieser Auseinandersetzung zwischen dem Pfarrer und dem Mädchen sprachlos, aber interessiert zugesehen, so, als verfolgten sie ein Tennisspiel.

Als Analía sechzehn Jahre alt wurde, veränderte ein Geschenk Pater Juans aus der Schule schlagartig ihr Leben. Er hatte ihr Che Guevaras Biografie inklusive aller seiner Reden zugedacht. Sie las das Buch, so schnell sie nur konnte, und war von da an Anhängerin des Che. Als Analía mit dem Buch nach Hause kam, bat sie der Mann, den sie für ihren Vater hielt, eindringlich, das Buch verschwinden zu lassen oder es zumindest in Papier einzuschlagen, damit er es nicht sehen müsse. Sie gehorchte ihm sofort.

Nach dem Streit mit dem Pfarrer hatte Analía endgültig aus der Kirchengruppe austreten müssen. Stattdessen nahm sie jetzt Schauspielunterricht und verliebte sich sofort in ihren Lehrer, für den sie ihren hübschen Freund verließ. Es gelang ihr aber nicht, die Aufmerksamkeit des Fünfzigjährigen auf sich zu lenken. Er sah in ihr nichts anderes als ein überdrehtes kleines Mädchen, das seinen Platz in dieser Welt suchte. Die Rolle einer Schauspielerin tat ihr gut. Niemals nahm sie eine Nebenrolle an: Schon als sie klein war, spielte sie die Königin und nannte sich selbst Victoria. Es genügte ihr nicht, eine Prinzessin zu sein.

Es lag dann vielleicht an der Geringschätzung des Lehrers oder an der Tatsache, dass sie sich doch nicht zum Theater berufen fühlte, irgendwann jedenfalls ersetzte Analía den Schauspielunterricht durch Besuche in einem neuropsychiatrischen Krankenhaus. Ihre Freundin Fernanda, die Psychologie studieren wollte, nahm sie dorthin mit. Auch Fernanda gehörte zur Gruppe der Rebellen in der Schule. Ihr Stil war eine Mischung aus Heavy Metal und Punk. Mit ihr ging Analía abends heimlich aus, während ihre »Eltern« dachten, sie sei bei ihr, einfach um Filme anzuschauen und dort zu übernachten.

Fernanda und Analía wurden Verbündete in ihren Interessen,

und ihre Neugier trieb sie in die Fakultäten der Universität von Buenos Aires. Bei den Psychologen nahm Fernanda Kontakt mit einer Organisation auf, die soziale Aktivitäten für die Patienten der Psychiatrie organisierte. Also gingen sie und Analía dorthin und beschäftigten sich mit den Kranken. Analía gab die Besuche allerdings sehr plötzlich wieder auf, weil die Reaktion eines Patienten sie verschreckte: Ein Junge schüttete ihr plötzlich Popcorn über den Kopf, während sie Dame mit ihm spielte. Sie erfuhr nie, aus welchem Grund der Kranke plötzlich so aggressiv geworden war, versuchte aber auch nicht wirklich, es herauszufinden. In der juristischen Fakultät sammelte Analía mit Fernanda die dort ausliegenden studentischen Zeitungen, um die Ideen der verschiedenen linkspolitischen Gruppen kennenzulernen.

Während sie also noch die Schule besuchte, entwickelte sie alles in allem eine enorme politische Aktivität. Die Nonnen hatten angesichts ihrer Durchsetzungskraft längst resigniert. Samstags besuchte Analía nun statt des Seniorenheims eine Armenküche im Hafenviertel von La Boca, und nachdem sie die Schule schließlich mit abgeschlossenem Abitur verlassen hatte, widmete sie sich voll und ganz der Politik im Verwaltungsbezirk Avellaneda. Auch zu Hause gaben sich alle angesichts der Leidenschaft, die das Mädchen für jede Diskussion aufbrachte, geschlagen: Es war einfach unmöglich, Analía davon zu überzeugen, dass sie einen falschen Weg eingeschlagen hatte.

Der Gipfel war erreicht, als Analía eines Nachts mit blutigen Händen nach Hause kam. Am 10. März 1999 um drei Uhr morgens weckte das Geräusch von fließendem Wasser im Bad die ganze Familie. Analía hielt ihre Hände unter den Wasserhahn und erklärte, als sei es das Normalste der Welt, dass sie sich an den spitzen Steinen, mit denen sie Prinz Charles beworfen hatte, verletzt habe. Wie das? Der britische Thronfolger Prinz Charles war für zweiundfünfzig Stunden zu Besuch in Buenos Aires gewesen und hatte sich mit dem damaligen argentinischen Präsidenten Carlos Menem getroffen. Nicht nur, dass Menem und Prinz Charles in ihrem Gespräch den politisch umstrittenen Krieg um die Falklandinseln (Malwinen) der achtziger Jahre nicht erwähnt hatten, der Prinz wurde sogar noch mit einem offiziellen Empfang im Hotel Alvear Palace im Stadtteil Recoleta geehrt.

Im Haus herrschte Krisenstimmung. Die Familie versuchte, Analía zur Vernunft zu bringen, und hinderte sie schließlich daran, in dieser Nacht noch einmal das Haus zu verlassen. Analía erklärte schreiend, wie notwendig es sei, gegen den englischen Imperialismus zu kämpfen, und wie dringlich, ihre Freunde zu unterstützen, die nach den Vorfällen während des Staatsbesuches verhaftet worden seien. Zu diesen Vorfällen gehörten Vandalismus, das Werfen von Brandbomben, gewalttätige Auseinandersetzungen mit der Polizei und sogar ein Protest von Transvestiten. Die Familie verstand nicht, was in Analía vorging.

Eine schmerzliche Entdeckung

Im Stadtteil Dock Sud zu wohnen, in *El Docke,* wie die Leute dieses Viertel von Buenos Aires nennen, ist, als lebe man in der Hölle. In der Luft befindet sich mehr giftiges Gas als Sauerstoff, und durch die Adern der Kinder fließt genauso viel Blei wie Blut. Analías politischer Geist, gegen jede Form von Ungerechtigkeit zu kämpfen, drängte sie dazu, sich in diesem schlimmsten aller Armenviertel zu engagieren. Dabei freundete sie sich mit einem älteren Mann an, der Mitglied der Kommunistischen Partei war.

»Vielleicht kennen Sie ja meinen Vater ...«

»Wer ist denn dein Vater?«

Analía nannte seinen Namen.

Es war das letzte Mal, dass der Mann mit ihr sprach. Analía verstand nicht warum. Zumindest verstand sie es damals noch nicht.

Erst ein paar Jahre später, Anfang August 2003, sollte sie das Verhalten dieses Mannes begreifen. Ein Mitstreiter aus der Organisation, in der sie politisch aktiv war, hatte ein Treffen zwischen ihr und Vertretern der Menschenrechtsorganisation HIJOS in einer Bar in der Nähe des Hospitals Durand arrangiert. Die Vertreter von HIJOS, einer Organisation, in der sich die Nachkommen der Verschwundenen für den Kampf um Aufklärung und Gerechtigkeit zusammengeschlossen hatten, wussten, dass Analía in einer Zeitschrift der juristischen Fakultät, an der sie ihr Studium aufgenommen hatte, über Menschenrechte schrieb. Außerdem hatten sie schon gemeinsam an Protestmärschen und Demonstrationen gegen

Militärverbrecher teilgenommen, die sich immer noch ungestraft in Freiheit befanden. Die Organisation hatte Kontakt zu Analía aufgenommen, um sie näher kennenzulernen.

Diese neuen Gefährten, von denen viele selbst auf der Suche nach ihren in Gefangenschaft geborenen Geschwistern waren, zeigten Analía nun unvermittelt eine Kopie ihrer vermutlich echten Geburtsurkunde. Sie hatten das Dokument nach langer und aufwendiger Suche gefunden und erklärten, dass Analía mit großer Wahrscheinlichkeit die Tochter von Verschwundenen sei. Auf ihre ungläubige Nachfrage hin, ob sie sich dessen denn auch sicher seien, wiesen sie auf die Unterschrift von Doktor Horacio Pessino hin. Dieser Arzt wurde auch in anderen Fällen mit dem Raub von Kindern in den geheimen Folterzentren in Verbindung gebracht, Analía selbst hatte über ihn schon einige Artikel für die Universitätszeitschrift verfasst.

Analía fühlte beim Zuhören förmlich, wie ihr der Boden unter den Füßen weggezogen wurde und ihr die Luft wegblieb. Zuerst hasste sie die Nachricht und danach ihre Überbringer. Eine furchtbare Angst überkam sie, weil sie nicht wusste, wer ihre wahren Eltern waren und was sie erwartete, wenn sie die ganze Wahrheit erfahren würde. Der Gedanke, dass ihre Eltern tot sein könnten und sie eine Waise wäre, schmerzte sie. Noch mehr Angst bereitete es ihr aber, darüber nachzudenken, welche Verantwortung die beiden Menschen trugen, die sie als ihre Eltern ansah und die sie so sehr liebte. Der Gedanke daran bereitete ihr Seelenqualen. Sie war sich vollkommen bewusst, was es bedeutete, ein geraubtes, zwangsadoptiertes Kind zu sein, das in Gefangenschaft geboren worden war. Analía zitterte, als sie diese Wahrheit erfuhr, sie fing an zu schluchzen, konnte damit gar nicht mehr aufhören und fühlte sich einfach nur wehrlos. Es war eine Sache, sich politisch zu engagieren und für andere zu kämpfen. Aber es war etwas ganz anderes, selbst das Opfer einer Tragödie zu sein.

Sie war sich sicher, dass der Mann von der Kommunistischen Partei, den sie damals in *El Docke* getroffen hatte und der über ihre Herkunft so erschrocken war, bereits einen Verdacht hegte und etwas mit der Aufklärung ihrer Identität zu tun hatte. Als sie ihn Jahre später wiedertraf, erinnerte er sich seiner alten Vermutungen und reichte eine Anzeige bei den *Großmüttern der Plaza de Mayo* ein.

Nach dem Treffen mit den HIJOS-Mitgliedern fingen ihre Alpträume wieder an, die sie schon als Kind geplagt hatten. Obwohl sie erwachsen geworden war, hatte sie immer noch Angst vor kleinen Männern. Damals hatte es ihr eine Heidenangst bereitet, wenn sie vor dem Fernseher gesessen und den kleinen Inki, die Hauptperson einer Zeichentrickserie, gesehen hatte. Die winzige, schwarze Figur mit dem scheußlichen Knochen im hochgesteckten Haar sah für sie einfach nur furchteinflößend aus. In ihrem Traum schlich Inki sich heimlich an sie heran. Der Kleine riss seine Augen weit auf und zeigte seine Zähne. Analía wollte schreien, doch ihr versagte die Stimme. Sie wollte weglaufen, aber ihre Beine und ihr Körper waren wie gelähmt. Inki drückte ihr den Hals zu und drohte, sie zu ersticken. Dann wachte sie auf, zitterte am ganzen Leib und weinte, während sie zusammengekauert in ihrem Bett saß. Obwohl sie eine kämpferische Rebellin war, wusste Analía, dass sie nicht so stark war, wie alle glaubten. Und es gab noch so vieles, was sie erfahren würde.

Am 24. März 2004, sieben Monate, nachdem sie erstmals von ihrer falschen Identität gehört hatte, ging sie durch das Eingangstor der ESMA und wagte sich bis zum Hauptgebäude vor, wo zum ersten Mal eine offizielle Gedenkfeier für die dort Gefolterten stattfand. Sie konnte sich noch nicht dazu überwinden, bis zum Offizierskasino zu gehen, in dessen Nebengebäuden die Gefangenen einst zusammengepfercht waren und die Schwangeren ihre Kinder zur Welt gebracht hatten. Analía begann wieder zu zittern. Sie fühlte, wie ausgelaugt und müde ihr Körper war, nach all den vielen Stunden, die sie grübelnd wach gelegen hatte. In der Nacht zuvor hatte Inki sie wieder einmal im Traum angegriffen.

Sie hörte der Rede von Juan Cabandić, einem von den *Großmüttern* wiedergefundenen Enkel, angestrengt zu, ohne jedoch seine Worte wirklich zu verstehen, so nervös war sie. Danach sprach an diesem Morgen auch Präsident Néstor Kirchner. Das argentinische Staatsoberhaupt hatte zusammen mit dem Bürgermeister der Stadt Buenos Aires, Aníbal Ibarra, beschlossen, an diesem Ort, der das größte geheime Folterlager Argentiniens während der Militärzeit mit insgesamt 4276 Inhaftierten gewesen war, eine nationale Gedenkstätte einzurichten.

Als die Veranstaltung endete, ging Analía, so schnell sie nur konnte. Sie war sich sicher, dass sie an diesem Ort geboren worden war, während der Gefangenschaft ihrer Mutter. Sie verachtete sich selbst dafür, dass sie nicht den gleichen Mut besaß wie diese.

Die gerettete Schwester

In den zurückliegenden Monaten hatte Analía versucht, ihr Leben normal weiterzuleben: Sie engagierte sich politisch, studierte, und nebenbei erforschte sie ihre eigene Identität. Aber sie lebte in ständiger Furcht und war zutiefst verunsichert. Sie weinte sogar in aller Öffentlichkeit, immer wieder, ganz gleich, wo sie sich gerade befand.

Sie hatte die Puzzleteile aus dem, was ihr erzählt worden war, zusammengefügt und unter anderem ausgerechnet, dass ihr wahres Geburtsdatum einige Tage vor dem liegen müsste, das in ihrer falschen Geburtsurkunde angegeben war. Im Haus von Verito, einer ihren neuen Freundinnen, die in der Organisation HIJOS aktiv war, konnte Analía ein Buch mit Bildern von schwangeren Frauen, die später verschwunden waren, durchblättern. Sie erkannte ihre eigenen Augen in denen von María Hilda Pérez. Die Frau, ihre mutmaßliche Mutter, war am 28. März 1977 auf offener Straße im Großraum von Buenos Aires festgenommen worden. Im Buch stand, dass sie damals im fünften Monat schwanger gewesen war. Wenn María Hilda Pérez tatsächlich als ihre Mutter bestätigt würde, dann war ihr Vater aller Wahrscheinlichkeit nach José María Donda. Er konnte an jenem Tag damals der Verhaftung entgehen und hatte eine Zeitlang noch telefonisch Kontakt zu seiner Familie, bis auch er verschwand.

María Hilda kam aus Mendoza und war die Älteste von vier Geschwistern. Sie engagierte sich in der Peronistischen Jugend, in der »glorreichen JP«, wie die Mitglieder diese Vereinigung nannten, und arbeitete in der Rechnungsabteilung einer Firma, die Plastikwaren herstellte. Dort war sie auch Gewerkschaftsvertreterin. Alle nannten sie Cori, Corita oder La Petisa. Ihr zukünftiger Ehemann, José María Donda, trug den Spitznamen El Cabo oder El Pato.

Cori und El Pato lernten sich 1973 an der geisteswissenschaftlichen Fakultät der Universität Buenos Aires kennen, in jenem Jahr, in dem Juan Domingo Perón zum letzten Mal in das Land zurückkehrte. Es war Liebe auf den ersten Blick. Sie bewunderten sich gegenseitig für ihr politisches Engagement, ihre Überzeugungen und ihren aktiven politischen Kampf. Wie so viele junge Paare der damaligen Zeit gingen sie gemeinsam in den Widerstand und traten der *Montoneros*-Bewegung bei. 1974 kam ihre erste Tochter Eva Daniela zur Welt.

Das Kind wurde gerettet, weil seine Eltern es in die Obhut von Leontina Puebla de Pérez gaben, der Mutter von María Hilda, die später zu einer der zwölf Gründerinnen der *Großmütter der Plaza de Mayo* werden sollte. Leontina würde ohne Unterlass nach ihrer zweiten Enkelin suchen, nachdem sie durch Zeugenaussagen von Überlebenden der ESMA erfahren hatte, dass María Hilda während ihrer Haft ein Mädchen entbunden hatte. Leontina folgte allen Spuren und Anzeigen, bis sie María Hildas Entführung, ihre Festnahme und sogar ihre Folter rekonstruieren konnte. Die wenigen Überlebenden erzählten, dass Cori im 3. Kommissariat in Castelar gefangen gehalten wurde, bis man sie zusammen mit vielen anderen schwangeren Gefangenen in die ESMA verlegte. Man vermutet, dass sie gegen Ende August in dem Dachgeschoss, das extra für die Entbindungen eingerichtet worden war, eine Tochter gebar. Rubén *Delfín* Chamorro, der Leiter der ESMA, bezeichnete dieses Dachgeschoss als »unsere Geburtsklinik«. Cori nannte das Kind Victoria – Sieg: zu Ehren des Sieges der kubanischen Revolution, eines Sieges, für den sie und ihr Mann und so viele andere Menschen in Lateinamerika in ihren Ländern auch kämpfen wollten.

Das Leid der Großmutter Leontina war mit dem Verlust der Tochter und deren zweitem Kind noch nicht beendet. Im Jahr 1987 entzog ihr der Onkel von Eva Daniela, Adolfo Donda, das Sorgerecht für das Mädchen. Die bereits etwas ältere Dame bekam anonyme Drohanrufe, die immer häufiger und angsteinflößender wurden. Schließlich konnte sie das Gefühl, verfolgt zu werden, nicht mehr ertragen und wanderte nach Kanada aus, wo bereits ihre verbliebenen Kinder lebten.

Das Regime des Onkels

Die Brüder Adolfo und José Maria Donda stammten aus Diamante, einer Stadt an den Ufern des Flusses Paraná in der Provinz Entre Ríos. Wie viele Jungen aus dieser Stadt besuchten sie die Marineschule in La Plata. José, der Jüngere der beiden, war am Aufbau der peronistischen Organisation innerhalb der Schule beteiligt und wurde später Mitglied einer studentischen Widerstandsvereinigung. Zuerst war er Mitglied der peronistischen Linken und trat dann, zusammen mit María Hilda, den *Montoneros* bei, wohingegen sein zehn Jahre älterer Bruder Adolfo schon längst eine militärische Laufbahn in der Marine anstrebte und später eine entscheidende Rolle in der ESMA spielen sollte. Dort war er als *Palito* und *Gerónimo* bekannt, Decknamen, die er in seiner Rolle als Leiter von Einsätzen des Geheimdienstes benutzte.

Obwohl seine politischen Ansichten sich deutlich von denen seines Bruders José unterschieden, wurde der Fregattenkapitän Adolfo Donda Trauzeuge bei dessen Hochzeit mit María Hilda. Später empfing er mit großer Wärme die Eltern seiner Schwägerin, als diese zu ihm kamen, um ihn um Hilfe zu bitten. Außer ihm kannten sie niemanden, der beim Militär war, und so erzählten sie ihm, dass María Hilda verschwunden sei. Sichtlich bestürzt versprach er, sich um die Angelegenheit zu kümmern. Danach teilte er ihnen unter Bedauern mit, dass er über die Geschehnisse nichts habe herausfinden können, versicherte aber, die Suche nicht ruhen zu lassen.

Als Analía von den Mitgliedern der Organisation HIJOS über ihre vermutliche Herkunft unterrichtet wurde, erzählten diese ihr nichts von ihrem Onkel. Dessen unheilvolle Rolle in der Geschichte musste sie für sich allein entdecken. In den Archiven der verschiedenen Menschenrechtsorganisationen fand sie zahllose Artikel über ihn. So las sie zum Beispiel auch einen Bericht über die Haftbedingungen in den Folterlagern, den er selbst geschrieben hatte. Einer Gefangenen hatte er gedroht:

»Das hier ist ein Krieg. Und mit den Feinden darf man kein Mitleid haben, ich hatte keines mit meinem Bruder, der ein *Montonero* war, auch nicht mit meiner Schwägerin, die wir genauso kassiert haben wie dich, und auch nicht mit der Tochter der beiden. Du solltest jetzt besser reden, oder du wirst genauso verlegt werden wie sie.«

Viele Jahre später erkannte die so bedrohte Frau in dem von Pockennarben gezeichneten Gesicht Adolfo Dondas *Gerónimo* wieder. Sie hatte diesen Mann nicht vergessen können, der sie so oft geschlagen und so sehr beleidigt hatte, dessen bloße Anwesenheit ihr Schweißausbrüche verursachte und der sie sogar noch nach ihrer Befreiung anrief und sie per Telefon kontrollierte: »Na, wie geht's, benimmst du dich auch anständig? Denk dran, dass wir dich beobachten lassen.« Nach der Wiedereinführung der Demokratie konnte Adolfo Donda zunächst vollkommen unbehelligt weiterleben.

Selbst wenn der ehemalige Marineoffizier mit der Übergabe Victorias an ihre Adoptiveltern etwas zu tun gehabt hatte, so sollte er dies stets leugnen, auch vor seinen engsten Vertrauten. Er behauptete, dass er von der Geburt seiner jüngsten Nichte erst nach 1983 und durch öffentliche Zeugenaussagen erfahren habe. Ein überlebender Gefangener, Lisandro Cubas, widersprach ihm allerdings. Er sagte aus, dass Donda seine Schwägerin in ihrer kleinen Zelle besucht und ihr versprochen hätte, dass sie ihren Ehemann wiedertreffen und die Tochter ihrer Familie übergegeben werden würde. Donda hielt dennoch an seiner Version fest und auch an der Behauptung, nichts über den Verbleib María Hildas zu wissen, die mit ihrem aggressiven Hinterfragen von Autorität und System sowie mit Ausdrücken wie »Soldatenschweine« seine Nerven strapaziert hätte.

Geschützt durch das Befehlsnotstandsgesetz, konnte Adolfo Donda nach dem Ende der Diktatur einer Freiheitsstrafe entgehen und gewann außerdem den Rechtsstreit um das Sorgerecht für seine Nichte Eva Daniela. So kam es, dass die ältere Tochter von José und María Hilda das Haus ihrer Großmutter Leontina verlassen musste und völlig legal die Adoptivtochter ihres Onkels wurde, obwohl dieser von vielen Überlebenden verdächtigt wurde, die wahren Eltern seiner Adoptivtochter an die Folterer ausgeliefert zu haben.

Adolfo Donda war Gegenstand vieler Nachforschungen. Am meisten beschäftigten sich mit seinem Fall der Journalist Miguel Bonasso in seinem Buch »Don Alfredo« und das Fernsehteam der Sendung *Telenoche Investiga*, das von der Reporterin Miriam Lewin geleitet wurde, die einst selbst entführt worden war und die Gefangenschaft in der ESMA überlebt hatte. Die Untersuchungen beider ergaben, dass Donda während der Regierungszeit des Präsidenten Raul Alfonsín Marineattaché in der argentinischen Botschaft in

Brasilien war, dass er für den argentinischen Geheimdienst gearbeitet hatte und später als Chef der Sicherheitsfirma Zapram für die Überwachung des Geldverkehrs am Flughafen zuständig gewesen war. Dies alles und noch mehr konnte er in Freiheit tun, bis durch die Aufhebung der Befehlsnotstands- und Schlusspunktgesetze auch das Verfahren gegen ihn wiedereröffnet wurde. Der für die Vorfälle in der ESMA zuständige Richter ordnete am 16. September 2003 die Verhaftung Dondas an, zusammen mit Héctor Febrés und fünfzehn weiteren Offizieren.

Zu diesem Zeitpunkt wusste Analía noch nicht mit vollkommener Sicherheit, wer sie war, obwohl sie bereits ahnte, dass sie eigentlich Victoria hieß und genau wie ihre Eltern ein Opfer ihres eigenen Onkels war. Erschüttert von der Geschichte, die sie nach und nach herausfand, wollte Analía Konkreteres wissen. Sie griff zum Telefon und rief Lidia Vieyra an, eine Überlebende der ESMA und Freundin von María Hilda, die jener bei der Geburt geholfen hatte. Analía wollte die Frau kennenlernen, die vermutlich dabei gewesen war, als sie geboren wurde.

»Ich glaube, dass ich die Tochter von Cori bin«, sagte Analía, als sie sich schließlich trafen.

»Ich weiß nicht, ob du ihre Tochter bist oder nicht«, erwiderte Lidia vorsichtig. Sie sah Analía an und fügte hinzu: »Allerdings hast du ihre Augen …«

Lidia konnte ihr nicht die letztgültige Bestätigung geben, die Analía nur durch eine Blutuntersuchung erhalten konnte. Lidias vorsichtige Distanz hatte einen weiteren Grund: Sie verspürte noch immer eine Mischung aus Schmerz und Schuld, weil sie den Verbleib Victorias bereits früher auf eigene Faust untersucht hatte und 2001 bis zu Arturo Donda gelangt war, einem Militärangehörigen aus der Provinz Entre Ríos. Er war ein Cousin von Adolfo und José María und hatte eine Tochter aufgezogen, die nicht seine eigene war, Mariel Irene. Lidia hatte irrtümlicherweise gedacht, dieses Mädchen müsse die jüngere Tochter María Hildas sein. Der Fall war bis ins Fernsehen gelangt. Dort hatte man in einem Beitrag sehen können, wie der ehemalige Offizier der Luftwaffe die Berichterstatterin bedrohte, die ihn über die Herkunft des Mädchens befragen wollte, das angeblich im Mai 1977 geboren worden war und von dem man vermutete, er und seine Frau hätten es illegal adoptiert. Die Nachbarn erinnerten sich daran, dass zu dem Zeitpunkt, als Mariel Irene ins Haus kam, ihre »Mutter« achtunddreißig Jahre alt war, und alle wussten, dass sie eigentlich keine Kinder mehr bekommen konnte.

Die Familie Pérez, Lidia Vieyra und auch die Öffentlichkeit hielten Mariel Irene für Victoria, die in der ESMA geborene Tochter María Hildas. Sogar Daniela, die nicht mehr den Namen Eva trug, weil ihr Onkel Adolfo Donda ihn streichen ließ, nachdem er das Sorgerecht für sie erlangt hatte, war von der Entdeckung ihrer angeblichen Schwester gerührt und wollte sie kennenlernen. Daniela wusste überhaupt erst seit kurzem, dass sie eine Schwester hatte. Nachdem sie entdeckt hatte, dass Mariel Irene diese in Gefangenschaft geborene Schwester sein könnte, reiste sie sofort nach Entre Ríos. Sie traf sich mit der Jugendlichen und sagte ihr, dass sie die DNA-Analyse nur machen lassen sollte, »wenn sie es wirklich wolle«. Mariel Irene wollte ihrerseits zu Daniela keinerlei Kontakt haben, ließ aber schließlich doch die Untersuchung im Hospital Durand durchführen. Es zeigte sich, dass sich alle gründlich getäuscht hatten: Ihre DNA passte zu keiner der in der nationalen Gendatenbank eingetragenen Familien.

Verständlicherweise wollte sich Lidia nicht noch einmal so irren und bat Analía daher, die Tests machen zu lassen, die alle Zweifel aus dem Weg räumen sollten.

Ein dünner blauer Faden

Analía konnte sich dazu aber noch nicht entschließen. In der Zwischenzeit sammelte sie weitere Informationen und erfuhr dabei etwas sehr Wichtiges. Man sagte ihr, dass der Mann, der sie in das Haus gebracht hatte, in dem sie aufgewachsen war, ein Freund der Familie und darüber hinaus ihr Patenonkel sei. Sein Name war Héctor Febrés, jener Mann, der zusammen mit ihrem Onkel und anderen Offizieren im September 2003 verhaftet worden war. Mit einem Mal erfuhr sie nun auch noch die schreckliche Wahrheit über ihren Patenonkel, der von Überlebenden der ESMA als *El Gordo Daniel, Orlando* oder *El Selva* wiedererkannt worden war. In den Jahren der Unterdrückung fungierte er als der Aufseher der Schwangeren, die im Offizierskasino untergebracht waren. Daraus schloss

Analía, dass er auch ihre Mutter beaufsichtigt und sie, wie die anderen Frauen, dazu aufgefordert hatte, einen Brief an ihre Verwandten zu schreiben, zu denen er das Baby angeblich bringen würde. Febrés, der selbst auch Verhöre durchführte, war darüber hinaus dafür zuständig, alles Notwendige für die Neugeborenen zu kaufen. Eben dies tat er auch für Victoria, die er in einem nagelneuen Babykorb aus der ESMA trug. Die von ihm ausgeübten Funktionen wurden durch verschiedene Zeugenaussagen in mehreren Gerichtsverfahren bestätigt. Nach einer zehn Jahre dauernden Untersuchung sollte ihm 2008 endlich der Prozess gemacht werden, aber der Expräfekt kam nicht auf die Anklagebank, da er vor Beginn des öffentlichen Verfahrens am 10. Dezember 2007 starb. Angeblich war es Selbstmord.

Als ich Victoria kennenlernte, war ihre Identität schon bestätigt worden und Febrés noch am Leben. Wie viele Opfer fühlte sie sich unmittelbar emotional betroffen, als sie von all den Verbrechen erfuhr, die er begangen hatte. Später empörte sie sich über den angeblichen Selbstmord. Die Untersuchung des Falls bestätigte Unregelmäßigkeiten bei der Einhaltung seiner Haftbedingungen, die von den Klägern schon seit langer Zeit angezeigt worden waren: Besuche außerhalb der Besuchszeiten, Bewegungsfreiheit innerhalb des Gebäudes, Tennis- und Kartenspiele mit seinen Freunden, das Privileg eines Autos mit Chauffeur für seine Frau und womöglich für den Gefangenen selbst, die Veranstaltung von Familienfeiern im Offizierskasino und vermutlich sogar eine Reise ins Ausland und Urlaub in einer Einrichtung der argentinischen Marine. Dienstverstöße und Begünstigungen wurden aufgedeckt, und statt der Untersuchung eines Selbstmordes wurde nun die Untersuchung eines möglichen Mordes und der Verdunkelung durch die Präfektur und die Marine angeordnet. Die Gerichtsmediziner fanden eine hohe Konzentration von Zyanid in Febrés' Blut. Ob es nun Ironie war oder ein bewusst hinterlassenes Zeichen: Viele Aktivisten der *Montoneros*-Bewegung hatten Zyanidtabletten in der Tasche gehabt für den Fall, dass sie verhaftet wurden.

Mochte sein Tod dem eigenen Willen oder dem Willen Dritter geschuldet sein, jedenfalls nahm Febrés die Wahrheit über viele entführte Kinder mit ins Grab. Eines dieser Kinder war sein Patenkind Analía, das dessen Mutter Victoria genannt hatte.

Nicht alle Geheimnisse ihrer Herkunft sollten jedoch begraben werden. Eine weitere wichtige Information, die Analía vor ihrer DNA-Untersuchung und vor dem Tod ihres Patenonkels in Erfahrung bringen konnte, war, dass sie bereits Ohrlöcher gestochen bekommen hatte, als sie in ihrem zukünftigen Elternhaus ankam. Den *Großmüttern der Plaza de Mayo* lag eine Anzeige vor, in der Febrés beschuldigt wurde, ein Kleinkind in das Haus eines Marineoffiziers gebracht zu haben, dessen Ehefrau gerade entbunden hatte. Durch das eine Ohr dieses Kindes war ein dünner blauer Faden gezogen. Febrés hatte die Frau gebeten, das wenige Tage alte Mädchen zu stillen, das sich weigerte, Kuhmilch aus der Babyflasche zu trinken.

Die Puzzleteile passten zusammen. Was Analía über sich erfahren hatte, deckte sich mit den Aussagen Lidias, die María Hilda bei der Geburt des Kindes und sogar beim Stechen der Ohrlöcher geholfen hatte. Trotz all dieser einzelnen Bausteine müsste Analía die DNA-Untersuchung durchführen lassen, um wirklich sicher sein zu können, wer sie war. Sie konnte sich aber immer noch nicht dazu durchringen. So schmerzhaft die Wahrheit war, genauso schmerzhaft war es für sie, ihren Lieben weh zu tun: Sie wollte nicht, dass die genetische Untersuchung als Beweis gegen das Ehepaar verwendet wurde, das sie aufgezogen hatte. Außerdem war da noch ihre drei Jahre jüngere »Schwester«, die ihre »Eltern« (die dies ebenso wenig waren wie in Analías Fall) ebenfalls sehr liebte und sich deswegen jahrelang einer DNA-Untersuchung verweigerte.

Es waren schon vier Monate vergangen seit jener Feier am 24. März 2004 in der ESMA, bei der Analía sich so feige gefühlt hatte, und fast ein Jahr, seitdem sie erfahren hatte, dass sie nicht diejenige war, die sie zu sein glaubte. Am 26. Juli 2004 hielt sie es schließlich nicht mehr länger aus und ging in das Hospital Durand, um die genetischen Untersuchungen zur Bestimmung ihrer Verwandtschaftsverhältnisse durchführen zu lassen. Fast wäre sie auf der Schwelle wieder umgekehrt, aber dann folgte sie doch der Krankenschwester, streckte ihren Arm aus, ballte die Faust und sah zu, wie man ihr das Blut abnahm.

»Ich bin Victoria«

Während Analía auf das Ergebnis des Tests wartete, wollte sie nun unbedingt auch schon ihre vermutliche Schwester Daniela Donda kennenlernen. Sie rief Daniela bei der Arbeit an und erzählte ihr, wer sie war. Die beiden verabredeten sich für den nächsten Samstag.

Analía verzichtete dafür auf eine für sie sehr wichtige politische Demonstration und machte sich sorgfältig zurecht, weil sie einen guten ersten Eindruck hinterlassen wollte. Aber Daniela erschien nicht zu dem Treffen. Dass sie versetzt wurde, löste bei Analía einen regelrechten Wutanfall aus. Ihre Freundin Verito aber, die ihr die Kontaktdaten von Daniela beschafft hatte, rief diese noch einmal an, und sie vereinbarten einen neuen Termin, zu dem Daniela dann auch erschien. Sie kam direkt von der Arbeit und trug die Uniform des Versicherungsunternehmens, bei dem sie arbeitete, eine weiße Bluse und eine eng anliegende graue Hose. Analía hatte ein rotes Kleid und Schuhe mit hohen Absätzen an. Trotz der so offensichtlich unterschiedlichen Aufmachung waren die Gemeinsamkeiten unübersehbar: Sie hatten die gleiche Nase und den gleichen Mund und waren beide ungefähr ein Meter sechzig groß, genauso wie ihre Mutter María Hilda.

Als sie auf der Suche nach einer Bar oder einem Café an einer Ecke der Avenida de Mayo vorbeikamen, musste Analía an die Protestveranstaltungen während der Wirtschaftskrise und an die Morde vom 20. und 21. Dezember 2001 denken, die hier geschehen waren. Sie standen vor der Bank, aus der damals einige der tödlichen Schüsse auf die Demonstranten abgefeuert worden waren. Daniela schlug vor, bei McDonald's etwas zu trinken. Analía kochte innerlich vor Wut. Nicht nur, dass sie an dieser Ecke stand, nun sollte sie obendrein in ein Lokal gehen, gegen das sie normalerweise eher demonstrierte. Trotzdem gab sie nach. Immerhin war Daniela aller Wahrscheinlichkeit nach ihre Schwester, obwohl sie offensichtlich sehr unterschiedliche politische Ansichten hatten. So sagte Daniela, dass sie auf ihre Eltern wütend sei, weil sie es damals vorgezogen hätten, »Verbrecher zu sein, anstatt mich aufzuziehen«. Analía sah sie herausfordernd an: »Ich weiß noch nicht, ob es meine Eltern sind, aber wenn ja, bin ich stolz darauf, dass sie mich bekommen haben, weil ich einer Organisation angehöre, die ähnliche Ziele hat wie die Revolutionäre Volksarmee und die *Montoneros*. Was sie getan haben, finde ich großartig.«

Daniela berichtete ihr, dass sie eine Zeitlang nach ihrer Schwester Victoria gesucht habe. »Ich bitte dich nicht, die DNA-Untersuchung machen zu lassen. Das ist eine sehr persönliche Entscheidung«, wiederholte Daniela die Worte, die sie zwei Jahre zuvor auch schon zu Mariel Irene gesagt hatte. Analía erzählte ihr im Gegenzug nicht, dass sie schon längst im Hospital Durand gewesen war.

Am 8. Oktober waren die Ergebnisse des Tests da. Wie Analía es intuitiv gewusst hatte, als sie zum ersten Mal das Foto ihrer Mutter gesehen hatte, bestätigte die Untersuchung, dass sie Victoria war, jenes Kind, das zwar den blauen Faden verloren, aber für immer seine Ohrlöcher behalten hatte.

Als der Richter sie in sein Arbeitszimmer bestellte, um ihr zu sagen, dass sie tatsächlich eine Donda Pérez war, weinte sie hemmungslos, ohne sich beherrschen zu können. Der Richter wollte ihr alles erklären, aber sie hörte nicht zu. Sie sah nur, wie er die Lippen bewegte und redete und redete, ohne dass ein Ton wirklich bei ihr ankam. Nach dem Treffen ging sie in das Büro der *Großmütter der Plaza de Mayo*. Sie rief Lidia an, um ihr zu bestätigen, dass sie das Mädchen war, bei dessen Geburt sie geholfen hatte. Und sie rief auch Daniela an.

»Ich bin Victoria.«

Am anderen Ende der Leitung war nur Schweigen.

»Ich rufe dich an, weil ich nicht will, dass du es aus dem Fernsehen erfährst.«

Sie erwartete ein Zeichen der Freude, sie hoffte, dass Daniela sie einladen würde, ihren Neffen kennenzulernen. Sie bekam jedoch nur zu hören, dass ihre Schwester sich »noch nicht« mit ihr treffen könne. Sie tauschten ihre E-Mail-Adressen aus. Victoria schrieb ihr später einmal und bat sie um Fotos ihrer Mutter und ihres Vaters. Ihre Schwester antwortete lediglich, dass sie ihr keine Bilder »meiner« Mutter und »meines« Vaters geben würde, weil »ich nicht möchte, dass sie in einem Buch über Menschenrechte veröffentlicht werden«. Das war das letzte Mal, dass sie Kontakt hatten.

Victoria, die ab sofort ihren ursprünglichen Namen verwendete, ist davon überzeugt, dass ihre Schwester wollte, dass Adolfo Donda den Platz ihres richtigen Vaters einnahm. Deswegen habe sie mit dem vorhergehenden Kapitel ihres Lebens abgeschlossen und keine Nachforschungen über die Vergangenheit ihrer Familie angestellt. Diejenigen, die Daniela kennen, verteidigen sie und sagen, dass sie sehr unter der Suche nach ihrer Schwester und dem Medienrummel im Fall Mariel Irene gelitten habe und dass sie, nachdem sie sehr jung Witwe geworden war, mit ihrem kleinen Kind allein geblieben und ihr Leben schwierig geworden sei. Deshalb ziehe sie es vor, nicht so berühmt zu werden, wie ihre Schwester es allmählich wurde.

Der Wahrheit ins Gesicht schauen

Zwei Tage nach der Bestätigung der DNA-Analyse kam Lidia Vieyra aus Santa Fe, um sich mit Victoria zu treffen. Endlich konnte sie ihren Erinnerungen und Gefühlen freien Lauf lassen und erzählte Victoria jedes einzelne Detail aus der Zeit der Gefangenschaft mit ihrer Mutter, an das sie sich erinnern konnte. Lidia berichtete ihr unter anderem von der Vereinbarung mit María Hilda, dass diejenige, die als Erste frei kommen würde, das Baby suchen sollte. Deshalb hatte Lidia eigenständig versucht, Victoria aufzuspüren, und war sogar unter der falschen Annahme, das Mädchen sei von Arturo Donda illegal adoptiert worden, bis in die Provinz Entre Ríos gereist.

Lidia erzählte ihr auch, wie wütend es sie damals gemacht habe, Victorias Mutter dabei zusehen zu müssen, wie diese mit Fußfesseln versuchte, in einen Eimer zu urinieren und dabei trotz des großen Bauches das Gleichgewicht zu halten. Die beiden schliefen nebeneinander in der sogenannten *Capucha*, einem Raum ohne Fenster im dritten Stock des Offizierskasinos der ESMA, in welchem den Gefangenen immer wieder eine Kapuze über den Kopf gestülpt wurde. Lidia erinnerte sich daran, dass María Hilda bevorzugt behandelt wurde. Sie bekam doppelte Portionen zu essen, und gelegentlich erlaubte man ihr zu rauchen. María Hilda nahm jedoch keines der Sonderrechte an, von denen sie glaubte, dass sie sie ihrem Schwager Adolfo zu verdanken hätte. Wenn sie zusätzlich zu dem unappetitlichen Marinesandwich, das sie hasste, zwei Früchte bekam, schenkte sie eine davon einer anderen Gefangenen.

Als die Wehen immer stärker wurden, hatte María Hilda die Gefängniswärter darum gebeten, dass Lidia ihr bei der Entbindung helfen dürfe. Sie wollte nicht, dass »die ersten Hände, die ihr Baby berührten, die Hände dieser Hurensöhne seien«. Sie hatte keine Angst und schrie nicht einmal während der Entbindung, die nur ein paar Minuten dauerte und ohne Komplikationen verlief.

Die Kleine wog ungefähr drei Kilo. Lidia schnitt die Nabelschnur durch, während sich Hilda die Infusion wegriss und von der Liege sprang, um ihre Tochter ganz fest zu drücken und sie mit Zärtlichkeiten und Küssen zu überschütten. Jorge Luis Magnacco, ein Arzt des Marinekrankenhauses, der an zahlreichen Entbindungen von entführten Frauen beteiligt gewesen war, hatte für den Fall eines Dammrisses eine Nadel mit einem blauen Faden bereitgelegt. Mit dieser Nadel durchstachen die beiden Frauen die Ohrläppchen der Kleinen. Den Faden steckten sie wie einen Ohrring durch das eine Ohr des Babys und hofften, es daran in einem Krankenhaus oder in einem Kinderheim erkennen und wiederfinden zu können. Mutter, Tochter und Freundin blieben drei Tage zusammen in den für Schwangere vorgesehenen Räumlichkeiten. Danach wurde Lidia zurück in die *Capucha* gebracht, nach weiteren zwei Tagen folgten María Hilda und Victoria. Zwei Wochen nach der Geburt wurde das Baby aus der ESMA abgeholt.

Victoria glaubte nun, genug über sich zu wissen, und wollte ohne weitere Nachforschungen ihr Leben weiterführen: »Ich dachte, je weniger ich wüsste, desto weniger würde es weh tun.« Sie telefonierte mit ihren Verwandten mütterlicherseits, ihrer Großmutter Leontina und deren Kindern, die nach Kanada ausgewandert waren und denen es zu schwer fiel, nach Buenos Aires zu reisen, um Victoria kennenzulernen.

Im Archiv der *Großmütter der Plazo de Mayo* bereitete man für sie eine Sammlung aus Familienfotos, Interviews mit Freunden und Mitgefangenen ihrer Eltern sowie Zeitungsausschnitten vor, die deren politische Aktivitäten dokumentierten sowie die lange Suche nach ihr. Sie las alles noch am selben Tag und fasste es danach nicht mehr an. Sie wollte an die alten Wunden nicht weiter rühren – bis sie eine E-Mail von einer ihrer Tanten bekam. Diese schrieb ihr, dass bei ihrer Großmutter Leontina die ersten Symptome von Alzheimer zu erkennen seien. Sie könne sich immer schlechter an all das Leid, das sie mit den anderen Großmüttern geteilt hatte, erinnern.

Zwei Wochen später reiste Analía nach Kanada, um die Familie ihrer Mutter kennenzulernen. Begleitet wurde sie von dem Filmregisseur Adrián Jaime, der ihr bei der Rekonstruktion ihrer Geschichte helfen und ihre Suche verfilmen wollte. Am Flughafen von Toronto wurde sie von Leontina erwartet, die Victoria weinend umarmte und mit ihr sprach, als würde sie ihre Enkelin seit jeher kennen.

Victoria verbrachte insgesamt zehn Tage mit ihren Verwandten. Leontina zeigte Victoria Zeitungsartikel und Dokumente, die sie über zwanzig Jahre hinweg gesammelt und in Tüten verpackt in ihrem Schrank aufbewahrt hatte. Plötzlich nahm sie Victorias Hand und flüsterte: »Ach Kind, wie schade, dass wir so weit voneinander entfernt leben.«

Unter Schluchzen erzählte ihr die älteste Tante, dass man ihr verboten hatte, mit Victorias Schwester Daniela wieder Kontakt aufzunehmen, nachdem sie dieser einmal erklärt hatte, dass ihre Eltern sie nicht verlassen hatten, sondern dass man sie entführt hatte, da sie anderer Überzeugung waren als die Regierung. Die Tante erinnerte sich an das Gespräch mit dem Mädchen, als hätte es gestern stattgefunden und nicht schon vor mehr als zwanzig Jahren. Sie erinnerte sich an die Zweifel, die im Kopf des Mädchens herumschwirrten, und die Fragen, die es ihr stellte.

»Glaubst du, sie sind tot?«

»Es ... kann sein.«

»Tante, hat Mama etwas so Böses getan?«

»Nein, die Bösen sind die anderen.«

Es gab Tage, an denen Victoria das Gefühl hatte, als liege ein Pflasterstein auf ihrem Herzen. Ihre Geschichte lastete schwer auf ihr. Andererseits war sie aber auch zufriedener geworden, da sie nun wusste, dass ihre politischen Überzeugungen und Aktivitäten denen ihrer Eltern glichen. »Jetzt setze ich etwas fort, statt immer nur gegen alles zu sein.« Nachdem sie die Wahrheit über sich erfahren hatte und während sie lernte, auf ihre Herkunft stolz zu sein, wiederholte sie diesen Satz immer wieder. Dennoch wich das anfängliche Gefühl nicht, dass ihre Familiengeschichte sie erdrückte. Da waren die Blicke, die Ähnlichkeiten mit ihrer Mutter suchten, und die Menschen, die ihr gratulierten und ihr für ihren Kampf dankten. Und sie selbst fragte sich ständig, welche Entscheidung ihre Eltern in ihrer Situation treffen würden.

Das Schlimmste stand ihr noch bevor: an den Ort zurückzukehren, an dem sie geboren worden war. Sie war bereits in der ESMA gewesen, aber sie hatte bislang nicht das Offizierskasino betreten wollen, das geheime Folterlager. Adrián Jaime, der Regisseur des Dokumentarfilms, nahm den Moment auf, als sie sich endlich ein Herz fasste. Lidia kam mit, und Victoria klammerte sich ganz fest an sie. Eng aneinandergedrückt gingen beide in das Offizierskasino und liefen durch die Bereiche, die unter den Namen *Capucha* und *Capuchita* bekannt waren. Der kleine Raum, in dem Victoria geboren worden war, erschien leer und dämmrig wie alle anderen Räume des Gebäudes. Victoria konnte kaum sprechen, so sehr schluchzte und rang sie nach Atem. Kaum war sie hineingegangen, machte sie sofort wieder kehrt und bat, dass man sie von diesem Ort fortbringen möge. Ihre Tränen wischte sie dabei so energisch weg, als würde sie ihre Haut aufreißen wollen.

Für seinen Film organisierte Adrián Jaime auch eine Besichtigung der ehemaligen Marineschule in La Plata, die Victorias Vater und ihr Onkel besucht hatten. Als die Gruppe wieder draußen war, fragte Victoria nach einer Toilette. Man zeigte ihr eine in der Nähe der gleich gegenüberliegenden Haftanstalt, von der alle annahmen, dass dort ihr Onkel Adolfo Donda, der Adoptivvater ihrer Schwester, seine Strafe absaß. Anstatt auf Toilette zu gehen, nahm Victoria die Gelegenheit wahr und wandte sich an den Kommandanten der Anstalt, Juan Martín Poggi, der die Besucher von weitem beobachtet hatte.

»Sagen Sie Donda, dass ich zum letzten Mal hier bin und ihn sprechen will.«

Nach über einer Stunde kam der Kommandant zurück und erklärte ihr nervös:

»Ich habe mit Adolfo gesprochen, und er meint, Sie seien nicht mit ihm verwandt. Niemand habe ihm das bislang bestätigt.«

Victoria fing an zu schreien.

»Weiß er nicht, dass in der Akte der Beweis dafür steht, dass unser Blut zu 99,9999 Prozent übereinstimmt? Er hat mir immer noch nicht erklärt, was mit meinen Eltern passiert ist, das feige Arschloch!«

Victoria kehrte nie wieder dorthin zurück, um ihren Onkel um eine Erklärung zu bitten, nicht einmal, um herauszufinden, ob er etwas mit den ständigen Drohungen zu tun hatte, die sie erhielt, seitdem sie als Victoria identifiziert worden war. Sie nahm auch nie wieder Kontakt zu ihrer Schwester Daniela auf, noch reiste sie ein weiteres Mal nach Kanada.

Im Dezember 2007 wurde sie dank der Allianz zwischen der Linkspartei *Movimiento Libres del Sur,* in der sie politisch aktiv war, und dem Bündnis *Frente para la Victoria* zur Kongressabgeordneten gewählt. Ihr unermüdlicher Kampfgeist und die Tatsache, dass sie das wiedergefundene Kind von Verschwundenen ist, haben sie so weit gebracht. Sie ist die erste der von den *Großmüttern der Plaza de Mayo* aufgespürten Enkel, die einen Sitz im Abgeordnetenhaus Argentiniens erhalten hat. Sie tritt dort, wie überall sonst, Menschen mit anderen Ansichten mal mit Leidenschaft, mal mit Wut entgegen. Sie scheint permanent in der Defensive zu sein, aber auch immer bereit, ihren Gegner anzugreifen. Sie wirkt, als kenne sie keine Angst und keine Grenzen und als könne sie alles und jeden besiegen. Das ist jedoch nicht wahr. Sie weint noch immer viel, und ihre Hände und Knie zittern, wenn sie an die Verschwundenen denkt. In manchen Nächten schreckt sie aus dem Schlaf, weil der kleine Inki versucht, sie zu ersticken, wie damals, als sie klein war, und später wieder, als sie anfing, ihrer wahren Geschichte zu begegnen.

Zum Jahrestag des Militärputsches wurde am 24. März 2008 zum ersten Mal der Dokumentarfilm *Victoria* in der zur Gedenkstätte umgewidmeten ESMA gezeigt. Vor Beginn der Vorführung sprachen der Regisseur Adrián Jaime, Estela de Carlotto, eine der Gründerinnen der *Großmütter,* und Eduardo Duhalde, argentinischer Staatssekretär für Menschenrechte, zum Premierenpublikum. Duhalde war der überzeugendste und emotionalste Redner. »Vicky wurde nicht von Fremden entführt, sondern von Menschen, die ihr nahestanden und zu Mördern wurden. Man erzog sie, um sie in den Kreis der Verbrecher einzureihen.«

Während seiner Rede musste Victoria einmal mehr weinen.

»Was für ein Einsatz für die Zukunft«, fuhr Duhalde fort, »was für eine Überzeugung, dass die Geschichte noch nicht zu Ende ist. Obwohl die Mutter wusste, dass man ihr das Kind wegnehmen und sie ermordet werden würde, nannte sie ihre Tochter Victoria.«

19. Dezember 2007: Victoria wird als erste wiedergefundene Enkelin ins argentinische Abgeordnetenhaus gewählt

Nach den Ansprachen folgte die Filmvorführung. Mitgefangene ihrer Mutter erzählten Einzelheiten von deren Verhaftung. Victoria kämpfte weiter mit den Tränen, während sie dem Film folgte. Ihre Mutter hatte in der Nähe des Bahnhofs von Morón einen Freund getroffen. Dort schnappte man beide und verfrachtete sie in einen Militärlaster. María Hilda kam ins Führerhaus zwischen den Fahrer und einen Soldaten, den Mann warfen sie nach hinten. Als der Laster an einer Ampel anhielt, sprang dieser von der Ladefläche. Die Soldaten rannten ihm sogleich hinterher, auch die aus dem Führerhaus, woraufhin Victorias Mutter die Situation nutzte, ebenfalls aus dem Wagen sprang und trotz ihrer Schwangerschaft losrannte. Einer ihrer Absätze brach ab, und sie fiel zu Boden. Sie stand auf, zog die Schuhe aus und rannte weiter barfuß bis zum Bahnhof, an dem sie sich in Sicherheit wähnte. An den Gleisen angekommen, hörte sie Schüsse. Später erfuhr sie, dass die Soldaten ihren Freund erschossen hatten. Bevor ein Zug kam, mit dem Cori hätte entkommen können, erschienen ihre Verfolger, umzingelten sie und nahmen sie mit.

Am Ende des Films erzählt ein ehemaliger Mitgefangener ihrer Mutter von einer Begebenheit, die Victoria inmitten all der tragischen Ereignisse einen Moment aufatmen ließ. Als er María Hilda das letze Mal sah, plauderte sie mit Virginia, ihrer Freundin aus der benachbarten Zelle. Sie hatte die Arme auf den Bauch gestützt, und während sie sprach, lächelte sie.

»Der Weg aus der Unwissenheit hat seinen Preis«

Die Zwillinge Matías und Gonzalo erleben bei der Zusammenführung mit ihrer Ursprungsfamilie eine psychologische Schocktherapie

Zurückweisungen

Obwohl ihm nicht kalt war, zitterte er. Er hatte zwar nicht gelogen, aber etwas bewusst verschwiegen, und das belastete ihn. Daher musste er jetzt einfach das Risiko eingehen, ihr die Wahrheit zu sagen. Vor anderthalb Monaten hatten sie ihre erste Verabredung gehabt, und er wusste bereits jetzt, dass er sehr starke Gefühle für diese »offene und ehrliche« Frau mit »reinem Herzen« hegte, die er im Internet kennengelernt hatte. Sie verdiente es, die ganze Wahrheit zu erfahren. Er musste sich einfach aussprechen, um nicht das Gefühl zu haben, er habe sie getäuscht, und vor allem auch: um herauszufinden, ob es wahre Liebe war oder werden könnte.

Heute gibt er zu, dass er große Angst davor hatte, zurückgewiesen zu werden. Das war ihm bislang schon zwei Mal passiert, zum ersten Mal, als er mit vierzehn Jahren verliebt war, die Eltern des Mädchens seiner Träume aber gegen die Beziehung gewesen waren. Beim zweiten Mal war er bereits erwachsen, und nun, mit fast dreißig Jahren, fürchtete er sich davor, zum dritten Mal einen Korb zu bekommen.

Er war auch in anderen Zusammenhängen daran gewöhnt, dass man ihm mit Vorbehalten begegnete: »Wenn man so eine Vorgeschichte hat wie ich, hat man unbewusst immer die Angst, irgendwie anders zu sein und ausgeschlossen zu werden. Viele Leute, die meine Geschichte kennen, wollen nicht mit mir darüber sprechen. Einige fragen, andere nicht. Man kann meinen Namen bei einer Suchmaschine im Internet eingeben und so herausfinden, wer ich bin, und darum ist es eigentlich unmöglich, dass jemand gar nichts über mich weiß. Bei manchen Leuten habe ich das Gefühl, dass sie mich ansehen und sich fragen: Ist er es, oder ist er es nicht?«

Seine Ängste und Unsicherheiten hatte er stets zu überspielen und zu verdrängen versucht, aber nach vielen Jahren beschloss er, sich nun endlich seiner eigenen Geschichte zu stellen und das Schweigen zu brechen: Matías Ángel Reggiardo Tolosa, Diplom-Betriebswirt und angehender Wirtschaftsprüfer, wollte Mónica, der Frau, die er liebte, erzählen, dass seine Eltern während der Diktatur verschleppt worden waren und er bei einer fremden Familie aufgewachsen war.

Einfachen Fragen über die Berufe seiner Eltern und anderen persönlichen Themen war er bislang immer wieder ausgewichen. Was er nicht mit Worten sagte, verriet er jedoch durch seine Körpersprache: Zeigefinger und Daumen, mit denen er sein rechtes Ohr knetete, seine hängenden Schultern oder seine etwas undeutliche Aussprache aufgrund eines leichten Sprachfehlers. Obwohl dieser sich unter Stress verstärkte, versuchte Matías nie, ihn korrigieren zu lassen oder herauszufinden, ob er psychische oder körperliche Ursachen hatte.

Als er Mónica eines Sonntags anrief und sie zu einem Ausflug in den Naturpark *Costanera Sur* einlud, weil er mit ihr reden müsse, malte sie sich die schlimmsten Dinge aus, wie es wahrscheinlich jede Frau in ihrer Situation getan hätte. Womöglich war er verheiratet, oder er war eigentlich an Frauen gar nicht interessiert?

»Der Gedanke daran, dass meine Geschichte vielleicht ein Hindernis für unsere Beziehung sein könnte, machte mir große Angst«, erzählt Matías heute. »Ich wollte Mónica nicht verlieren, das wäre furchtbar gewesen, weil man sich dann als Versager fühlt. Schon als Kind hatte ich diese Angst und dachte, dass Menschen wie ich kein Recht darauf hätten, glücklich zu sein. Natürlich weiß ich, dass das nicht stimmt, aber wenn man jemanden kennenlernt und sich verliebt, diesem Menschen seine Geschichte erzählt und dann zurückgewiesen wird, dann liegt es nahe, solche Schlüsse zu ziehen. Besonders, wenn das wieder und wieder vorkommt.«

Am Anfang fiel ihm das Erzählen schwer, aber dann war der Damm gebrochen, und er konnte nicht mehr aufhören.

»Meine Eltern leben nicht mehr. Ich bin das Kind von Verschwundenen«, sagte er und beobachtete Mónicas Reaktion. Sie sah ihm fest in die Augen, mit einem traurigen Blick, und bedeutete ihm, dass sie ihn verstand, was ihn bestärkte, fortzufahren. So erklärte er Mónica, warum es eine Frau gibt, die er »Mama« nennt, obwohl sie nicht seine Mutter ist, und er schilderte die Geschichte seiner

Geburt und der seines Zwillingsbruders Gonzalo, so, wie sie ihnen seine »Mama« und ihr Ehemann erzählt hatten. »Ich erklärte ihr, dass mich ein Ehepaar großgezogen hatte, von denen einer den argentinischen Sicherheitskräften angehört hatte, und dass ich durch eine sogenannte Aneignung zu diesen beiden gekommen war, was heute als Verbrechen gilt. Ich erzählte ihr alles, was ich von meinem Adoptivvater über meine Herkunft erfahren hatte, und ich erzählte ihr, weswegen er angeklagt worden war, weil es über meine persönliche Geschichte hinaus wichtig war, dass Mónica auch das alles erfuhr. Und das war nicht einfach.«

Matías trennte sich nach einer Weile wieder von Mónica und zog zurück nach Ciudadela zu Beatriz Castillo, zu der Frau, die er bis heute »Mama« nennt. Samuel Miara, der Mann, den er viele Jahre lang »Papa« genannt hatte, wartete damals in Untersuchungshaft auf den nächsten Prozess in seiner Sache, der schließlich im Jahr 2009 begann.

Das Geheimnis der Kindheit

Es lässt sich nur schwer erklären, warum Matías in seinem Alter, als erwachsener Mann mitten im Berufsleben, in einer einigermaßen gesicherten finanziellen Situation, in das Haus seiner Kindheit zurückkehrte. Noch bedeutend schwieriger ist es, so stellt er selbst fest, seine Gefühle für seinen »Vater« Samuel Miara zu beschreiben. Der ehemalige Unterkommissar der argentinischen Bundespolizei wurde am 24. August 2005 festgenommen, nachdem Richter Daniel Rafecas ihn wegen 158 Verbrechen gegen die Menschlichkeit angeklagt hatte, Verbrechen, die in den geheimen Folterzentren *ABO* (*Atlético, Banco, Olimpo*) unter der Verantwortung des Ersten Armeekorps der Stadt Buenos Aires während der Militärdiktatur verübt worden waren. Samuel Miara war, wie andere aus dem gleichen Grunde angeklagte Angehörige des Militärs und der Polizei, deswegen schon zuvor in Untersuchungshaft gewesen, aber bislang nicht verurteilt worden, da ihn die Befehlsnotstands- und Schlusspunktgesetze geschützt hatten, die unmittelbar nach der Militärdiktatur erlassen worden waren. Diese waren nun jedoch durch den Obersten Gerichtshof für verfassungswidrig erklärt worden.

Das dritte schwierige Thema für Matías besteht darin, die Geschichte seiner illegalen Aneignung aufzuklären und den skandalösen und schmerzhaften Prozess der Zusammenführung mit seiner leiblichen Familie zu verarbeiten – einen Prozess, den er gemeinsam mit seinem Zwillingsbruder Gonzalo durchlebte und gegen den sich die beiden viele Jahre wehrten, nachdem sie 1987 erstmals von ihrer wahren Identität erfahren hatten.

Samuel Miara nennt er heute nicht mehr »Papa«. Er spricht ihn manchmal beim Vornamen an, andere Male nur beim Nachnamen. Beatriz Castillo nennt er weiterhin »Mama« oder Beatriz oder »meine Mutter«, je nach Situation und Gesprächspartner, damit deutlich wird, dass sie »ein wichtiger Grundpfeiler« in seinem Leben war und ist. Matías rechtfertigt und verteidigt Samuel Miara nicht, obwohl er versichert, dass sich seine Gefühle nicht verändert haben, sondern lediglich die Beziehung zwischen ihm und Samuel durch die Verhaftung eine andere geworden ist. Matías hat mit der Zeit den Kontakt zu ihm verloren und besucht ihn nur noch selten im Gefängnis.

Was aber der Grund für diese Gefühle ist, ist eine dieser tiefgreifenden Fragen, die Matías nicht vollständig beantworten kann. Da geht es ihm wie den meisten anderen Menschen in seiner Situation, die wie er als Baby ihren Familien geraubt wurden und heute als erwachsene Männer und Frauen zwar wieder mit ihrer leiblichen Familie zusammengeführt wurden, darüber aber nicht immer nur glücklich sind. Nachdem er viele Male versuchte, offenen Widerstand gegen die Umstände zu leisten, geht er heute einen anderen Weg: den der inneren Suche. An diesem Punkt seines Lebens befindet er sich, als wir das erste Mal miteinander sprechen.

Seine Erinnerungen sind nicht alle klar und eindeutig, einige verschwimmen oder gehen ineinander über. Er erinnert sich beispielweise, dass Samuel Miara früher in Ciudadela nur selten zu Hause war. Üblicherweise verließ er das Haus, während die Zwillinge noch schliefen, und kehrte erst zurück, wenn sie schon wieder im Bett lagen. »Papas Arbeit ist sehr gefährlich«, erklärte »Mama« den Jungen.

Dennoch verbrachte er an den Wochenenden viel Zeit mit ihnen. Sonntags waren die Jungen oft mit ihm alleine unterwegs, sie gingen essen, angeln oder reiten. Eine Zeitlang nahm er sie sogar ins

Matías Ángel und Gonzalo Reggiardo 1980 im Alter von drei Jahren

Fußballstadion mit, was Matías immer mehr verblüfft, je länger er darüber nachdenkt. Samuel Miara interessierte sich nämlich nicht sonderlich für Fußball, er kannte nicht einmal die Spieler der örtlichen Mannschaft. Dennoch machte er die Jungen zu fanatischen Anhängern des Vereins *San Lorenzo de Almagro* und nahm sie immer wieder mit zu den Spielen, als die Mannschaft um den Klassenerhalt kämpfen musste. Die Zwillinge verpassten keines der letzten fünf Spiele der Saison 1982 und waren auch dabei, als San Lorenzo wieder in die erste Liga aufstieg. Obwohl Matías damals erst fünf Jahre alt war, kann er sich noch an jenen Tag erinnern, an dem die Mannschaft Tabellenerster im Stadion River Plate in Buenos Aires wurde.

Zu solchen Erinnerungen tritt in seinem Gedächtnis ein etwas vages Bild von den Nationalfeiertagen, an denen Samuel Miara die Kinder weckte und sie zu dritt nach draußen auf die Terrasse gingen, um die Nationalflagge zu hissen. Als Mast verwendeten sie Miaras dreißig Meter lange Amateurfunkantenne. So patriotisch wie Samuel Miara war auch dessen Freund, der seine Kinder zum

Spielen zu den Miaras brachte. Luis Falcó, ein ehemaliger Beamter des Geheimdienstes, und seine Frau María kamen mit ihrem Sohn Mariano und seiner Schwester gerne vorbei. Die Besuche wurden aber mit der Zeit immer seltener, nachdem das Ehepaar Miara bereits mit Strafbefehl gesucht wurde. Matías wäre nie auf die Idee gekommen, dass Mariano ein illegal angeeignetes Kind sein könnte. Er erfuhr es erst im Jahr 2004, als Marianos Fall öffentlich bekannt wurde und sein eigener es längst war.

Es war ein Schock für Matías, dass Mariano in Wirklichkeit das Kind von Verschwundenen war und eigentlich Juan Cabandié hieß. Aber noch mehr schockierte ihn, dass Juan als Kind misshandelt worden war, dass er ein Opfer körperlicher und verbaler Gewalt geworden war. Als Juan in den Medien von der Geschichte des Zwillingspärchens erfahren hatte, mit dem er als Kind gespielt hatte, war ihm der Verdacht gekommen, dass er ebenfalls nicht das Kind derer war, die behaupteten, seine Eltern zu sein. Darum hatte er im Alter von 26 Jahren damit begonnen, Informationen zu sammeln. Nach einer DNA-Untersuchung zeigte er schließlich seinen widerrechtlichen Adoptivvater an. Im Gegensatz zu Matías und Gonzalo war Juan laut Zeugenberichten mindestens zwanzig Tage mit seiner leiblichen Mutter zusammen gewesen, wurde von ihr gestillt und hatte in den Tiefen seines Unterbewusstseins offenbar stets die Erinnerung an den Namen behalten, den sie ihm zuflüsterte, wenn sie ihn in den Schlaf wiegte. Dieser Name tauchte immer wieder auf, wenn er als Kind träumte, so erzählt Juan heute.

Das ist die Art von Erinnerung, die sich Matías auch wünscht. Er würde gerne wissen, ob seine Mutter ihre Kinder nach der Geburt noch gesehen hat, ob es irgendwo in ihm Spuren gibt wie bei Juan, Zeichen der Verbindung zu seiner leiblichen Mutter, Zeichen des Lebens und ihrer Gefühle während der Gefangenschaft, während sie die Zwillinge in sich trug und vielleicht das Opfer von Folter wurde.

Bevor Matías die Wahrheit über sich erfuhr und diese Fragen auftauchten, erlebte er eine Kindheit mit einem großen Geheimnis, eines, das das Leben eines Menschen grundlegend prägt. Er und sein Zwillingsbruder waren nicht alt genug, um es selbst zu entdecken, so wie Juan Cabandié es nach Jahren voller unbeantworteter Fragen getan hatte.

Beatriz hatte Matías und Gonzalo Fotos von sich als Schwangere gezeigt, und die Jungen glaubten, dass sie selbst sich in ihrem Bauch befunden hätten. »Wir hatten eine glückliche Kindheit, vielleicht in einem Zustand der Unwissenheit oder wie auch immer man es nennen will, aber in einem Zuhause, in dem wir liebevoll aufgezogen wurden.« So spricht Matías heute von dem Ehepaar, das ihn unrechtmäßig zu sich genommen hat und bei dem er aufgewachsen ist; er redet, als seien sie seine Adoptiveltern. »Besonders meine Mama, die mich bedingungslos liebt, ist aus vielerlei Gründen ein wichtiger Teil dessen, was ich als Mensch bin. Ich sehe sie als meine Mama, weil ich durch ihre Erziehung zu dem Menschen geworden bin, der ich heute bin. Es gibt Dinge, die einem als Kind mit auf den Weg gegeben werden, die einen prägen und die einem für bestimmte Sachen die Augen öffnen. Wenn man klein ist, gibt es Momente, in denen der Mensch, der dich aufzieht, dir einen wichtigen Teil dieser Werkzeuge an die Hand gibt – oder auch nicht. Danach entscheidet jeder selbst, welchen Weg er im Leben gehen will.«

Eine menschliche Geste

So gegenwärtig Beatriz in seinem Leben war und ist, so gegenwärtig war und ist auch Bruder Gonzalo, Matías' einzige untrennbare Verbindung zu seiner wahren Identität als Sohn von María Rosa Tolosa und Juan Enrique Reggiardo, seinen leiblichen Eltern. Mit Gonzi, wie er seinen Zwillingsbruder liebevoll nennt, teilte er acht Monate lang die Gebärmutter von María Rosa, die vielleicht erst auf der Entbindungsstation des Folterzentrums *Olmos*, in dem die Kinder zur Welt kamen, erfuhr, dass sie zwei Babys ausgetragen hatte. Sie wurden zu früh geboren, daher blieben sie auch lange Zeit äußerst dünn und körperlich anfällig. Den Zeugenaussagen zufolge, die im Prozess über die widerrechtliche Aneignung der Kinder gemacht wurden, vermerkten die Ärzte im Folterzentrum die Geburt von zwei Kindern am 27. April 1977. Beide lagen im damals dort existierenden Krankenhaus *La Cacha* nebeneinander in zwei Brutkästen, bis sie unter nicht geklärten Umständen weggeholt wurden. Als die Zwillinge zu den Miaras kamen – im Alter von etwa zwei Wochen –, wog Matías 2300 Gramm und Gonzalo nur 1900 Gramm.

Diese eine menschliche Geste muss man den Verantwortlichen des Terrors zuerkennen: Matías und Gonzalo wurden nicht getrennt und wuchsen als Brüder auf, sie konnten eine wesentliche Komponente ihrer wahren Identität behalten. Auch in schweren Zeiten waren sie immer zusammen und auf diese Weise nie einsam. Bis heute ist der eine immer in den Gedanken des anderen und umgekehrt. Sie sind Brüder, Freunde, Seelenverwandte. Sie umarmen sich oft, trotz der Blicke, die solch eine enge Beziehung zwischen zwei Männern in Argentinien hervorrufen kann.

Matías erinnert sich an den ersten Tag im Kindergarten, er sieht sich als einen zierlichen, zerbrechlich wirkenden kleinen Jungen, blond und hübsch. Er war noch keine vier Jahre alt; laut der falschen Geburtsurkunde sollte er am 16. Mai des Jahres 1981 seinen vierten Geburtstag feiern. Sein Bruder, der immer noch kleiner war als er, weinte untröstlich. Matías umarmte ihn fest und machte sich selbst Mut mit dieser Umarmung. Mit einem »Tschüss, Mama« verabschiedete er sich von Beatriz. Es schien zu funktionieren, bis die Frau durch die Tür des Kindergartens ging und die beiden alleine ließ. Er kann sich immer noch an das Gefühl des Verlusts erinnern, das ihn plötzlich überkam. Mit seinem linken Ärmchen hielt er weiter Gonzalo fest, und mit seiner rechten Hand umklammerte er fest die Stofftasche, die Beatriz für jeden der Jungen genäht hatte und in der sich die Tasse für die Milch und eine Packung Kekse befanden. Es kostete ihn große Mühe, nicht zu weinen.

Die Erinnerung bringt ihn ins nächste Jahr, zu einem Abend am Strand von Villa Gesell, wo ihn »das gleiche Gefühl, dass für mich die Welt zu Ende war«, überkam. Auch dieses Mal war Gonzalo dabei. Sie hatten sich von den Erwachsenen entfernt und plötzlich festgestellt, dass sie sich verlaufen hatten. Unbekannte Hände hoben sie hoch, die Leute am Strand klatschten in die Hände, um auf die kleinen Ausreißer aufmerksam zu machen und so ihre Familie wiederzufinden. Das Ganze war so rasch wieder vorbei, dass der Schreck schnell vergessen war, obwohl das Ehepaar Miara sie eindringlich ermahnte, sich nie wieder zu entfernen, ohne Bescheid zu geben, und immer in Sichtweite zu bleiben.

Im Jahr darauf, 1983, wurden die Zwillinge bei der Einschulung das erste Mal getrennt, sie kamen in verschiedene Klassen. Sie gingen in die *Padre-Elizalde*-Schule, eine katholische Einrichtung in

Ciudadela, zehn Häuserblocks von dem Haus entfernt, das Samuel Miara kurz nach der Aneignung der Kinder und seiner Versetzung zur Verkehrspolizei gekauft hatte, bei der er stellvertretender Leiter der Abteilung für Sicherheitseinsätze wurde.

Matías und Gonzalo trafen sich regelmäßig in den Pausen und verloren sich auch sonst nicht aus den Augen. »Einmal schubste ein Junge Gonzalo, so dass er die Treppe hinunterfiel, sich am Kopf verletzte und ins Krankenhaus musste. Da waren wir sechs Jahre. Beatriz holte mich ab, um mit mir zu meinem Bruder ins Krankenhaus zu fahren. Am nächsten Tag wollte ich den Jungen, der Gonzalo geschubst hatte, schlagen, obwohl er größer war als ich. Wenn ich während meiner Schulzeit in Schlägereien geriet, dann immer nur, weil ich Gonzalo beschützen wollte«, erinnert sich Matías.

Die Zwillinge waren in der dritten Klasse, als die Familie 1985 nach Paraguay ging. Die Jungen glaubten, Samuel Miara habe dort die Aussicht auf eine bessere Arbeitsstelle, dabei war er auf der Flucht. Bis dahin hatten sie ein behütetes Leben geführt, in einer kleinen, heilen Welt, ohne von den ersten gerichtlichen Vorladungen zu wissen, die den Miaras bereits 1984 zugestellt worden waren.

»Es gibt im Leben nicht nur Schwarz und Weiß«

Im September 1985 verließen die Miaras also von einem Tag auf den anderen Ciudadela. Die *Großmütter der Plaza de Mayo* waren den Kindern durch einen anonymen Hinweis auf die Spur gekommen, und die Justiz hatte Blutanalysen angeordnet. Man war auf der Suche nach den Zwillingssöhnen der Familie Rossetti Ross. Die Mutter dieser Kinder, Liliana, war verschwunden, der Vater Adalberto hingegen nicht.

Miara entzog sich durch die Flucht nach Paraguay den Nachforschungen, wo man ihm unter der Herrschaft des damaligen Diktators Alfredo Stroessner Schutz gewährte. Dort erfuhren Matías und Gonzalo im Alter von zehn Jahren plötzlich aus heiterem Himmel die Wahrheit über ihre Herkunft. Der argentinische Richter Guillermo Pons, der von der paraguayischen Polizei einen Hinweis auf den Aufenthaltsort der Familie bekommen hatte, reiste persönlich an, um einem paraguayischen Richter das Auslieferungsgesuch vorzulegen. Am 7. April 1987 suchte Pons zusammen mit dem paraguayischen Kollegen die Familie in ihrem Haus in Asunción auf und teilte den beiden Jungen ohne große Umschweife mit, dass sie mit ihm nach Argentinien zurückkehren müssten. Es war eine makabre Szene.

Matías und Gonzalo klammerten sich an Beatriz und ließen sich nicht von ihr wegziehen, während Samuel Miara einen Freund anrief, der Leibwächter des Generals Alfredo Stroessner war. So vergingen acht Stunden mit Diskussionen, bis der paraguayische Richter das Haus verließ und es damit seinem argentinischen Kollegen formal unmöglich machte, die Auslieferung durchzusetzen. Nachdem schließlich auch Richter Pons und sein Sekretär unter den gegebenen Umständen gezwungenermaßen den Rückzug angetreten hatten, setzten sich Samuel Miara und seine Frau mit den Kindern zu einem Gespräch zusammen.

»Samuel begann sehr selbstsicher«, erinnert sich Matías, »aber als er fertig war, brach er zusammen. Das war das einzige Mal, dass ich ihn weinen sah. Sie erzählten uns zuerst, dass Beatriz drei Monate, bevor sie uns bekamen, ein Mädchen tot geboren hatte. Und dann berichtete Samuel uns, dass ihm einer seiner Vorgesetzten von uns erzählt hatte. Wenn ich an frühere Gespräche zurückdenke, dann habe ich das Gefühl, dass Beatriz uns schon eher die Wahrheit hatte sagen wollen. Aber es kostete sie wohl einfach zu viel Überwindung.«

»Glaubst du diese Geschichte?«, unterbreche ich ihn.

»Zum Teil ja, aber bei einigen Dingen habe ich natürlich Zweifel. Vielleicht war es auch so, dass sie selbst nicht näher Bescheid wissen wollten, dass es Dinge gab, die sie nicht wahrhaben wollten oder nach denen sie gefragt, aber selbst keine Antwort bekommen haben.«

»Was haben sie dir genau erzählt?«

»Ich erinnere mich nicht an jedes Detail, aber Samuel sagte, dass uns jemand zu ihnen nach Hause gebracht hätte. Wir seien nicht ihre leiblichen Söhne, auch wenn es so in unseren Papieren stünde. Das war natürlich ein Schock, wenn man noch so jung ist … Wir konnten es einfach nicht fassen. Wir weinten, und auf Beatriz' Gesicht spiegelte sich schreckliche Angst wider, als ob sie fürchtete, dass wir sie nicht mehr lieben, dass wir sie abweisen würden.« Doch dies geschah nicht, auch wenn den Zwillingen nach der Enthüllung ihrer wahren Identität nun bewusst war, dass ihre wirklichen Eltern zwei andere Menschen waren.

Während die Familie in Paraguay dafür kämpfte, nicht ausgeliefert zu werden, nahm man in Argentinien weiterhin und fälschlicherweise an, dass die Jungen die Söhne von Liliana Ross waren, die Mitte Mai des Jahres 1977 im Folterzentrum *Olmos* Zwillinge zur Welt gebracht hatte. Es gab zu jenem Zeitpunkt keine Hinweise oder Belege, dass eine andere Frau im gleichen Zeitraum und am gleichen Ort ebenfalls Zwillinge geboren hatte. Daher reiste Adalberto Ross, der vermeintliche leibliche Vater, nach Paraguay, um die Jungen zu sehen. Das wurde jedoch nicht gestattet, solange die Vaterschaft nicht zweifelsfrei bewiesen war. Matías und Gonzalo sahen ihn lediglich einmal im Fernsehen. Der Fall erregte die Öffentlichkeit, es war fast unmöglich, die Jungen vom Medieninteresse abzuschirmen, zu dem letztlich auch Samuel Miara und seine Frau durch ihre Äußerungen beitrugen.

»Was für ein Vater lässt seine Kinder ihr ganzes Leben lang allein?«, fragte Beatriz in der paraguayischen Presse und meinte damit Rossetti, während sie gleichzeitig versicherte, sie könne mittels Fotos von ihrer Schwangerschaft beweisen, dass sie die leibliche Mutter sei. Ihr Mann beteuerte seinerseits, der leibliche Vater der Zwillinge zu sein. Die Anzeige gegen ihn sei eine rein politische Angelegenheit, und deshalb sei seine Flucht aus Argentinien auch gerechtfertigt.

Doch hinter verschlossenen Türen gestanden sie den Jungen, dass dieses Versteckspiel auf Dauer zwecklos sei: »Beatriz und Samuel erklärten uns, dass das, was sie getan hatten, illegal war, und dass sie mit Sicherheit ins Gefängnis kommen würden. Sie erklärten uns auch, dass man uns von ihnen trennen würde, weil man nach unseren Verwandten suchte.«

Dasselbe sagten ihnen auch die beiden paraguayischen Richter, die den Auslieferungsbefehl umsetzen sollten, und begleitende Psychologen. Das Ehepaar Miara wusste, dass es außerhalb von Paraguay keine Möglichkeit hatte, sich der Justiz zu entziehen. Als die Auslieferung so gut wie beschlossen war, verkauften sie daher ihr Hab und Gut und räumten in aller Eile ihr gemietetes Haus. Am 3. Mai 1989 »kamen die Polizei und Interpol, und wir mussten in einen Kleintransporter einsteigen. Es waren viele Journalisten anwesend, sogar vom Fernsehen.«

Jedes Detail dieser Reise ist unauslöschlich in Matías' Gedächtnis eingebrannt: die Abreise aus dem VIP-Bereich des Flughafens in Asunción, um so der Presse auszuweichen, der Flug von Paraguay zum *Aeroparque,* dem Stadtflughafen von Buenos Aires, gemeinsam mit Samuel und Beatriz sowie den Psychologen, die sie auf die bevorstehende Trennung vorbereiten sollten. Am Flughafen stand ein Hubschrauber bereit, der sie zum Militärflugplatz von El Palomar brachte. Allein und ohne Kameras oder Zuschauer mussten sich Matías und Gonzalo, die zu diesem Zeitpunkt zwölf Jahre alt waren, dort von Samuel und Beatriz verabschieden, die zum Gefängnis Caseros in Buenos Aires beziehungsweise zum Frauengefängnis in Ezeiza am Stadtrand gebracht wurden.

Erst in diesem Moment wurde Matías bewusst, dass sie nun nicht mehr zusammenleben würden, und er begann so heftig zu weinen, wie er es nicht einmal an jenem ersten Tag im Kindergarten getan hatte. Bei ihnen blieben die Psychologen und ein Sozialarbeiter. Sie informierten die Jungen darüber, dass sie bei einem Ehepaar mit älteren Kindern untergebracht würden, das für sie sorgen sollte, bis die Ergebnisse der Blutanalysen vorlägen und auch während der darauf folgenden Phase der Familienzusammenführung. Vier Monate lang, von Mai bis September 1989, lebten Matías und Gonzalo bei dem Arzt Horacio García, seiner Frau und ihren Kindern, bis das Ergebnis der DNA-Untersuchung die Ermittler verblüffen und zu einer unerwarteten Wendung führen sollte.

Noch im Mai kam es zu einem Gerichtsverfahren, in dem sowohl Samuel Miara als auch Beatriz Castillo letztendlich zugaben, dass die Jungen nicht ihre leiblichen Söhne waren. Der ehemalige Unterkommissar Miara sagte aus, dass Kommissar José Benito Fioravanti ihm die Jungen übergeben hatte, ebenso die Papiere, die die falsche Identität bestätigten. Diese Aussage ließ sich nicht mehr beweisen, da Fioravanti bereits verstorben war. So verbrachte das Ehepaar nur neun Tage in Haft.

Am 23. Mai 1989 wurden im Hospital Durand die Blutproben entnommen, und bereits am 29. desselben Monats stand fest, dass Matías und Gonzalo nicht die Söhne von Adalberto Rossetti waren. Kurz darauf wurde bestätigt, dass sie auch nicht die Söhne von Liliana Ross waren. So musste, um ihre wahre Identität festzustellen, mit einem langwierigen Verfahren begonnen werden, bei dem ihr Blut mit dem von Verwandten unzähliger verschwundener Paare verglichen wurde.

Angesichts der neuen Situation überraschte Richter Pons die Öffentlichkeit wie die Menschenrechtsvereinigungen damit, dass er Samuel Miara und Beatriz Castillo das vorläufige Sorgerecht für die Jungen wieder zusprach. Sie mieteten eine Wohnung im Stadtteil Caballito und lebten mit den Jungs dort zusammen, bis im November 1991 eine neue Wende des Falls eintrat: Es konnte zweifelsfrei nachgewiesen werden, dass die Zwillinge, die zu diesem Zeitpunkt bereits vierzehneinhalb Jahre alt waren, die Söhne von María Ana Rosa Tolosa und Juan Enrique Reggiardo waren, einem Paar, das sich während der Militärdiktatur dem Widerstand angeschlossen hatte, verhaftet worden und über dessen weiteres Schicksal nichts weiter bekannt war.

Die Zwillinge dieses Paares wurden von vielen Angehörigen gesucht: auf Seiten von Mutter Rosa von ihrem Großvater Marco, ihrem Onkel Eduardo und ihrer Tante María Mercedes, ihrer Großtante Delia Auxiliadora und ihren Großcousinen Elina und Graciela. Auf väterlicher Seite waren von Juan Enriques Familie nur noch seine Schwester Ángela und einige Geschwister seiner Großeltern am Leben. Seine Mutter Antonia gehörte auch zu den Verschwundenen.

Richter Pons war bereits zwei Jahre zuvor, am 9. Oktober 1989, zur gleichen Zeit, als er das vorläufige Sorgerecht an Samuel und Beatriz übertragen hatte, von einem Untersuchungsergebnis in Kenntnis gesetzt worden, dass Matías und Gonzalo die Söhne des Ehepaares Reggiardo Tolosa seien. Doch er hatte dieses Ergebnis zu jenem Zeitpunkt nicht berücksichtigen wollen. Er war verärgert darüber, dass keine ergebnisoffene Suche stattgefunden hatte; manche der an ihr beteiligten Personen waren nämlich bereits im Vorfeld davon überzeugt, dass die Jungen die Söhne von María Rosa und Juan Enrique seien. Dadurch war aus Sicht des Richters die Objektivität des Verfahrens nicht gewährleistet. Auch andere Richter, die später mit dem Verfahren betraut wurden, äußerten ihre Missbilligung darüber, dass bei den DNA-Analysen eine Familie ohne ausdrückliche Anweisung von Richter Pons bevorzugt worden war.

Also wurden neue Untersuchungen angeordnet. Darüber verlor der Großvater der Jungen, Marco Tolosa, allmählich die Geduld; mit zahlreichen Gesuchen übte er Druck auf die Justiz aus, um die Familienzusammenführung nicht weiter hinauszuzögern.

In dieser angespannten Zeit erstellten Psychologen ausführliche Gutachten über die seelische Verfassung von Matías und Gonzalo. »Beide besitzen eine überdurchschnittliche Reife, die sich in den Aussagen und Einschätzungen der Jungen zeigt, auch wenn sie aufgrund ihres Verhaltens und Äußeren jünger wirken, als sie tatsächlich sind«, hielt eine Psychologin fest. Sie und ihre Kollegen deuteten auch Zeichnungen der Jungen. An einige davon erinnert sich Matías noch. In einem Fall lautete die Analyse der Expertin unter anderem, dass »nur im Verhältnis zur Mutter eine gewisse Bindung zwischen den Familienmitgliedern wahrgenommen wurde«. Unter anderem sollte er auch sein ehemaliges Zuhause in Paraguay zeichnen. Also malte er ein Haus mit Gittern davor. Daraus wurde unverzüglich die entsprechende Schlussfolgerung gezogen, der er ebenso unverzüglich widersprach. Er besteht bis heute darauf, dass er Gitter gezeichnet hatte, weil es sie nun einmal vor dem Haus gab, und nicht, weil er sich gefangen gefühlt hätte, weder in dem Haus noch in seiner Lebenssituation. »Ich habe mich zu dieser Zeit wie ein Versuchskaninchen gefühlt«, erklärt Matías; er erinnert sich an Szenen, in denen zwei Psychologen mit ihm von Angesicht zu Angesicht sprachen, während weitere Experten hinter ihm saßen und zuhörten.

Am 16. Dezember 1990 kam Samuel Miara auf Antrag des Staatsanwalts Gustavo Bruzzone in Untersuchungshaft wegen des Straftatbestands der illegalen Kindesaneignung. Man genehmigte, dass er seine Haft in einer Zelle im Polizeipräsidium verbrachte. 1993 schließlich, fast zwei Jahre nach der zweifelsfreien Bestätigung der leiblichen Elternschaft Reggiardo Tolosa, wurde die wahre Identität der Zwillinge im Personenregister eingetragen. Die Zwillinge waren fast sechzehn Jahre alt, lebten aber noch bei Beatriz in Caballito.

Der Richter Jorge Ballesteros, der zu diesem Zeitpunkt mit dem Fall befasst war, verkündete den Jungen im August 1993 nach einem kurzen Gespräch mit ihnen allein, dass ein Zusammenführungsprozess mit ihrer leiblichen Familie eingeleitet würde. Zunächst änderte er das Sorgerecht, woraufhin Matías und Gonzalo am 5. November 1993 von Caballito nach Palermo ziehen mussten, zu

Marcelo und Elizabeth Bianquedi, einem Psychologen-Ehepaar, das bereits an dem Zusammenführungsprozess eines widerrechtlich angeeigneten Mädchens, Paula Eva Longares, mit dessen Familie beteiligt gewesen war. Beatriz wehrte sich und kämpfte, wie schon damals in Paraguay, vor den Fernsehkameras um die Jungen. Auch Samuel Miara legte Berufung ein, doch weder er noch seine Frau konnten ihre Forderungen durchsetzen. Matías und Gonzalo lebten für einige Wochen bei dem Ehepaar Bianquedi und lernten in dieser Zeit erstmals ihre leiblichen Verwandten kennen.

»Wir trafen als Erstes unseren Onkel Eduardo Tolosa, allerdings sehr widerwillig. Für uns war er der böse Mann aus dem Fernsehen, der behauptete, unsere zeitweiligen ›Eltern‹ seien schlechte Menschen.« Nach den ersten Begegnungen beschloss Richter Ballesteros, dass sie zum Onkel nach La Plata gehen müssten. Eduardo zog mit seiner Frau und seiner zehn Jahre alten Tochter aus seiner kleinen Wohnung aus und mietete ein Haus, um die beiden Jungen aufnehmen zu können.

»Mein Onkel forderte damals in aller Öffentlichkeit das Sorgerecht für uns. Samuel und Beatriz galten immer als die widerrechtlichen Adoptiveltern, und in dieser Zeit hielt man es für das Beste, dass wir die Beziehung zu ihnen komplett abbrächen. Egal aus welchem Blickwinkel, jeglicher Kontakt war inakzeptabel. Die Familienzusammenführung begann sehr behutsam in kleinen Schritten, aber dann empfahlen die Psychologen einen endgültigen Schnitt.«

Der Fall von Matías und Gonzalo erregte zu diesem Zeitpunkt wieder großes öffentliches Aufsehen. Die Tatsache, dass die Jungen von einem der Folter angeklagten Polizisten aufgezogen worden waren, der außerdem noch geflohen war, machte die Beziehung aus Sicht der Außenstehenden gefährlich. Dieser Ansicht waren ausnahmslos alle Experten, die den Richter berieten, auch diejenigen, die keinen direkten Kontakt zu den Zwillingen gehabt hatten.

So erklärte Richter Ballesteros den Jungen, dass sie ihre Adoptiveltern nach dem Umzug nach La Plata nicht mehr sehen dürften, ebenso wenig wie andere Menschen, zu denen sie vor der Familienzusammenführung engeren Kontakt gehabt hatten. Ballesteros stattete der Schule der Jungen einen Besuch ab und sprach mit ihren Schulkameraden, um auch ihnen die Notwendigkeit dieser Maßnahme zu erklären. Die Verwunderung der Schüler hätte nicht größer sein können; einige Freunde von Matías und Gonzalo weinten sogar, als der Richter ihnen die Nachricht verkündete. »Wie sagt man einem Jungen, dass er seinen besten Freund nicht mehr sehen wird? Der Richter sah das völlig rational. Aber wie konnten sie uns verbieten, Kontakt zu unseren Freunden zu haben?«

Die Methode der abrupten Trennung war zuvor bei kleineren Kindern erfolgreich angewandt worden, doch Matías und Gonzalo befanden sich in der schwierigsten Phase der Pubertät, als man beschloss, dass sie ab sofort bei ihren leiblichen Verwandten leben sollten. Die Jungen waren sehr verärgert über diese Situation: »Wir hatten nicht die geringste Chance. Das Psychologenkommando wollte uns umerziehen. Sie glaubten, Samuel und Beatriz hätten uns einer Gehirnwäsche unterzogen und man müsste uns umprogrammieren. Deshalb diese Schocktherapie.«

Aus Matías' Sicht waren die »Bösen« in jener Phase seines Lebens die Psychologen, zum Teil die Richter und auch seine leiblichen Verwandten, insbesondere sein Onkel Eduardo. »Von heute auf morgen holte er zwei Jugendliche in sein Haus, die er nicht kannte. Der Richter bestimmte ihn zum Vormund und zur Autoritätsperson. Doch das wird man nicht Knall auf Fall, nur weil man vor Gericht ein Schriftstück unterschreibt. Schon gar nicht, wenn der Minderjährige kein kleines Kind mehr ist, sondern bereits ein Jugendlicher, und noch weniger, wenn man keinerlei Erfahrung mit so einer Situation hat. Das war unglaublicher Stress für uns. Wir wussten, dass Samuel und Beatriz nicht rechtmäßig gehandelt hatten und dass wir sie nicht lieben sollten. Das war uns klar, aber wir wollten zumindest, dass man uns in der Zukunft erlaubte, sie wieder zu sehen. Eduardo dagegen dachte, dass er uns für all die Jahre, in denen wir nicht bei seiner Familie gelebt hatten, entschädigen könnte, vor allem, dass er diese unglaubliche Ungerechtigkeit wieder gutmachen müsste. Daher wollte er nicht, dass wir von unserer Vergangenheit sprachen. Unsere leiblichen Verwandten gingen wie selbstverständlich davon aus, dass wir sofort bei ihnen leben wollten. Sie dachten, wir wären sehr schlecht behandelt worden, und sie hatten die völlig falsche Vorstellung, dass allein die Tatsache, sie kennenzulernen, uns ändern würde. Doch es gibt im Leben auch Grautöne, nicht nur Schwarz und Weiß.«

Matías und Gonzalo liefen zwischen Ende 1993 und Juni 1994,

dem Zeitraum, in dem sie bei Eduardo leben mussten, dreimal aus seinem Haus weg. Sie stritten mehr mit ihm, als dass sie ihn näher kennenlernten. Sie ertrugen es nicht, dass ihnen ein routinemäßiger Tagesablauf aufgezwungen wurde, dass die Wochenendaktivitäten für sie festgelegt und die Urlaubsorte bestimmt wurden, selbst wenn ihnen manche der Pläne per se hätten gefallen können. Vor allem verabscheuten sie den befohlenen Schulwechsel und das Verbot, Samuel und Beatriz sowie ihre Freunde wiederzusehen.

»Mein Bruder und ich hatten aber gleich am Anfang beschlossen, uns nicht gegen alles zu stellen, nicht gänzlich zu Rebellen zu werden, das wäre eine bloße Pose gewesen. Schließlich waren es unsere leiblichen Verwandten, und wir konnten uns nicht weigern, sie kennenzulernen, also wollten wir durchhalten, bis sie uns Samuel und Beatriz sehen lassen würden.«

Als den Jungen jedoch klar wurde, dass sie mit ihrem Wunsch auf kein Verständnis stießen, rissen sie immer wieder aus, um Samuel Miara im Polizeipräsidium zu besuchen. Dort trafen sie auch Beatriz, oder sie riefen sie heimlich an. Obwohl sie Miara verteidigten, fühlten sie sich alles andere als wohl, wenn sie ihn sahen. Sie waren hin- und hergerissen, auch wenn sie das nicht zugaben.

Nachdem das Ziel ihrer Fluchten per Zufall herausgekommen war, begann Eduardos Familie, die Jungen zu kontrollieren. Das hatte erst recht die gegenteilige Wirkung. Die Jungen leisteten nun offenen Widerstand, nachdem sie bei den heimlichen Treffen mit Samuel und Beatriz, aber auch von Journalisten dazu ermutigt worden waren. Sie traten im Fernsehen auf und verkündeten öffentlich, dass sie weiterhin bei ihren Adoptiveltern bleiben wollten.

Was sie nicht von ihrer leiblichen Familie oder vom Richter bekommen konnten, forderten sie nun also voller Zorn vor den Fernsehkameras ein. Der Fall erregte auf diese Weise noch größeres Aufsehen in der argentinischen Öffentlichkeit, die sich bislang für Familienzusammenführungen nicht sonderlich interessiert hatte. Die Geschichte dieser zwei Minderjährigen war sensationell: Geraubte und nach einer langjährigen juristischen Kraftprobe zu ihrer leiblichen Familie zurückgeführte Kinder rissen aus dem Haus ihres Onkels aus und verkündeten vor einer Vielzahl von Fernsehzuschauern, dass sie bei den Menschen bleiben wollten, die sie unrechtmäßig aufgezogen hatten. In einer Polit-Talkshow stellte sich

Matías sogar mit dem Nachnamen Miara Castillo vor, sein Bruder zwar als Gonzalo Javier Reggiardo Tolosa, er fügte aber hinzu: »Ich bin ein Miara, das ist meine Seele, mein ganzes Wesen!«

Die Jungen waren sich ihrer Forderung sicher, sie fühlten sich weder von den Miaras noch von den Medien noch von revanchistischen, antidemokratischen Gruppierungen ausgenutzt, die jeweils ihre eigenen Interessen mit dem Fall verbanden. Sie mussten mit ihrer inneren Krise und dem Druck von allen Seiten leben und alleine damit zurechtkommen.

Erst vor kurzem traute sich Matías, die alten Aufzeichnungen noch einmal anzusehen. »Wie gemein wir damals doch waren!«, wundert er sich. Dennoch bereut er es nicht: »Es war die einzige Möglichkeit, die anderen dazu zu bringen, uns zuzuhören.« Wie damals besteht Matías auch heute noch darauf, dass »wir zuerst einen Ausweg aus dieser Situation finden wollten, in die uns die Justiz gebracht hatte. Wir verstanden uns nicht besonders gut mit unserer leiblichen Familie, und jedes Mal, wenn wir uns schlecht benahmen, drohten sie damit, uns in ein Erziehungsheim zu stecken. Das machte uns Angst, und das war genau das, was mein Bruder und ich in den Medien anprangern wollten. Die Behauptung, es sei ein abgekartetes Spiel gewesen, ist lächerlich. Ich war der Auffassung, dass es keine schlimmere Verletzung der Menschenrechte gab als die, vor einem Gericht stehen zu müssen und mir vom Richter sagen zu lassen, dass ich entweder bei meinem Onkel bleiben oder in ein Erziehungsheim gehen müsse.«

Am selben Tag, an dem Matías und Gonzalo zum vorläufig letzten Mal in einer Fernsehsendung auftraten, erhielt Richter Ballesteros eine Briefbombe, die glücklicherweise durch den Sicherheitsdienst entschärft werden konnte. An diesem Tag gab Eduardo auf und erklärte den Kampf für verloren. Er teilte dem Richter mit, dass er auf das Sorgerecht für seine Neffen, die Söhne seiner Schwester, verzichte. Dieser kontaktierte daraufhin die Familie García, die die Zwillinge noch einmal aufnehmen sollte, wie sie es bereits nach deren Ankunft aus Paraguay getan hatte. Nach dem Medienskandal zögerte die Familie García zunächst, willigte schließlich aber doch ein und konnte fast fünf Jahre lang den gequälten Seelen von Matías und Gonzalo ein Zuhause voller Liebe und Disziplin bieten. »Sie wollten, dass wir unsere Identität wiederbekommen, aber sie hatten auch eine herzliche Beziehung zu Samuel und Beatriz«, erinnert sich Matías. Während dieser Jahre kamen nur noch die Cousinen ihrer leiblichen Mutter, Elina und Graciela, ins Gericht, um die Jungen zu sehen, doch der Kontakt beschränkte sich auf diese beinahe erzwungenen Gespräche im Büro eines Richters. Matías kann sich nicht erinnern, dass jemand von der Familie Reggiardo sie besucht hätte, außer einem einzigen Mal, als ihre Tante Ángela überraschend in Caballito vorbeigekommen war.

So verging die Zeit, und Matías und Gonzalo erlangten schließlich im Mai 1998 ihre Volljährigkeit. Sie verbrachten nach und nach immer mehr Zeit bei Beatriz und Samuel, der, wenn er nicht in Haft war, mit seiner Frau wieder in Ciudadela wohnte, bis sie eines Tages erneut bei ihnen einzogen.

Für den Straftatbestand der Aneignung zweier Minderjähriger war der ehemalige Unterkommissar von Richter Ballesteros zu siebeneinhalb Jahren Gefängnis verurteilt, im Jahr 1994 aber zunächst wegen einer veränderten Gesetzeslage freigelassen worden. In der nächsten Instanz wurde die Strafe auf zwölf Jahre Gefängnis angehoben, und so kam er wieder ins Gefängnis. Beatriz war zu drei Jahren auf Bewährung verurteilt worden. Der Bewährungszeitraum wurde nachträglich verkürzt, da man es als strafmildernden Umstand ansah, ein Baby im achten Monat der Schwangerschaft verloren zu haben.

Matías gibt zu, dass »es nach der ganzen dramatischen Situation eine Zeit gab, in der ich am liebsten allem ein Ende gemacht hätte«. Für viele Jahre verbarg er seine Vergangenheit im tiefsten Inneren.

Ein Platz auf dem Friedhof

»Ich habe mich eine Zeit lang wirklich nicht sonderlich bemüht, etwas über meine Herkunft zu erfahren. Aber seitdem wir zu unserer leiblichen Familie zurückgeführt wurden, nannte ich meine leiblichen Eltern ›Mama‹ und ›Papa‹, ich fühlte mich ihnen nie fremd, auch wenn ich sie im wahrsten Sinne des Wortes vergessen hatte. Das Bild meiner Mama begleitet mich immer, die Dinge von ihr, die ich von meinen Onkeln und Tanten bekam, und das, was sie mir über ihre Kindheit erzählten.«

Onkel Eduardo war der Erste, der ihn mit seiner Mutter konfrontierte. Mit dem Foto von María Rosa in der Hand kämpfte er im Fernsehen um das Sorgerecht für seine Neffen. So lernten Matías und Gonzalo ihre Mutter kennen.

»Wahnsinn, das ist also meine Mama«, sagte Matías. Vom ersten Augenblick an fand er sie schön und bemerkte die Ähnlichkeit mit Gonzalo. Er hingegen, dachte er, kam mehr nach seinem Papa.

Während die Jungen bei ihrem Onkel wohnten, erzählte er ihnen das Wenige, was er über María Rosas politische Aktivitäten, über ihre Schwangerschaft und über die Streitigkeiten mit ihrem Vater Marco, einem sehr konservativen, antiperonistischen Mann, wusste. Und er zeigte ihnen natürlich alle Fotos, die er von seiner Schwester aufgehoben hatte, damit sie eine Vorstellung von ihr bekommen konnten.

Matías erinnert sich an Onkel Eduardo als einen Mann, der genauso schlank war wie einst seine Mutter und wie die Jungen selbst, aber mehr ihrem Großvater Marco ähnelte. Matías beteuert, dass er in seinem Herzen keinen Groll gegen ihn hegt. Man merkt sogar, dass er ihn eigentlich mag, auch wenn er das nicht zugeben würde. Er wirkt heute fast verständnisvoll und auch ein bisschen wehmütig wegen der Beziehung, die sie nicht zusammen aufbauen konnten.

»Ich sage dir aus tiefstem Herzen, dass ich ihm verzeihe und ihn nicht verurteile. Er hat viel falsch gemacht und uns damit nichts Gutes getan, aber ich versuche immer, mich in seine Lage hineinzuversetzen.«

»Warum hast du ihn dann nie wieder getroffen?«

»Das werde ich sehr bald nachholen. Ich glaube, am Anfang war es die Wut. Ihn zu sehen würde bedeuten, zu diesen schmerzhaften Momenten zurückzukehren, die ich erlebte, während ich bei ihm war. Und ich wollte nicht wieder in dieser Vergangenheit leben. Eduardo verhielt sich aus bestimmten, komplizierten Gründen uns gegenüber fast schon grausam. Aber ich denke, dass er ein Mensch ist, der sich zumindest für mich interessierte, ganz im Gegensatz zur väterlichen Familie Reggiardo. Ich weiß lediglich, dass ich eine Tante habe, die heute in den USA lebt. Wir haben sie in den Medien gesehen, aber in unserem Leben ist sie kaum aufgetaucht.«

»Und wie geht es dir dabei?«

»Sagen wir mal so, ich würde sie gerne kennenlernen, aber ich

Matías im Jahr 2008 mit 31 Jahren

weiß nicht, ob sie mich mögen würde. Als ich bei Samuel und Beatriz wohnte, war sie einmal zu Besuch. Beatriz sagte ihr, sie könne jederzeit wiederkommen, aber sie kam nicht mehr. Ich hatte das Gefühl, dass sie nicht sonderlich an uns interessiert war. Die ganze Zeit, als ich bei der Familie Tolosa war, ließen sich meine Verwandten väterlicherseits nicht blicken, und ich fragte mich immer: Mögen sie mich etwa nicht? Bei diesem ganzen Durcheinander hätte meine Tante ja auch einen Antrag auf Sorgerecht stellen können.«

Es war Gonzalo, der zuerst von seinem Leben und seinen Gefühlen für einen Dokumentarfilm des kanadischen Fernsehens erzählen wollte, Matías schloss sich erst später an. Aber es war dann Matías, der in diesem Buch berichten wollte.

Matías griff auch zum Telefonhörer, um Roger Cohen, einen Redakteur der *New York Times,* anzurufen. Dieser hatte nach einer Argentinienreise im Januar 2008 einen Artikel geschrieben, in dem er erklärte, dass er es bereue, über die Zwillinge berichtet zu haben, als sie in Paraguay waren. Er war überzeugt davon, dass sein damaliger Artikel dazu geführt hatte, dass man sie gegen ihren Willen aufspürte. Matías erklärte Cohen in perfektem Englisch, dass die Wahrheit zu erfahren das Beste war, was ihm und seinem Bruder passieren konnte, auch wenn ihm bis heute noch viele Details fehlen, um seine Geschichte zu rekonstruieren.

Natürlich hat der Weg aus der Unwissenheit seinen Preis. Aber allmählich fasst Matías Mut zu anderen Fragen, um weiter voranzukommen bei dem, was ihm noch fehlt, um seine Geschichte zu vervollständigen. In seinem Fall ist das nicht wenig, denn das Schicksal seiner Eltern ist nach wie vor ungeklärt. Heute würde er gern wissen, inwieweit seine Mama an der *Montoneros*-Bewegung beteiligt war, und er wagt sogar die Frage, ob María Rosa zu den Waffen gegriffen hat. Er sieht sie, er stellt sie sich vor, er weiß, dass sie eine Anführerin in ihrer Fakultät war, die ihre Kommilitonen durch Ansprachen davon überzeugen wollte, für ein gerechteres Land zu kämpfen.

»Würde es dich belasten, zu erfahren, dass sie und dein Vater im bewaffneten Widerstand aktiv waren?«

Er antwortet sofort: »Mal ehrlich, ich wäre doch ein ziemlich mieser Typ, wenn ich das verurteilen würde, was meine Eltern gemacht haben. Wer wäre ich denn, wenn ich das tun würde?«

Die Diktatoren dagegen verurteilt er ganz entschieden. Für ihn ist das Schlimmste auf wirtschaftlicher Ebene, dass sie »das Land aufgegeben haben«, und auf politischer und menschlicher Ebene der Umgang mit den politischen Gegnern, das rücksichtslose Verschwindenlassen von Menschen. »Es ist unsagbar schrecklich, ein Familienmitglied auf diese Weise zu verlieren, denjenigen nie mehr sehen zu können, und dass dir niemand eine Erklärung dafür gibt, dass man darüber nicht sprechen kann, dass du den Leichnam nie siehst. Es ist, als ob man es in seinem tiefsten Innern nicht wahrhaben will. Man hegt die stille Hoffnung, dass derjenige eines Tages einfach durch die Tür kommt. Nicht im wahrsten Sinne des Wortes, aber es vergehen bestimmt einige Jahre, in denen man diese Idee einfach nicht mehr aus dem Kopf bekommt.«

Seine Oma behielt weiterhin alle Sachen seiner Mama. Sie und sein Opa bekamen schwere psychische Probleme. Und auch sein Onkel konnte den Verlust nie überwinden. Matías selbst, der sich in seiner eigenen Welt geschützt glaubte, entdeckte eines Tages, dass er das Bedürfnis hatte, zu erfahren, was mit seiner Mama und seinem Papa geschehen war und wo sich ihre Überreste befanden, damit sie endlich nicht mehr verschwunden wären. Deshalb zögerte er nicht, als sein Bruder Gonzalo ihm eine Woche nach unserem ersten Gespräch vorschlug, sich bei der Argentinischen Vereinigung für forensische Anthropologie (EAAF) zu melden, um dort ihre Blutproben abzugeben. Nach dem Putsch von 1976 waren viele nicht identifizierte Leichname auf den Friedhöfen gefunden worden. Die EAAF versucht unermüdlich, deren Verwandte ausfindig zu machen.

»Ich will sie richtig beerdigen«, erklärt Matías mir angesichts der Möglichkeit, unter diesen Überresten auch Spuren seiner Eltern zu finden. Womöglich kann darüber auch die Todesursache ermittelt werden. »Aber darüber mache ich mir eigentlich weniger Gedanken. Ihre Lebensgeschichte soll rekonstruiert sein. Ich will sie beerdigen, um den Kreislauf zu schließen. Das ist es doch, was die Leute mit geliebten Menschen machen, die sie verloren haben. Man schafft einen Platz, um ihrer zu gedenken. Und ich will meinen Beitrag dazu leisten, dass sie gefunden werden können.«

Matías und Gonzalo sind nie zu den *Großmüttern der Plaza de Mayo* gegangen, aber sie tauschen sich per E-Mail mit einer Gruppe von Menschen aus, die ihre verschwundenen Eltern, Großeltern oder Geschwister suchen. Matías freut sich heute über jede Zusammenführung von Familien. Er glaubt an das Recht derjenigen, die suchen, und derjenigen, die gefunden werden, zu erfahren, wer sie in Wirklichkeit sind. Er ist sogar von der Möglichkeit überzeugt, dass die Justiz und die Familienangehörigen DNA-Proben über indirekte Wege nehmen dürfen, um so die Wahrheit zu erfahren, selbst wenn ein Enkel sich dem direkten Test verweigert.

So denkt heute Matías Angel Reggiardo Tolosa, dieselbe Person, die einst vor den Fernsehkameras stolz behauptete, ein Miara zu sein.

»Die Geburt muss ein unglaubliches Erlebnis sein.« Es scheint mehr eine Frage als eine Feststellung von Matías zu sein. Ich selbst bin Mutter von zwei Jahre alten Zwillingen, und diese Tatsache ist während unserer Unterhaltungen stets präsent. Ich glaube sogar, dass sie einen der Gründe darstellte, warum Matías endlich eingewilligt hatte, sich mit mir zu treffen, damit ich ihm von meinem Buchprojekt erzähle, anderthalb Jahre, nachdem ich das erste Mal Kontakt zu ihm aufgenommen hatte.

Es ist nicht das erste Mal, dass er mich fragt, wie es sich anfühlt, zwei Babys im Bauch zu haben und zur Welt zu bringen. Ich antworte ihm, dass es wirklich fast an ein Wunder grenzt, dass es für eine Frau eine einmalige und unvergleichliche Erfahrung ist, zwei Leben in ihrem Bauch zu tragen, dass es unglaublich toll ist, die Bewegungen im Bauch zu spüren, und die Geburt etwas Wunderbares ist. Zwei kleine Kinder zur gleichen Zeit zur Welt zu bringen ist das Bewegendste, was mir in meinem Leben je hätte passieren können, füge ich hinzu. Sie dabei zu begleiten, wie sie aufwachsen, auch, denke ich.

Matías sieht mir fest in die Augen, während ich dies sage. Es ist nicht nötig, mit Worten auszudrücken, was er in diesem Moment fühlt. Matías will unbedingt wissen, wie ihn das, was er während der acht Monate im Bauch seiner Mutter gefühlt hat, beeinflusst hat – darin, wer er ist, was ihn glücklich und was ihm Angst macht. Er will vor allem Bescheid wissen über die letzten drei Monate der Schwangerschaft, die er mit seiner Mutter im Gefängnis verbracht hat. Er hatte nie den Mut gefasst, jemanden ausfindig zu machen, der ihm von seiner Mutter erzählen könnte, geschweige denn jemanden, der mit ihr zusammen in Gefangenschaft gewesen war. Es war der kanadische Dokumentarfilmer, der für die vielleicht wichtigste Begegnung seines Lebens sorgte, als er den Kontakt zu Patricia, einer ehemalige Gefangenen aus *La Cacha*, wo auch seine Mutter inhaftiert war, herstellte.

Matías machte sich im Voraus viele Gedanken. Er erlebte jedoch genau das Gegenteil von dem, was er erwartet hatte. »Es war eine unglaubliche Erfahrung. Ich hatte Angst, mich mit einer Überlebenden zu treffen, die an diesem Ort gewesen ist, ich hatte Angst, weil ich sie dazu brachte, sich an die schmerzhaftesten Momente ihres Lebens zu erinnern, und ich hatte Angst vor meinem eigenen Schmerz, wenn ich einem Menschen Fragen stelle, die ihn innerlich zu sehr aufwühlen könnten. Ich hatte Angst davor, diesen Schmerz zu sehen und zu fühlen.«

»Und?«

»Es war faszinierend, sie hatte vom ersten bis zum letzten Moment unseres Treffens ein Lächeln im Gesicht. Sie hat vollkommene Ruhe ausgestrahlt, ich sah eine Person mit einem unglaublichen inneren Lächeln, und sie sprach mit so viel Liebe von meiner Mutter, dass wir beide zutiefst bewegt waren. Wir haben geweint und uns in den Armen gehalten, es geschah ganz automatisch. Ich erlebte das mit einer unbeschreibbaren Freude, und als sie ging, sagte ich zu mir: Wenn ich meine, dass ich ein Recht hätte, mich schlecht zu fühlen oder mich für ein Opfer zu halten, dann sollte ich daran denken, was diese Frau erlebt hat und wie sie ihr Leben sieht.«

»Hast du darüber nachgedacht, dass sie das, was sie mit Patricia gemacht haben, auch deiner Mutter angetan haben? Belastet es dich, zu wissen, dass sie sie gefoltert haben?«

»Ja, natürlich, und ich würde sehr gern wissen, was das für einen Einfluss auf mich gehabt hat. Ich würde gern wissen, wie die letzten Momente waren, was sie in Bezug auf uns erwartet oder gehofft hat, ob sie gedacht hat, dass sie uns würde großziehen können – all das sind Dinge, die ich mich schon viele Male gefragt habe.«

»Ich erinnere mich an deine Fernsehauftritte, und im Vergleich dazu spüre ich heute weder Zorn noch Wut bei dir.«

»Ich möchte nicht anmaßend erscheinen, aber ich glaube mittlerweile, dass es etwas damit zu tun hat, wie die Diktatur war und wie Diktaturen im Allgemeinen sind, wenn alle ethischen Grenzen überschritten werden, um ein bestimmtes Ziel zu erreichen. Ich glaube, dass dabei Kräfte im Spiel sind, die fast automatisch zu Hass führen. Vereinfachend kann man sagen, wenn man ein hasserfülltes Herz hat, dann haben sie gewonnen.«

»Sie?«

»Oft wird ja gesagt, dass die illegale Aneignung von Kindern ein Weg sein sollte, die Generation der Nachkommen der Verschwundenen umzuerziehen ... Nun, in unserem Fall wurde das Ziel nicht erreicht. Aus vielen verschiedenen Gründen, unter anderem weil auch Samuel und Beatriz uns nicht so erzogen haben. Wir sind Opfer des Staatsterrorismus wie viele andere in Argentinien auch. Wir haben viel Leid erfahren. Unsere Lebensumstände waren alles andere als einfach, aber trotzdem sind wir nicht die Menschen geworden, die diese Kriminellen aus den illegal angeeigneten Kindern machen wollten.«

Man kann nicht umhin, sich zu fragen, was Samuel Miara wohl dazu sagen würde, wie Matías heute fühlt und redet.

»Sprichst du mit Miara über diese Dinge?«

»Ich habe schon eine Weile nicht mehr mit ihm darüber gesprochen. Wir hatten einige Diskussionen, und er ist sich im Klaren darüber, dass ich vieles, was mich in meinem Erwachsenwerden geprägt hat, in der Schule gelernt habe. Ich bin immer auf katholische Schulen gegangen, und dort wurde gelehrt, dass man die Verfassung respektieren und die Menschenrechte achten muss.«

»Hast du mit ihm auch über die Geschehnisse in den siebziger Jahren gesprochen?«

»Ja, über viele Dinge. Er hat viel von dem gerechtfertigt, was passiert ist. Und ich habe immer wieder betont, dass es mit diesen Methoden, die sie verwendet haben, nur so enden konnte, wie es geendet hat. Gewalttätige Auseinandersetzungen gab und gibt es in vielen Ländern, aber ich glaube, was mich in Argentinien am meisten stört, sind die Scheinheiligkeit der Militärregierung und die fehlende Aufrichtigkeit. Wenn sie eine Person festgenommen haben und diese Person kein gerechtes Gerichtsverfahren erhalten hat, sondern einfach willkürlich zum Tode verurteilt worden ist, dann ist das nicht gerecht, aber sie hätten wenigstens die Verantwortung dafür übernehmen können. Und das haben sie nicht.«

»Und hast du mit Miara über die Dinge geredet, wegen derer er angeklagt ist, über seine Rolle bei den Entführungen und bei dem Verschwinden von Personen?«

»Nicht direkt. Irgendwie habe ich den Eindruck, jetzt, da er in einem so schlechten Gesundheitszustand ist, und angesichts der kurzen Zeit, die ich ihn nur noch sehen kann, habe ich die Gelegenheit bereits verpasst, ihn damit zu konfrontieren. Natürlich hat er manchmal Kommentare zu den Anklagen gemacht, er hat sie sogar abgestritten. Aber ich hatte nie wirklich die Gelegenheit, ihn zu fragen: Warst du es oder warst du es nicht? Es ist vielleicht für manche

Menschen schwer zu verstehen, aber auf Grund seines Gesundheitszustands weiß ich nicht, ob ich das jemals tun werde.«

»Du hast einmal zu mir gesagt, dass du dir nicht wirklich vorstellen kannst, dass er die Verbrechen gegen die Menschlichkeit begangen hat, die ihm vorgeworfen werden.«

»Mir ist klar, wie eine militärische Ausbildung abläuft und wie es ist, wenn man sich in einem Umfeld befindet, wo man Fragen nach Leben oder Tod ausgesetzt ist. Ich bin mir bewusst, dass man unter bestimmten Bedingungen Befehle ausführen kann, die jeder Moral widersprechen. Das ist die eine Seite, aber auf der anderen Seite denke ich, dass ein Mensch, der an solchen Orten Aufgaben erfüllt, ein Mensch mit einem ganz bestimmten Naturell sein muss, der einfach böse ist, denn es ist eine Lüge, dass die Folter einen Nutzen hat. Miara sehe ich nicht von Grund auf als einen bösen Menschen an, nein. Das Einzige, was ich sagen kann, ist, dass diese Art von Mensch sich immer wieder so verhalten muss, weil es ein Zwang ist.«

»Manche sagen, dass diese Menschen zu Hause anders sind.«

»Ja, dem will ich auch nicht widersprechen, weil ich weiß, wie kompliziert der menschliche Verstand ist.«

»Hast du einige Anklagen gelesen, einige Aussagen, in denen er beschuldigt wird? Es heißt, dass er Frauen vergewaltigt haben soll.«

»Ja, das habe ich gelesen.«

»Kannst du dir das vorstellen?«

Er schweigt lange, bevor er schließlich sagt: »An deiner Stelle würde ich diese Frage auch stellen. Ich denke, letzten Endes wird es ein Gerichtsverfahren geben, durch das man über viele Dinge Klarheit erhalten wird.«

»Hast du Vertrauen in die Justiz?«

»Für das Verbrechen der unrechtmäßigen Aneignung von Kindern ist er ja schon verurteilt worden. Bei den Verbrechen, nach denen du mich jetzt fragst, ergibt sich ein moralisches Problem: Es gibt Leute, die zwar schuldig sind, denen man es aber nicht nachweisen kann, aber es gibt so etwas wie eine politische Vorgabe, dass man sie trotzdem verurteilen soll.«

»Könnte das auch mit ihm passieren?«

»Das weiß ich nicht. Ich halte es für ein moralisches Problem, weil schon so viele Jahre vergangen sind, und all diese Jahre gehen zugunsten der Straffreiheit.«

»Und hast du Miara nach deinen Eltern gefragt?«

»Ja, ich habe ihn ein paar Mal gefragt. Er hat immer wiederholt, dass er nichts weiß. Ich habe ihn auch gefragt, ob er eine Möglichkeit gehabt hätte, herauszufinden, wer unsere Eltern waren, und er hat immer gesagt, dass der Mann, der uns zu ihnen gebracht hat, mit viel Nachdruck gesagt habe, dass Fragen nicht erwünscht sind.«

»Du hast einmal zu mir gesagt, dass du glücklich wärest, aber nur in seltenen Augenblicken. Was fehlt dir zum Glücklichsein?«

»Es ist so ein Gefühl der Leere ... Es ist ein Weg, der kein Ende hat, man kann nie wirklich zu einem Punkt der Zufriedenheit kommen. In Bezug auf meine Eltern erwarte ich, dass ich mir ein Bild von ihnen machen kann, mehr kann ich nicht erreichen. Aber trotzdem kommt einem manchmal der Gedanke: Nun gut, trotz allem, was passiert ist, sind wir Menschen geworden, auf die sie hätten stolz sein können.«

Als Matías Mónica kennenlernte, befand er sich bereits seit einiger Zeit auf diesem neuen Weg, dem Weg der inneren Suche nach allem, was ihn der Wahrheit näherbringen würde. Er hatte damit begonnen, sich über seine Vergangenheit klar zu werden, und er spürte, dass er Mónica davon erzählen musste, an jenem Sonntagnachmittag im Park *Costanera Sur*.

Während er erzählte, sah sie ihm die ganze Zeit über fest in die Augen, und er spürte, wie verbunden sie waren, wie alle Barrieren in sich zusammenstürzten. Die Welt schien für einen Moment stillzustehen. »Ich dachte an den Anfang meines Lebens, der so traumatisch war. Ich dachte an die Trennung von meiner Mutter, gleich nachdem ich geboren worden war, und an all die schrecklichen Dinge, die danach passierten. Aber gleichzeitig dachte ich daran, wie glücklich ich in diesem Moment mit Mónica war, wie alle Ängste verschwanden und wie mir klar wurde, dass sie mich liebte und akzeptierte. Ich hatte das Gefühl, dass ich endlich, nach so vielen Enttäuschungen und so viel Schmerz, glücklich sein könnte, wenn ich nur mein Herz öffnete.«

Und dann weinte er wie ein kleines Kind, so, wie er vielleicht noch nie zuvor geweint hatte. Er spürte plötzlich ein Gefühl der Erleichterung, das seinen ganzen Körper ergriff. An diesem Tag hielten sie sich in den Armen, bis er keine Tränen mehr hatte.

Epilog: Der weite Weg nach Hause

Heute habe ich nur traurige und deprimierende Nachrichten. Unsere jüdischen Freunde und Bekannten werden in Mengen weggeholt. Die Gestapo geht nicht zart mit ihnen um. Sie werden in Viehwagen geladen und nach dem Judenlager Westerbork gebracht. Westerbork muss grauenhaft sein. Für die Hunderte von Menschen sind viel zu wenige Waschgelegenheiten und WC's vorhanden. Es wird erzählt, dass in den Baracken alles durcheinander schläft: Männer, Frauen, Kinder.

Freitag, 9. Oktober 1942
Aus dem Tagebuch der Anne Frank

Ich persönlich habe kein einziges Kind getötet, ich habe allerdings einige dieser Kinder an Wohlfahrtseinrichtungen übergeben, damit dort neue Eltern für sie gefunden würden. Aufrührerische Eltern erziehen ihre Kinder zum Aufruhr. Das muss unbedingt unterbunden werden.

Februar 1984
General Ramón J. A. Camps, in einem Interview mit der Zeitung *Pueblo* in Madrid

An jenem Tag, an dem in Santiago de Chile die Totenwache für den ehemaligen Diktator Augusto Pinochet gehalten wurde, war ich in Buenos Aires im Hauptsitz der Organisation der *Großmütter der Plaza de Mayo* auf der Suche nach Informationen für einen Artikel. Die Kollegen auf der anderen Seite der Anden erzählten später, dass an jenem 12. Dezember 2006 der Enkel des ehemaligen chilenischen Oberbefehlshabers General Carlos Prats das Gebäude der Militärschule betrat, in dem Pinochet aufgebahrt war, und, ohne dabei erkannt zu werden, auf das Glas spuckte, das das Antlitz des Menschen bedeckte, der fünfundzwanzig lange Jahre Chiles Präsident gewesen war. Der Mann, der da friedlich in seinem Sarg lag wie jeder andere Sterbliche, hatte einstmals den Tod von General Prats befohlen, weil dieser dem verfassungsgemäßen Präsidenten Salvador Allende die Treue gehalten hatte.

General Prats und seine Frau wurden bei einem Attentat am 30. September 1974 in Buenos Aires von der DINA ermordet, dem gefürchteten chilenischen Geheimdienst, der nur den Befehlen des Diktators Pinochet gehorchte.

Damals war ich gerade vier Jahre alt. Zweiunddreißig Jahre später stand ich nun also in der Zentrale der *Großmütter* vor einem Aushang, auf dem andere Enkel abgebildet waren, nämlich jene Kinder, die während der letzten argentinischen Diktatur ihren Familien geraubt worden waren. Einige hatte man wiedergefunden, die überwiegende Mehrheit von ihnen war weiter verschwunden. Die Organisation, von den Großmüttern der verschwundenen Kinder gegründet, hatte es sich zur Aufgabe gemacht, sie aufzuspüren. Da waren die Fotos jener beiden Kinder, die man in Chile gefunden hatte, aber auch die der argentinischen Kinder, die in Uruguay aufgewachsen waren, und die der uruguayischen Kinder, die nach Argentinien verschleppt worden waren. In einer Zeit, in der die Zusammenarbeit zwischen den Machthabern in Chile, Argentinien, Uruguay, Paraguay, Brasilien und Bolivien durch die »Operation Condor« geregelt war, konnten die Unterdrücker problemlos die Grenzen überqueren und sich ihre Opfer holen, wo sie wollten.

Während ich wartete, betrat ein junger Mann den Raum. Hinter meinem Rücken hörte ich ihn fragen: »Bist du auch deswegen da?« Und als ich mich umdrehte, sah ich, wie er mit dem Kopf auf das Poster mit den Fotos wies. »Nein«, sagte ich, »ich bin Journalistin.« »Ach so, Journalistin«, war sein lakonischer Kommentar.

Kurz darauf wurde mir mitgeteilt, dass Marcos Taricco, der Psychologe der Organisation, mit dem ich verabredet war, keine Zeit für ein Gespräch mit mir habe, da er zuerst mit jenem Mann sprechen müsse – so, wie er bis heute für jeden der jungen Menschen zur Verfügung steht, die unangekündigt im Büro der *Großmütter* erscheinen, weil sie den Verdacht haben, sie könnten eines der verschwundenen Kinder sein.

Ich wurde stattdessen ins Pressebüro gebeten, und als ich dieses wieder verließ, war der junge Mann nicht mehr da, dafür ein anderer in ungefähr gleichem Alter. Auch er wollte zu Marcos Taricco. Solche Situationen, in denen der Psychologe so gefragt ist, kommen immer wieder vor, besonders dann, wenn im Fernsehen gerade eine Sendung zum Thema ausgestrahlt worden ist.

An jenem Nachmittag kehrte ich nach Hause zurück und sollte nie wieder etwas von diesen beiden jungen Männern hören. Zu Hause empfingen mich meine Zwillingsmädchen, die zu diesem Zeitpunkt noch nicht einmal ein Jahr alt waren, mit ihrem ansteckenden Lachen. Als ich sie in den Arm nahm, kamen mir die Tränen. In die unschuldigen Gesichter meiner Töchter projizierte ich die Gesichter jener Kinder an den Wänden der Büros der *Großmütter der Plaza de Mayo.* Ich hatte das Gefühl, mehr tun zu müssen als nur einen kurzen Artikel für eine Zeitschrift zu schreiben. Das Thema war zum damaligen Zeitpunkt, im Jahr 2006, in Argentinien immer noch nicht verarbeitet worden, weder rechtlich noch gesellschaftlich oder gar menschlich. Dies ist im Übrigen bis zum heutigen Tag nicht geschehen. Es handelt sich um ein schwarzes Loch im kollektiven Gedächtnis Argentiniens, damals wie heute.

Als ich dieses Buch fast fertiggestellt hatte, wurde in Córdoba General Luciano Benjamín Menéndez zu lebenslanger Haft verurteilt, eine Strafe, die er in einem zivilen Strafgefängnis absitzen muss, nicht in einem Militärgefängnis. In seinem Schlusswort verteidigte er erneut die illegalen Repressionsmethoden, die er in mehr als zehn argentinischen Provinzen angeordnet hatte.

In Tucumán beginnt gerade ein weiteres Verfahren, ebenfalls gegen General Menéndez und, zum ersten Mal in dieser Provinz, gegen Antonio Domingo Bussi. Der ehemalige Militärchef der Provinz Tucumán leitete die als »Operation Unabhängigkeit« bekannt gewordenen Vernichtungsaktionen gegen die Gegner des Regimes und wird in diesem Verfahren beschuldigt, 1976 für die Entführung und das Verschwinden des peronistischen Senators Guillermo Vargas Aignasse verantwortlich gewesen zu sein. Während er vor Gericht aussagt, weint Bussi und erklärt, dass die »Figur« der Verschwundenen von den Aufständischen als psychologische Waffe erfunden worden sei, um die Verluste während der Kämpfe gegen die Regierung zu verschleiern.

Fast tausend weitere Verfahren sind in der letzten Zeit wieder aufgenommen worden. Zahlreiche Richter untergeordneter Gerichte im ganzen Land haben sie angeordnet, nachdem der Kongress die alten Befehlsnotstands- und Schlusspunktgesetze annullierte. Diese waren am 14. Juni 2005 vom Obersten Gerichtshof Argentiniens endlich für nicht verfassungsgemäß erklärt worden.

Schon lange vorher, am 30. September 1996, hatte die Organisation der *Großmütter der Plaza de Mayo* ein Verfahren angestrengt, das den Raub der argentinischen Kinder als Teil eines systematischen Plans untersuchen sollte, in dem das Verbrechen der Kindesentziehung in direktem Zusammenhang mit der Entführung und dem Verschwinden ihrer Eltern stand. In einem elfjährigen Prozess wurden sowohl die Verantwortlichen auf höchster Ebene identifiziert als auch jene Personen, die die Befehle zur Ausübung der Straftaten, die als Verbrechen gegen die Menschlichkeit gelten, in die Praxis umsetzten. Guillermo Montenegro, der letzte Richter, der mit dieser Klage befasst war, eröffnete schließlich die Hauptverhandlung im April des Jahres 2007. Er betonte, dass die Geschehnisse Teil sorgfältig geplanter krimineller Machenschaften gewesen seien, die dazu führten, dass bis heute mindestens zweihundert Personen weiterhin verschwunden sind. Zu den inhaftierten Angeklagten zählt auch der ehemalige Präsident Jorge Rafael Videla, für den die *Großmütter* fünfzig Jahre Haft fordern.

Gleichzeitig gehen die Verfahren weiter, bei denen es um die Untersuchung des Straftatbestandes der Kindesentziehung und der Verheimlichung der Identität jener Kinder geht, die mittlerweile wiedergefunden wurden. In einigen wenigen Fällen sind es die Kinder oder Enkel selbst, die die Menschen anzeigen, die sich ihrer einst bemächtigt haben.

Jener Tag der Totenwache für Pinochet, jener Tag, an dem mir klar wurde, dass ein kleiner Artikel in einer Zeitschrift nicht ausreichen würde, um die Dimensionen des Kinderraubs in Argentinien darzustellen, jener Tag kommt mir heute, keine zwei Jahre später, weit entfernt vor. In meinem Notizbuch steht die Zahl 85. Fünfundachtzig Kinder waren im Dezember des Jahres 2006 wiedergefunden worden. Zwei Jahre später waren es bereits 91 der geschätzten fünfhundert Kinder, die ihren Familien entrissen worden waren. 242 Anzeigen liegen vor über Kinder, die mit ihren Eltern entführt wurden, bis hin zu Babys, von denen man weiß oder vermutet, dass sie in einem der illegalen Folterzentren auf die Welt gekommen sind. Die Menschenrechtsorganisationen haben die Fälle von zweihundertvierzig schwangeren Frauen registriert, die bis heute verschwunden sind oder von denen man weiß, dass sie ermordet wurden. Auf der Grundlage der bereits eingegangenen Anzeigen und der Informationen von Überlebenden geht man davon aus, dass es mindestens doppelt so viele Fälle gegeben haben muss. Dreizehn der Kinder, die nicht erst in einem der Folterzentren auf die Welt kamen, sondern nachweislich zusammen mit ihren Eltern auf der Straße oder aus ihren Wohnungen entführt wurden, sind weiterhin verschwunden. Von manchen dieser Kinder haben die Verwandten sogar Fotos, auf denen sich erwachsene Frauen oder Männer wiedererkennen könnten, wie zum Beispiel von Clara Anahí Mariani, der Enkelin von Chicha Mariani, der ehemaligen Vorsitzenden der *Großmütter*, deren Foto unablässig per E-Mail verbreitet wird.

Vieles hat sich in Argentinien verändert, seit ich dieses Buch begonnen habe. Am Anfang meiner Arbeit musste ich der Versuchung widerstehen, die Hintergründe der Täter zu recherchieren, da dies nicht der Sinn des Buches gewesen wäre. Ich wollte zeigen, was mit den jüngsten Opfern des Regimes geschehen war. Auch der Versuchung, die heldenhafte Geschichte der *Großmütter der Plaza de Mayo* zu erzählen, musste ich widerstehen, die Geschichte jener Frauen, die sich, völlig allein auf sich gestellt, ohne jegliche Erfahrung, den Drohungen widersetzten, ihre Angst überwanden und Kasernen, bischöfliche Ordinariate, Polizeistationen, Gefängnisse, Krankenhäuser, Gerichte aufsuchten, um ihre Kinder und Enkel wiederzufinden. Zu Beginn waren es nur einige wenige, bald wurden sie zahlreicher, und sie schafften es sogar, ihre Suche auf die ganze Welt auszuweiten. Sie mussten erst lernen, dass ein *Habeas Corpus* ein Ersuch auf richterliche Haftprüfung ist, das man in Argentinien einreichen muss, um Informationen über den Aufenthalt verschwundener Personen und die Umstände ihres Verschwindens zu erhalten, und sie mussten lernen, sich niemals nur auf die Behörden zu verlassen, sondern selbst Nachforschungen anzustellen. Gemeinsam gingen sie noch während der Militärdiktatur auch dem kleinsten anonymen Hinweis nach, um ihre Enkel zu finden.

Während der Diktatur erhielten sie naturgemäß kaum Unterstützung durch die Justiz. So erklärte sich 1978 der Oberste Gerichtshof für nicht zuständig, als die *Großmütter* verlangten, dass die Adoption von nicht eindeutig identifizierten Kindern verboten werden müsste. Und es gab Richter wie die Jugendrichterin Delia Pons, die später angezeigt wurde, weil sie Kinder, deren Identität sie kannte, in Waisenhäuser bringen ließ, statt ihre nächsten Verwandten zu suchen.

Die Geschwister Anatole Boris und Victoria Eva Julien Grisonas waren die ersten Enkel, die wiedergefunden wurden. Die Kinder wurden zusammen mit ihren Eltern am 26. September 1976 in Buenos Aires entführt und 1979 in Chile gefunden. Dort lebten sie bei einer Adoptivfamilie, nachdem sie in Valparaíso ausgesetzt worden waren. Im März des Jahres 1980 fand man die Schwestern Tatiana Ruarte und Laura Malena Jotar Britos, die zwar in unterschiedliche Heime gebracht worden waren, aber von dem Ehepaar Sfiligoys gemeinsam adoptiert wurden. Die Sfiligoys setzten sich dafür ein, dass die Mädchen ihre ursprüngliche Familie kennenlernen konnten. Seitdem sind zahlreiche Kinder wiedergefunden worden, oft dank der anonymen Mitarbeit von Verwandten, Bekannten oder Nachbarn, die die entscheidenden Hinweise gaben. Eine der größten Hürden war der Widerstand der Menschen, bei denen die Kinder lebten, der im Extremfall so weit gehen konnte, dass sie mit ihnen gemeinsam flüchteten. Das nächste Problem, die korrekte Identifizierung der Kinder, konnte dank der wissenschaftlichen Fortschritte gelöst werden. Heute ist es mit modernsten Methoden wie der DNA-Analyse möglich, die Identität und Abstammung der Kinder nahezu zweifelsfrei nachzuweisen.

Bei den ersten Fällen ordneten die Richter in der Regel an, dass die Kinder schnellstmöglich in ihre leiblichen Familien zurückgebracht werden sollten. Es handelte sich um Minderjährige, und der Staat hatte das Recht wie die Pflicht, für sie zu entscheiden. Aber die Kinder wurden größer, und dieses Vorgehen wurde zunehmend in Frage gestellt, oft sogar von den Kindern selbst. Besonders ein Fall veränderte die Sichtweise der Öffentlichkeit. In Paraguay wurde der ehemalige Unteroffizier der Bundespolizei Samuel Miara aufgespürt und mit seiner Frau und den Zwillingen Matías und Gonzalo ausgeliefert. Diese Kinder hielt man zuerst für die Söhne des Ehepaares Rossetti Ross. Schließlich kam jedoch heraus, dass sie zur Familie Reggiardo Tolosa gehörten. Bis dies nach einem langwierigen juristischen Verfahren endgültig festgestellt und die Rückführung der Jungen angeordnet werden konnte, waren die Kinder zu Jugendlichen herangewachsen und wollten sich von der Familie Miara nicht trennen. Der Versuch, sie dazu zu zwingen, wurde in der Öffentlichkeit als extrem skandalös und schmerzhaft wahrgenommen. Sowohl die argentinische Gesellschaft als auch die Richter sahen sich in einem Dilemma. Als man die Kinder gefunden hatte, waren sie noch sehr klein, ihre Rückführung wurde dann jedoch in einem Alter angeordnet, in dem sie das Recht einfordern konnten, gehört zu werden. Zwar waren insbesondere die Medien alles andere als unschuldig an der öffentlich aufgeheizten Debatte. Aber Tatsache ist auch, dass die argentinische Gesellschaft weder ausreichend informiert noch wirklich bereit war, sich ihrer schrecklichen Geschichte zu stellen.

Am meisten haben aus diesem Fall die Richter und die Angehörigen gelernt, denen damals klar wurde, dass man den Kindern Zeit lassen musste und sie nicht zu Gefühlen und Beziehungen zwingen konnte, die sich erst mit den Jahren aufbauen. Carlos D´Elía Casco erklärte mir bei einem unserer Treffen, dass es für ihn besonders wichtig war, dass er sich nicht bedrängt, sondern respektiert gefühlt hatte und dass seine Blutsverwandten ihm Gelegenheit und Zeit gegeben hatten, die Wunden heilen zu lassen und seine Familie kennen- und lieben zu lernen. Letztlich war es jedoch weder für die Kinder noch für die Angehörigen ein leichter Weg. Das galt insbesondere dann, wenn das wiedergefundene Enkelkind bereits erwachsen war und feststellen musste, dass es Menschen liebte und für seine Eltern hielt, die gar nicht seine Eltern waren.

Estela de Carlotto, eine der Vorsitzenden der *Großmütter der Plaza de Mayo*, prophezeite aber bereits vor mehr als zwanzig Jahren, dass eines Tages die Enkel selbst ihre Familien suchen würden. Sie sollte recht behalten, denn seit Beginn des neuen Jahrhunderts werden immer mehr Menschen vorstellig, die auf der Suche nach einer Antwort auf ihre Fragen sind und nach ihrer wahren Identität forschen: »Ich will wissen, ob ich ein Kind von Verschwundenen bin. Wenn nicht, höre ich mit der Suche auf. Aber wenn es jemanden gibt, der mich schon jahrelang sucht, soll es nicht an mir liegen, dass er mich nicht finden kann.« Mit diesen Worten erschien im März des Jahres 2004 Leonardo Fossati Ortega in der Zweigstelle der *Großmütter* in La Plata. Am 11. August 2005 teilte man ihm mit, dass er das Kind von Inés Ortega und Rubén Fossati sei und dass seine Mutter ihn in der Küche des 5. Kommissariats in Buenos Aires auf die Welt gebracht hatte, begleitet vom Polizeiarzt Jorge Antonio Bergés. Seine Geschichte wird in diesem Buch nicht erzählt, seine Haltung steht gleichwohl stellvertretend für viele andere.

Es gab aber nicht nur Menschen wie Leonardo Fosatti Ortega, Juan Cabandié Alfonsín, María de las Victorias Ruiz Dameri und Marcos Suárez Vedoya, die aus eigenem Entschluss die Suche nach ihrer Identität begannen oder die sich, wie Claudia Poblete und Aníbal Parodi (Simón Gatti Méndez), freiwillig und sofort bereit erklärten, bei allen Untersuchungen mitzuwirken. Manche Personen verweigerten sich der Aufklärung mit aller Kraft, und diese Haltung sorgt bis heute in Argentinien für eine Debatte, deren Ende noch nicht absehbar ist.

Eine der Ersten, die nicht bereit waren, zur Klärung ihrer eigenen Identität beizutragen, war María Natalia Suárez Nelson Corvalán, die 1999 sogar damit drohte, sich das Leben zu nehmen, wenn man sie zu Blutuntersuchungen zwingen würde. Im Jahr 2005 ordnete ein Richter eine Durchsuchung ihrer Wohnung an, dabei wurden eine Zahnbürste und Bettwäsche für die DNA-Bestimmung mitgenommen. María Natalia war damit die erste Enkelin, deren Abstammung nicht durch Blutproben festgestellt wurde. Im Juni 2006, fast zwanzig Jahre, nachdem eine Anzeige gegen die Menschen eingegangen war, bei denen sie aufwuchs, erfuhr María Natalia, wer ihre leiblichen Eltern waren und dass sie im Gefängnis von Olmos geboren worden war. Mit ihrer leiblichen Familie steht sie seitdem in ständigem Kontakt.

Evelin Vázquez Ferrá zog bis vor das Oberste Bundesgericht, das ihr bestätigte, dass sie Untersuchungen verweigern durfte, deren Ergebnisse gegen die Menschen verwendet werden könnten, die für sie ihr ganzes Leben ihre »Eltern« gewesen waren. In ihrem Fall kam außerdem noch hinzu, dass diese Menschen geständig waren, weitere Untersuchungen nach Meinung des Gerichts also unnötig waren.

Evelin war meine schwierigste Gesprächspartnerin. Mit ihrer Entschlossenheit und ihrer Empörung hielt sie nicht nur die argentinische Justiz in Schach, sondern auch die Menschenrechtsorganisationen, die das Recht der Familien auf Gewissheit, ob sie ihr Enkelkind wiedergefunden haben oder nicht, verteidigen. Auch die argentinische Gesellschaft ist gespalten. Ich selbst sah mich vor einem Dilemma, als ich Evelins Fall näher kennenlernte. Nachdem man auch ihre Wohnung durchsucht hatte, fragte ich sie, ob es nicht leichter für sie wäre, wenn sie den Untersuchungen endlich zustimmen würde. Solange dies keine Nachteile für die Menschen mit sich bringen würde, die für sie ihre Adoptiveltern seien, sei sie bereit dazu, war ihre Antwort.

Ein ganz anderer Fall war der von María Eugenia Sampallo Barragán, deren Prozess gegen die Menschen, die sie sich widerrechtlich als Baby angeeignet hatten, ungefähr zum gleichen Zeitpunkt, im Februar 2008, begann. María Eugenia war die erste Enkelin, die aus eigenem Willen dafür sorgte, dass die Menschen, bei denen sie aufgewachsen war, vor Gericht kamen. Vor der Urteilsverkündung erklärte sie bei einer Pressekonferenz, dass sie für ihre vermeintlichen »Eltern« und für den Offizier, der sie ihnen übergeben hatte, die Höchststrafe forderte:

»Es ist zur Gewohnheit geworden, in den Nachrichten über Kinder, die während der letzten Diktatur verschleppt wurden, falsche Begriffe zu verwenden: Man redet von ›Adoptiveltern‹, von den ›Eltern des Herzens‹ oder einfach nur von den ›Eltern‹. Ich möchte klarstellen, dass es sich in meinem Fall, wie in vielen anderen, nicht um Adoptiveltern handelt. Es fand keine Adoption statt. Diese Menschen haben mich als ihr eigenes Kind eintragen lassen, mit einem falschen Geburtsdatum, einem falschen Geburtsort, falschen Elternnamen, einer gefälschten Geburtsurkunde. Es sollte daher unbedingt auf die Bezeichnung ›Adoptiveltern‹ verzichtet werden. Leider haben die Verteidiger dieser Menschen dies bis heute nicht nachvollzogen, was ihre Unkenntnis der Situation und ihre Missachtung des Verfahrens der Identitätsrichtigstellung, dem ich mich unterzogen habe, widerspiegelt. Was den in Argentinien so üblichen Begriff ›Eltern des Herzens‹ anlangt, so gehe ich davon aus, dass er auf eine Beziehung abzielt, die von Liebe geprägt ist. Aber dann müssen wir uns fragen, ob ein Mensch, der ein Neugeborenes raubt, es den Eltern wegnimmt, die er womöglich selbst gefoltert oder misshandelt hat, der dem Kind seine wahre Herkunft vorenthält, es damit täglich von Neuem belügt und demütigt, ob ein Mensch, der solche Dinge tut, überhaupt imstande ist, elterliche Liebe zu empfinden. Ich bin überzeugt, dass dies nicht möglich ist und dass die Beziehung solcher Menschen zu den Kindern geprägt ist von Grausamkeit und Perversion. Auch die Bezeichnung ›Eltern‹ halte ich für falsch, da diese nur den Menschen zusteht, denen wir entrissen worden sind.«

María Eugenia hatte, ähnlich wie manche andere Kinder, Misshandlungen ertragen müssen. Vielleicht macht dies den Unterschied zu all den anderen Enkelkindern aus, die ihre Gefühle oft nicht in Einklang mit ihrem Wissen bringen können. Auch wenn die Wahrheit für viele befreiend war, so war es für die überwiegende Mehrheit sehr schwer, mit dieser Wahrheit zu leben. Einige haben Jahre gebraucht, bis sie sich als Kinder ihrer leiblichen Eltern fühlen konnten, wie im Fall von Carlos D´Elía Casco oder ein wenig auch von Matías und Gonzalo Reggiardo Tolosa. Obwohl sie Opfer eines Verbrechens sind, lieben und verteidigen sie trotzdem weiterhin jene Menschen, die sich des Verbrechens mitschuldig gemacht haben.

Andere dagegen sprechen in der Öffentlichkeit von den *Apropiadores,* den »Aneignern«, nennen diese in ihrem Privatleben aber weiterhin »Mama« und »Papa«. Die meisten sind außerdem nachsichtiger mit der Frau, die sie aufzog, während dem Mann, der ja oft den argentinischen Sicherheitskräften angehörte, eine größere Verantwortung für die Geschehnisse zugeschrieben wird. Fast allen hat es das Herz gebrochen, als sie die Wahrheit erfuhren, und es ging ihnen erst wieder besser, als sie Schritt für Schritt die Geschichte ihrer leiblichen Eltern herausfanden. Einige konnten sogar die Beweggründe nachvollziehen, die die Menschen, bei denen sie aufwuchsen, dazu brachten, ein derart unfassbares Verbrechen zu begehen. Daher baten mich einige meiner Gesprächspartner darum, die Namen dieser Menschen nicht zu nennen oder sie nicht als »aneignende Personen« zu bezeichnen. Ich habe das akzeptiert und verwende besonders in diesen Fällen möglichst neutral die Vor- oder Nachnamen, aus Respekt vor den Gefühlen meiner Gesprächspartner.

Die Vornamen der Hauptpersonen dieses Buches spiegeln die Ausmaße der Tragödie wider. Während manche Kinder unmittelbar darauf bestanden haben, den Namen zu tragen, den ihre leiblichen Eltern ihnen gaben, ist der Wechsel des Vornamens für andere ein weiterer Identitätskonflikt. Simón Gatti zum Beispiel besteht auch gegenüber seiner leiblichen Mutter auf dem Vornamen, den er von den Adoptiveltern bekommen hat, ebenso Laura Acosta, die »Paula« genannt werden möchte. Beide sind überzeugt, dass der Vorname, mit dem sie aufgewachsen sind, Teil ihrer Identität ist.

Viele der Betroffenen, die ich kennengelernt habe, sind sich darin einig, dass die Diskussion um den eigenen Namen und um die Bezeichnung, die den Menschen gegeben wird, bei denen sie aufgewachsen sind, zu den schwierigsten Aspekten ihres Konfliktes gehören. Hinzu kommt der Umgang mit den DNA-Tests und den Verfahren zur Überprüfung der Identität, insbesondere, wenn diese von den Kindern im Grunde nicht gewünscht werden.

Claudia Poblete Hlaczik war bereits volljährig, als sie gefunden wurde. Sie gab ihre Einwilligung, weil ihr klar war, dass sie sonst einen zermürbenden juristischen Kampf vor sich haben würde. Wahrscheinlich war es ihr auch ein inneres Bedürfnis, und es konnte ja nur eine Wahrheit geben. Auch Aníbal Parodi, der den Namen weiterhin trägt, den er in einem fragwürdigen Adoptionsverfahren bekommen hat, und der keine Nachforschungen über die Vergangenheit anstellen will, war trotzdem zu den Untersuchungen bereit.

Carlos D´Elía Casco gab zu, dass er sich lange schuldig gefühlt habe, weil sein Körper als Nachweis für das Verbrechen diente, aber er durfte damals keine eigene Entscheidung treffen, da er noch minderjährig war. Erst zehn Jahre später, als erwachsener Mann, machte er sich auf die Suche nach seiner eigenen Geschichte. Heute, so stellt er fest, sei seine Einstellung zu diesen Dingen eine völlig andere als früher.

María de las Victorias Ruiz Dameri musste die Ablehnung ihrer Schwester Laura ertragen. Sie gab nicht auf und lernte mit der Zeit, geduldig auf den Moment zu warten, in dem ihre jüngere Schwester bereit sein würde, ihr zu begegnen.

Nach einer langen Pause hatte ich auch wieder Kontakt zu Evelin, von der ich wissen wollte, ob sich für sie in der Zwischenzeit irgendetwas geändert habe. Unter ihrer letzten Mailnachricht standen die Nachnamen Vázquez Ferrá fettgedruckt. Sie berichtete, dass die Richterin die Ergebnisse des DNA-Tests nicht hatte verwenden dürfen, weil bestimmte Fristen abgelaufen waren. Sie erklärte mir jedoch nicht, wann und warum sie letztlich doch eingewilligt hatte, die Tests zu machen. Außerdem hatte sie gerade ihre neuen Ausweispapiere erhalten, ausgestellt auf den Namen Karina Evelin Bauer Pegoraro. Den Empfang der Papiere bestätigte sie mit ihren früheren Nachnamen, da sie sich weiterhin weigerte, die für sie neuen, rechtmäßigen Nachnamen zu verwenden.

Auch Matías Reggiardo Tolosa fragte ich nach seiner Meinung. Er freue sich über jedes wiedergefundene Kind, sei aber nicht mit dem Zwang zu DNA-Tests aus Blutproben einverstanden, erklärte er mir. Alternative Methoden könnte er akzeptieren.

Letztlich wird die Justiz hier die Entscheidung treffen müssen. Das meint auch Victoria Donda Pérez, die während ihres äußerst schmerzhaften Prozesses der Wahrheitsfindung sehr lange brauchte, bis sie sich zu den Tests durchringen konnte. Das Mädchen, das mit ihr aufgewachsen war, Laura Ruiz Dameri, verweigerte sich diesen sehr lange, bis auch ihr keine andere Wahl blieb.

Ob die Anwendung von alternativen Testmethoden, bei denen genetisches Material auf Gegenständen sichergestellt wird, die die betroffene Person benutzt hat, einen geringeren Eingriff in die Privatsphäre darstellt als die Blutuntersuchungen, bleibt offen. Die Vertreter der *Großmütter der Plaza de Mayo* sind der Überzeugung, dass damit der Person ein Gewissenskonflikt erspart wird. Darüber hinaus betonen sie, dass die überwiegende Mehrheit der Kinder, die die Blutabnahme ursprünglich verweigert hatten, mit der Zeit trotzdem ein gutes Verhältnis zu ihrer leiblichen Familie entwickeln konnten.

Zur Zeit beschäftigt sich wieder einmal das Oberste Gericht mit der Thematik, die dort schon einmal im Zusammenhang mit Evelin Vázquez Ferrá diskutiert wurde. Es werden aktuell mehrere Fälle verhandelt, darunter auch der von zwei vermeintlichen Brüdern, die die Tests verweigern. Der Staatsanwaltschaft geht es dabei auch um die klare Feststellung, dass die Justiz verpflichtet ist, bei Menschenrechtsverletzungen wie derjenigen, Personen einfach verschwinden zu lassen, für Aufklärung zu sorgen.

Dagegen wurde im Fall der angeblichen Kinder der Eigentümerin des argentinischen Medienkonzerns »Clarín« im Sinne der Kinder entschieden. Diese hatten darauf bestanden, dass ihre Blutproben lediglich für den Abgleich mit denen der beiden Familien verwendet werden dürften, die den Abstammungsnachweis beantragt hatten. Danach mussten die Proben vernichtet werden. Was vom Gericht als ein zur Versöhnung beitragender Kompromiss gewürdigt wurde, hat jedoch zur Konsequenz, dass spätere Vergleiche nicht mehr möglich sind. Fehler bei der Identitätsfeststellung, wie sie ja auch in den Berichten in diesem Buch dokumentiert werden, könnten also nicht aufgedeckt werden. Wenn man zudem bedenkt, dass in der Nationalen Gendatenbank lediglich 187 Proben aufbewahrt werden, aber noch weitaus mehr Kinder vermisst sind, wird sehr deutlich, dass diese Vorgehensweise die Suche zusätzlich erschwert.

Nur wenige der Menschen, mit denen ich im Zusammenhang mit diesem Buch gesprochen habe, relativieren die Bedeutung der eigenen Identität und das Bedürfnis eines jeden Menschen, über die eigene Herkunft Bescheid zu wissen. Menschen wie Evelin sind der Überzeugung, dass Identität konstruiert wird und nicht zu verwechseln ist mit Identifizierung. Die Menschenrechtsorganisationen argumentieren genau umgekehrt.

Die Mehrheit der wiedergefundenen Kinder sucht mindestens einmal den Ort ihrer Geburt auf. Carlos D´Elía Casco hatte mir erlaubt, ihn bei seinem Besuch im Folterlager *Pozo de Banfield* zu begleiten. Als ich ihn in jenem Raum stehen sah, in dem er wahrscheinlich geboren wurde, Hand in Hand mit seiner Frau Inés, fühlte ich, dass seine Mutter bei ihm war. Sie wäre stolz auf ihren Sohn gewesen. Dieses Bild habe ich immer vor Augen, wenn ich die Aussage von Antonio Domingo Bussi lese, der behauptet, dass die Verschwundenen von den Aufständischen erfunden worden seien, um die Verluste in den eigenen Reihen zu verschleiern. Die Kinder und Enkelkinder sind der lebende Gegenbeweis.

Und mir fallen die Worte von Matías Reggiardo Tolosa ein, die er mir bei unserem letzten Treffen mit auf den Weg gab: »Wenn ich Hass empfinden würde, hätten sie gewonnen.«

Mit der Zeit ist mir aber auch klar geworden, dass es nicht um Gewinner oder Verlierer gehen kann, denn inmitten der tragischen Ereignisse stehen Menschen aus Fleisch und Blut, die schon viel zu viel erleiden mussten. Es war eine Taktik der Täter, ihren Opfern nur Nummern oder beleidigende Beinamen zu geben, um damit selbst Abstand von den Ereignissen zu bekommen und die Opfer zu entpersonalisieren. Dieses Buch versucht genau das Gegenteil. Ich bin fest davon überzeugt, dass man den Schmerz der Kinder und Enkel, ihre Widersprüche, ihre Konflikte, ihr Bedürfnis nach Nähe, ja, sogar ihre Liebe zu den Menschen, die sie widerrechtlich aufzogen und ihnen die Wahrheit vorenthielten, nur verstehen kann, wenn man sie kennenlernt und ihnen zuhört. Dann kann man auch ihre Wut und ihre Empörung über die Lügen verstehen, von denen sie so lange umgeben waren.

Manche der Schilderungen in diesem Buch mögen schmerzhaft und insbesondere für die argentinische Gesellschaft schwer zu akzeptieren sein. Sie geben jedoch von der ersten bis zur letzten Zeile das wieder, was mir meine Gesprächspartner berichtet haben.

All dies ist vor gerade einmal dreißig Jahren in Argentinien geschehen.

Als ich begonnen habe, dieses Buch zu schreiben, versuchte ich, unterschiedliche Fälle zu wählen, die das Thema in all seinen komplexen, grausamen und tragischen Aspekten widerspiegeln sollten. Aber jenseits des personenbezogenen Ansatzes war mir klar, dass das Ganze auch den argentinischen Staat betrifft, der sich während der Diktatur zum Handlanger eines schrecklichen Verbrechens gemacht hat, das niemals verjähren wird und für das es keine Begnadigung geben darf.

Die Geschichten von Claudia, Carlos, Laura oder Paula, von María de las Victorias, Marcelo und Laura, von Aníbal, Evelin, Victoria, Matías und Gonzalo sind nun auch meine Geschichte. Um sie aufzuschreiben, musste ich mich voll und ganz auf sie einlassen. Manchmal haben wir gemeinsam geweint. Für jeden von ihnen war es schmerzhaft, die Erinnerungen mit mir zu teilen, aber sie waren genauso wie ich davon überzeugt, dass es endlich Zeit sei, ihre Geschichten zu erzählen und gehört zu werden.

Ihr Mut beeindruckt mich, und es berührt mich ganz besonders, wenn ich sehe, wie sich die meisten von ihnen für das Leben und die Liebe entscheiden, obwohl sie doch so viele Gründe hätten, Hass und Groll zu hegen. Vielleicht ist das ja die eigentliche Revolution, für die ihre Mütter und Väter ihr Leben aufs Spiel gesetzt haben.

Analía Argento
Buenos Aires, im August 2008

Anhang

Nachwort der Übersetzerinnen und Übersetzer

»... sich gegenüber einem wohlwollenden, mitfühlenden, einfühlsamen Anderen zu erinnern, einem Anderen, der tatsächlich sein Ohr leiht und sich der Erinnerung aussetzt, auch wenn sie schmerzt, gerade wenn sie schmerzt, wird und muss eine Form der Würdigung von Opfern totaler Gewalt bleiben.«

(Volkhard Knigge in: Knigge, V./Frei, Norbert (Hg.): Verbrechen erinnern. Die Auseinandersetzung mit Holocaust und Völkermord, München 2002)

Die Übersetzung des vorliegenden Buches wurde von angehenden Übersetzerinnen und Übersetzern im Rahmen eines Unterrichtsprojektes am Fachbereich Translations-, Sprach- und Kulturwissenschaft der Johannes Gutenberg-Universität Mainz in Germersheim erstellt. Über mehrere Monate hinweg haben sich 32 Studierende zusammen mit zwei Dozentinnen intensiv damit beschäftigt, den Opfern »ein Ohr zu leihen« und damit nicht nur ihre Geschichten für deutsche Leserinnen und Leser zugänglich zu machen, sondern auch einen Beitrag zu ihrer Würdigung zu leisten.

Analía Argentos Text hat es uns oft nicht leicht gemacht. Begriffe wie »Restitution«, »Kindesenteignung«, »Schergen«, die Darstellung der Folgen des entfesselten Staatsterrors, aber auch die schwer zu bezeichnenden Familienverhältnisse erforderten einen sehr einfühlsamen Umgang und immer wieder Mut und Ausdauer auf dem Weg zu einer Übersetzung. Wahres Zuhören hieß hier auch genaues Recherchieren historischer Ereignisse und kultureller Hintergründe; es verlangte, den argentinischen Erzählungen einerseits all das im Deutschen hinzuzufügen, was wichtig war, um die Darstellungen nachvollziehbar zu machen, andererseits aber auch die straffende

Bearbeitung jener Stellen zu wagen, die ein zu hohes Ausmaß an Vorkenntnissen und Insiderwissen vom Leser erfordert hätten – all dies, ohne den Text im Kern, das heißt, in seiner Wirkung zu verändern. Viele unserer übersetzerischen Entscheidungen sind das Ergebnis ausführlicher Diskussionen, sowohl untereinander als auch im Austausch mit der Lektorin. Die Erkenntnis, dass ein derartiger Übersetzungsprozess sich oft kontrovers gestaltet und selten linear verläuft, war für viele der Beteiligten im Rückblick eine wichtige Erfahrung. Dass der Übersetzer oder die Übersetzerin von sich nicht behaupten kann, einen solchen Text mit völliger Neutralität oder Objektivität bearbeiten zu können, diesen Anspruch aber eigentlich auch gar nicht hegen sollte, war eine weitere, für viele sicherlich prägende Erkenntnis.

Auf diesen Seiten wird das Trauma der argentinischen Vergangenheit abgebildet. In Argentinien leben heute noch 400 verschwundene Kinder, inzwischen Erwachsene, deren rechtmäßige familiäre Identität und damit das Bewusstsein ihrer Würde noch wiederhergestellt werden müssen. Unsere Arbeit soll auch als Beitrag zur Überwindung dieses Traumas verstanden werden. Wir hoffen, dass es uns gelungen ist, dem Anderen unser mitfühlendes Ohr und unser denkendes Herz zu leihen.

Im Namen der Übersetzerinnen und Übersetzer
Verónica Abrego, Dr. Eva Katrin Müller

Dank

Unser Dank gilt allen Beteiligten, die sich auf dieses Abenteuer mit uns eingelassen haben:

Markus Albrecht, Laurence Blass, Nadja Börgerding, Boris M. Chávez Guzmán, Carlos Diego Gutiérrez, Vanessa Enk, Lukas Feinweber, Anne-Kathrin Fitzek, Irma Frühauf, Jutta Gernhardt, Alexandra Glück, Nadine Hennig, Lisa Immensack, Anna Kalb, Peggy Klein, Claudia Knappe, Lisa Kohler, Carmela Rita La Mendola, Tina Lörzel, Lisa Mölleken, Antje Nieswand, Vanessa Pinn, Katharina Pult, Susanne Reimer, Kerstin Ritthaler, Kathrin Sachse, Jana Schäfferling, Stefanie Seifert, Monika Stelmaszek, Mariza Wirtz, Sybilla Wolfgarten, Daria Zwatrzko

Wir danken Christoph Links vom Ch. Links Verlag für das uns entgegengebrachte Vertrauen, der Lektorin Hanna Leitgeb für die konstruktive Zusammenarbeit sowie dem *Programa SUR* des argentinischen Staates für die finanzielle Förderung. Da wir unsere Arbeit als echtes »Ehrenamt« verstanden haben, werden wir den Förderbeitrag der Organisation der *Abuelas de la Plaza de Mayo* zukommen lassen.

Nicht zu vergessen: Wir bedanken uns für die Geduld der vielen Menschen, die uns auf dem Weg mit Auskünften und Erklärungen weitergeholfen haben!

Glossar

ABO Abkürzung für drei der berüchtigsten Folterlager in Buenos Aires: *El Atlético, El Banco, El Olimpo*

Abuelas de Plaza de Mayo *Großmütter der Plaza de Mayo*: Nichtstaatliche Menschenrechtsorganisation, die sich um den Verbleib der Kinder der während der letzten argentinischen Diktatur Verschwundenen kümmert und sich um ihre Rückkehr zu den rechtmäßigen Familien bemüht. Im Jahr 1977 von Müttern und Großmüttern von Verschwundenen gegründet, demonstrieren ihre Mitglieder seitdem immer donnerstags auf dem Platz vor dem Regierungspalast, der *Plaza de Mayo* in Buenos Aires. Sie tragen als Kopftuch jene erste Stoffwindel des Kindes, die nach argentinischer Tradition von der Mutter ein Leben lang aufbewahrt wird und inzwischen als Symbol ihres friedfertigen Widerstandes gilt. Heute verfügt die Organisation über ein umfangreiches Archiv zu den Verschwundenen und ihren Familien sowie eine entsprechende genetische Datenbank, leistet Rechtsbeihilfe und psychologische Beratung und tritt in Prozessen gegen die Täter als Nebenkläger auf.

Astiz, Alfredo (*1951) Ranghoher Militärscherge, Spion und Folterer; er diente in der ESMA als Marinekapitän und war führendes Mitglied eines Einsatzkommandos zur Verfolgung und Verhaftung tatsächlicher oder vermeintlicher Regimegegner. Astiz ist für die Verschleppung und Ermordung von zahlreichen Personen verantwortlich, darunter auch Gründerinnen der *Madres de Plaza de Mayo*. Astiz wurde sowohl in Argentinien als auch im Ausland mehrfach der Prozess gemacht und verurteilt. Allerdings profitierte er von den Befehlsnotstands- und Schlusspunktgesetzen und wurde schließlich sogar begnadigt. Sein Prozess konnte erst 2005 wieder aufgerollt werden, nachdem die Amnestiegesetze für verfassungswidrig erklärt wurden.

Befehlsnotstands- und Schlusspunktgesetze Unter Präsident Raúl Alfonsín (1983 – 1989) erlassene Gesetze, die die seit 1984 eingeleiteten Prozesse gegen die für die Menschenrechtsverletzungen verantwortlichen Militärschergen einschränkten bzw. einstellten und die Täter so vor einer Verurteilung schützten. Das **Befehlsnotstandsgesetz** (1986) diente der Schuldbefreiung von Militärs, die »pflichtschuldig« die Befehle ihrer Vorgesetzten ausgeführt hatten und daher nicht zur Verantwortung gezogen werden konnten. Das **Schlusspunktgesetz** (1987) begrenzte den Zeitraum zur Aufklärung der Verbrechen auf eine Frist von sechzig Tagen, danach folgte eine automatische Amnestie. 1989 und 1991 wurden die bereits verurteilten Militärangehörigen von Alfonsíns Nachfolger, Carlos Menem (1989 – 1999), begnadigt. Einziger nicht durch diese Gesetze abgegoltener Tatbestand war der Kindesraub. Die Prozesse wurden erst unter Präsident Néstor Kirchner (2003–2007), nachdem die Gesetze für verfassungswidrig erklärt worden waren, wieder aufgerollt.

Benedetti, Mario (1920 – 2009) Uruguayischer Dichter, Schriftsteller und Journalist, der zu den bekanntesten Autoren Lateinamerikas zählt.

Bergés, Jorge Antonio Gynäkologe, Polizeiarzt und Folterer. Er übernahm die »medizinische Betreuung« der Folterungen, entband die Kinder der entführten Frauen, fälschte die Geburtsurkunden und gab die Babys an die Militärs weiter. 1986 wurde er zu sechs Jahren Haft verurteilt, profitierte jedoch 1987 von den Befehlsnotstands- und Schlusspunktgesetzen. Nach seiner Freilassung arbeitete er wieder als Arzt. 2004 wurde er erneut zu sieben Jahren Haft verurteilt.

Campo de Mayo Militärareal in der Provinz Buenos Aires, auf dem während der Militärdiktatur vier geheime Gefangenen- und Folterlager untergebracht waren, dazu zählte auch ein Militärkrankenhaus, in dem die schwangeren Verschwundenen ihre Kinder zur Welt brachten, die später von den Militärs »adoptiert« wurden.

Circuito Camps Gesamtheit der Folter- und Gefangenenlager in der Provinz Buenos Aires, die direkt der dortigen Polizeibehörde unterstanden; sie wurden nach General Ramón J. Camps, dem

Polizeichef der Provinz Buenos Aires, benannt und auch von ihm geleitet. Zum *Circuito Camps* gehörten 29 illegale Folter- und Gefangenenlager in neun Bezirken der Provinz Buenos Aires und der Stadt La Plata.

CONADEP Nationale Kommission über das Verschwinden von Personen: 1983 in Argentinien unter Präsident Raúl Alfonsín (1983–1989) gegründete Untersuchungskommission für die Aufklärung der Menschenrechtsverletzungen, die während der Militärdiktatur begangen wurden. 1984 wurde der offizielle Bericht unter dem Titel »Nunca más« (»Nie wieder«) veröffentlicht, der als Grundlage zur Verurteilung der Militärschergen dient.

CONADI 1992 auf Betreiben der *Großmütter der Plaza de Mayo* gegründete Nationale Kommission für das Recht auf Identität. Ihre Ziele sind die lückenlose Aufklärung der Verbrechen, die während der Militärdiktatur begangen wurden, die Bestrafung der Täter und die »Wiederherstellung« der Identität der Kinder von Verschwundenen. Die Kommission untersucht die einzelnen Fälle, sammelt Beweise, weist die genetische Abstammung der Opfer nach, vertritt sie vor Gericht und bietet ihnen psychologische Betreuung an.

Desaparecidos Verschwundene: In Argentinien und anderen lateinamerikanischen Ländern übliche Bezeichnung für vermeintliche oder tatsächliche Regimegegner, die von den Sicherheitskräften zum Teil auf offener Straße illegal verschleppt, in einem geheimen Lager gefangen gehalten, gefoltert und schließlich zumeist getötet wurden. Betäubt, wurden sie auf den sogenannten Todesflügen über den Rio de la Plata beseitigt, oder ihre Leichen wurden in namenlosen Massengräbern verscharrt. Nur wenige überlebten.

ESMA Militärareal, auf dem sich u. a. die Mechanikerschule der Marine, eine Ausbildungsstätte junger Kadetten, befand. Während der Militärdiktatur war es eines der größten der insgesamt 356 geheimen Gefangenen- und Folterlager in Argentinien. Im März 2004 wurden die Grundstücke und Gebäude von Präsident Néstor Kirchner (2003–2007) an Menschenrechtsorganisationen übergeben, um dort eine Gedenkstätte einzurichten.

HIJOS *Hijos por la Identidad y la Justicia contra el Olvido y el Silencio* (Kinder für die Identität und die Gerechtigkeit, gegen das Vergessen und Schweigen): eine 1995 hauptsächlich durch Kinder von Verschwundenen gegründete Organisation, die sich für die »Wiederherstellung der Identität« der Regimeopfer und die Strafverfolgung der Militärschergen einsetzt. Die Organisation ist außer in Lateinamerika auch in einigen europäischen Ländern wie Frankreich oder Spanien vertreten.

Hospital Durand Krankenhaus in Buenos Aires, in dem (kostenlose) genetische Untersuchungen wie Blutabnahmen und Blutanalysen durchgeführt werden. Ziel ist die sichere genetische Zuordnung bei allen ungeklärten Identitätsfragen. Die Untersuchung und Auswertung der Ergebnisse werden von der 1987 auf Betreiben der *Großmütter der Plaza de Mayo* gegründeten Nationalen Gendatenbank Argentiniens überwacht, der das Krankenhaus unterstellt ist.

Juventud Peronista JP: die Jugendabteilung der Peronistischen Bewegung, gegründet 1957 in der ersten Phase des Widerstands gegen die Verfolgung des Peronismus nach dem Militärputsch von 1955, mit dem Ziel, Perons Rückkehr zu ermöglichen. In den sechziger und siebziger Jahren vereinte sie einen großen Teil der Jugendproteste gegen die autoritären Regierungen des Landes und organisierte die Straßenrevolte in den Hauptstädten, mit entsprechender Gewalteskalation. In der Radikalisierung dieser Kämpfe und vor dem Hintergrund der lateinamerikanischen Guerillabewegung spaltete sich die Organisation *Montoneros* ab. Auch in der JP vertiefte sich im Vorfeld und nach Perons Rückkehr 1973 der Grabenkampf gegensätzlicher Gesinnungen, die vom nationalsozialistisch orientierten bis zum linksradikalen das ganze politische Spektrum einschlossen. Ein Höhepunkt dieser internen Kämpfe läutete die Rückkehr Peróns auf dem internationalen Flughafen von Ezeiza ein, als die rechtsgerichtete *Triple A* zahlreiche Demonstranten der JP massakrierte, was zur ständigen weiteren Radikalisierung der JP auch nach Peróns Tod am 1. Juli 1974 führte. Nach dem Militärputsch von 26. März 1976 gerieten seine Mitglieder unter Generalverdacht.

Montoneros Guerillaorganisation, die 1968 aus verschiedenen peronistischen Bewegungen (u. a. *Movimiento de Villeros Peronistas*) hervorging. Sie versuchte, durch terroristische Aktionen die Staatsgewalt zu destabilisieren, um die Rückkehr von Expräsident Juan Perón und damit die nationale Befreiung zu erzwingen. Der erste Anschlag galt 1970 dem Peróngegner und Expräsidenten Pedro Eugenio Aramburu (1955 – 1958). Nach seiner Rückkehr distanzierte sich Perón vom bewaffneten Kampf, seine Witwe und Nachfolgerin María Estela de Perón erklärte die *Montoneros* 1975 für illegal, was den internen Kampf zwischen den Erben Peróns verschärfte. Die Mitglieder tauchten während der Diktatur in den Untergrund ab, die Führungsriege plante im Exil einige Anschläge gegen Vertreter der Militärregierung, zum Teil trotz des absehbaren sicheren Todes der Mitglieder. Nach zahlreichen Rückschlägen während der Repression verloren sie Ende der siebziger Jahre an Bedeutung.

Operativo Independencia »Operation Unabhängigkeit«: 1975 unter Expräsidentin María Estela Martínez de Perón (1974 – 1976), der dritten Ehefrau von Expräsident Juan Perón, eingeleitete Militäroperation zur Vernichtung der kommunistischen Guerillaorganisation ERP (*Ejército Revolucionario del Pueblo*/Revolutionäre Volksarmee) in der argentinischen Provinz Tucumán. Die Operation gilt als Beginn des Vernichtungskrieges, der während der Militärdiktatur gegen die vermeintlich Subversiven geführt wurde; sie war zunächst auf die Provinz Tucumán begrenzt, wurde ab 1976 aber auf ganz Argentinien ausgeweitet. Leiter der Operation war General Antonio Domingo Bussi (*1926), der 1996 zum Gouverneur der Provinz Tucumán gewählt wurde.

Peronismus Massenbewegung um den populistischen Führer General Juan Domingo Perón (1895 – 1974), der dreifach demokratisch zum Präsidenten Argentiniens gewählt wurde (1946, 1952 und 1973). Nachdem die argentinischen Regierungen zu Beginn des 20. Jahrhunderts durch Wahlbetrug und die Verfolgung der Interessen der Großgrundbesitzer geprägt waren, konnte Perón als Arbeitsminister während der Militärregierung 1943 – 1946 die Stimmen von großen Teilen der aus Europa und aus dem Landesinneren zugewanderten Arbeiterbevölkerung für sich gewinnen, indem er ihnen Integration ins politische Geschehen zusicherte. Während seiner ersten Regierung (1946–1952) setze er mit Unterstützung seiner Frau Eva und vor dem Hintergrund der für argentische Exporte wirtschaftlich günstigen europäischen Nachkriegszeit eine national orientierte Umverteilungspolitik um. Ideologisch gesehen ausgesprochen diffus, fanden sich in der Peronismus-Doktrin (soziale Gerechtigkeit, politische Souveränität, wirtschaftliche Unabhängigkeit) konträre politische Strömungen wieder. Verfolgt und radikalisiert durch sein Verbot nach dem Militärputsch von 1955, erstarkte der Peronismus im Widerstand während Peróns Exil, geriet jedoch in tiefe Lagerkämpfe, als der General 1973 nach Argentinien zurückkehrte und sich dem rechten Flügel zuwandte. Nach Peróns Tod vertieften sich diese mit Gewalt ausgetragenen Auseinandersetzungen und wurden 1976 Anlass für einen erneuten Militärputsch. 1989 wurde der neoliberale Peronismus-Führer Carlos Menem Präsident. Seit der Wirtschaftskrise von 2001 befinden sich Peronisten sowohl in der Regierung (Néstor Kirchner, 2003–2007, Cristina Fernández, seit 2007) als auch in der Opposition (Carlos Menem, Eduardo Duhalde etc.).

Plan Cóndor Operation Condor: 1975 in Chile getroffenes geheimes Abkommen zwischen den Militärregierungen von Argentinien, Chile, Paraguay, Uruguay, Bolivien und Brasilien zur Verfolgung und Vernichtung vermeintlicher oder tatsächlicher Regimegegner und deren Familienangehörigen, in das auch die Geheimdienste der USA eingeweiht waren und das sie unterstützten. Das Abkommen umfasste die Zusammenarbeit der Geheimdienste, den Informationsaustausch sowie geheime Operationen zur Verfolgung und Ermordung von Exilanten. Offiziell endete die Operation mit dem Ende der Militärdiktatur (1983), allerdings gab es auch danach noch Mordanschläge auf Regimegegner.

Pozo wörtl. span. »Grube«: Bezeichnung mehrerer Gefangenen- und Folterlager in der Provinz Buenos Aires.

Prozess der Nationalen Reorganisation Bezeichnung der Militärs für die Gesamtheit aller politischen und wirtschaftlichen Maßnahmen zur Errichtung der Militärdiktatur unter Präsident Jorge

Videla (1976 – 1981), in der jede Form von Aufruhr, linker Gesinnung und Widerstand gegen die Regierung brutal verfolgt und eliminiert wurde. Die Auflösung des Parlaments, die Knebelung der Parteien, die Zerschlagung der Wirtschaft und vor allem die systematische Verfolgung vermeintlicher oder tatsächlicher Regimegegner sollten den Machterhalt sichern. Ziel war nach erfolgreicher »Reorganisation« der Aufbau einer Demokratie nach christlichen Werten.

Literatur und Filme zum Thema

Ins Deutsche übersetzte Romane

Curatella, Celia: *Lavendelduft.* Roman. Aus dem argentinischen Spanisch von Rainer Kornberger. Zürich 2007.

Eloy Martínez, Tomás: *Purgatorio.* Aus dem argentinischen Spanisch von Peter Schwaar. Frankfurt a. M. 2010.

Englander, Nathan: *Das Ministerium für besondere Fälle.* Roman. Aus dem Amerikanischen von Michael Mundhenk. München 2008.

Fiechtner, Urs. M.: *Annas Geschichte: Die Geschichte einer Verschwundenen.* Roman. München 1989.

Figueras, Marcelo: *Kamtschatka.* Aus dem argentinischen Spanisch von Sabine Giersberg. München 2008.

Kohan, Martin: *Zwei Mal Juni.* Frankfurt a. M. 2009.

Osorio, Elsa: *Mein Name ist Luz.* Frankfurt a. M. 2001.

Wissenschaftliche bzw. journalistische Texte

Burkert, Olga: *La memoria de los hijos: Identitätskonstruktionen von Kindern Verschwundener im neuen argentinischen Dokumentarfilm.* Berlin 2007.

Conadep: Nie wieder! Ein Bericht über Entführung, Folter und Mord durch die Militärdiktatur in Argentinien. Weinheim 1987.

Fuchs, Ruth: *Umkämpfte Geschichte. Vergangenheitspolitik in Argentinien und Uruguay.* Münster 2010.

Kanzleiter, Boris: Die »verschwundenen« Gewerkschafter von Mercedes-Benz. In: *Lateinamerika Nachrichten.* Berlin, Jg. 27, 1999, Nr. 305, S. 4 – 6. 1999.

Koalition gegen Straflosigkeit: »Wahrheit und Gerechtigkeit für die deutschen Verschwundenen in Argentinien«, Juntamorde vor deutscher Justiz : Strafanzeigen gegen Mitglieder der Argentinischen Militärdiktatur (1976 – 1983) im Spiegel der deutschen und internationalen Presse, März – April 2001. Nürnberg, 2001.

Koalition gegen Straflosigkeit (Hg.): Konstantin Thun: *Menschenrechte und Außenpolitik. Bundesrepublik Deutschland – Argentinien 1976–1983*. Aktualisierte Neuauflage. Bad Honnef 2006.

Schindel, Estela: Verschwunden, aber nicht vergessen: die Konstruktion der Erinnerung an die »Desaparecidos« In: *Argentinien heute*. Frankfurt a. M., S. 105–134.

Seoane, María/Ruiz Núñez, Héctor: *Die Nacht der Bleistifte*. Aus dem Spanischen von Wolfgang Seiß. Stuttgart 1989.

Straßner, Veit: *Die offenen Wunden Lateinamerikas. Vergangenheitspolitik im postautoritären Argentinien, Uruguay und Chile*, Wiesbaden 2007 [Dissertation, Politikwissenschaft].

Weber, Gaby: *Die Verschwundenen von Mercedes-Benz: der Automobilkonzern und die argentinische Militärdiktatur*. Berlin 2001.

Auswahl in Deutschland erhältlicher Filme

Sur – Süden/Le Sud. OmU. Untertitel: Deutsch, Englisch, Französisch. Fernando Pino Solanas. Argentinien, 1988.

Hermanas. Julia Solomonoff. OmU. Untertitel: Englisch. Argentinien, 2005.

Imagining Argentina. Christopher Hampton (Antonio Banderas, Emma Thompson). UK, 2005.

Assassination Tango. Robert Duvall (Robert Duvall, Ruben Blades). UK, 2003.

Kamchatka. Marcelo Piñeyro. OmU. Untertitel: Englisch. Argentinien, 2002.

Junta (Garage Olimpo). OmU. Untertitel: Deutsch. Marco Bechis. Argentinien, 1999.